Michael Kopel
Komplexe Unternehmensdynamik
Chaotische dynamische Systeme in der
Betriebswirtschaftslehre

Michael Kopel

Komplexe Unternehmensdynamik

Chaotische dynamische Systeme in der
Betriebswirtschaftslehre

Springer Fachmedien
Wiesbaden GmbH

Die Deutsche Bibliothek — CIP-Einheitsaufnahme

Kopel, Michael:
Komplexe Unternehmensdynamik : chaotische dynamische
Systeme in der Betriebswirtschaftslehre / Michael Kopel. —
Wiesbaden : Dt. Univ.-Verl., 1994
(DUV : Wirtschaftswissenschaft)
Zugl.: Wien, Techn. Univ., Diss., 1993
ISBN 978-3-8244-0203-8

ISBN 978-3-8244-0203-8 ISBN 978-3-663-12196-1 (eBook)
DOI 10.1007/978-3-663-12196-1

Der Deutsche Universitäts-Verlag ist ein Unternehmen der
Verlagsgruppe Bertelsmann International.

© Springer Fachmedien Wiesbaden 1994
Ursprünglich erschienen bei Deutscher Universitäts-Verlag GmbH, Wiesbaden 1994

Das Werk einschließlich aller seiner Teile ist urheberrechtlich geschützt. Jede Verwertung außerhalb der engen Grenzen des Urheberrechtsgesetzes ist ohne Zustimmung des Verlags unzulässig und strafbar. Das gilt insbesondere für Vervielfältigungen, Übersetzungen, Mikroverfilmungen und die Einspeicherung und Verarbeitung in elektronischen Systemen.

Gedruckt auf chlorarm gebleichtem und säurefreiem Papier

Geleitwort

Betrachten wir folgendes Modell zur Beschreibung des Wettbewerbs von zwei Unternehmen. Angenommen, beide Firmen tätigen ihre jährlichen Investitionen, einschließlich der Ausgaben für Forschung, Entwicklung und Werbung in Abhängigkeit vom Vorsprung ihres Konkurrenten. Das erste Unternehmen verfolgt eine defensive Politik und investiert dann, wenn es sich im Nachteil befindet, um diesen auszugleichen. Die andere Unternehmung verhalte sich entgegengesetzt, d.h. investiert bei einem Wettbewerbsvorteil, wartet jedoch bei einem Wettbewerbsvorteil des Konkurrenten ab. Neben dieser Asymmetrie im Verhalten der Unternehmungen wird zusätzlich unterstellt, daß die deterministische Beziehung zwischen den Investitionen und dem Vorsprung bzw. Rückstand der Unternehmen nichtlinearer Natur ist. Beobachten wir nun die Umsätze der Firmen und die Marktanteile in aufeinanderfolgenden Jahren als Systemzustände, so erhalten wir ein vereinfachtes, nichtlineares Modell zweier asymmetrisch handelnder Gegner - einer aggressiv agierenden Unternehmung im Konflikt mit einem defensiv eingestellten Konkurrenten. Für gewisse Parameterkonstellationen, nämlich dann, wenn der Aggressor einerseits effizienter investiert, andererseits aber bei Tatenlosigkeit schneller vom Markt verschwindet, beginnt ein derartiges System im Zeitablauf erratisch, d.h. scheinbar unregelmäßig zu oszillieren. Plötzlich kann es zu abrupten Änderungen und neuen Mustern im Investitionsverhalten und in den Umsätzen kommen, die ebenso plötzlich wieder verschwinden. Wir sehen uns einem Phänomen gegenüber, für das sich die Bezeichnung *Chaos* eingebürgert hat. Ein einfacher deterministischer Mechanismus erzeugt Pfade, die so kompliziert sind, daß sie durch statistische Standard-Tests nicht von zufälligem Verhalten unterschieden werden können.

Der Begriff des dynamischen Systems ist in den Naturwissenschaften allgegenwärtig. Im Sonnensystem laufen laufen die Planeten auf Kepler-Ellipsen nach dem Newtonschen Gravitationsgesetz um ihr Zentralgestirn. Allerdings hat schon der große französische Mathematiker Henri Poncaré gezeigt, daß es in der Himmelsmechanik bei mehr als zwei Körpern zu unglaublich komplizierten, d.h. chaotischen Bahnen kommen kann. Die Theorie nichtlinearer dynamischer Systeme ist in den vergangenen Jahrzehnten durch wesentliche mathematische Beiträge weiterentwickelt worden. Daneben ist auch das Aufkommen des Computers für den Boom im Bereich der Chaosforschung verantwortlich, welchen wir etwa seit den achtziger Jahren erleben. Wir brauchen aber nicht bis in den Weltraum zu sehen, um chaotische Phänomene zu entdecken. Seit kurzem haben sich auch die Wirtschaftswissenschaftler der Frage zugewandt, ob die in vielen Bereichen der Ökonomie auftretenden Fluktuationen hauptsächlich durch stochastische (exogene) Schocks hervorgerufen werden oder aber endogen durch das deterministische Zusammenwirken von Marktkräften, Technologien und Präferenzen erklärt werden können. Dies läuft auf die Frage hinaus, ob eine gegebene Zeitreihe Realisierung eines Zufallsprozesses ist oder aber durch ein niedrig-dimensionale deterministisches System erzeugt wurde.

Ein derartiger Paradigmenwechsel wirft folgende zentrale Fragen auf: Durch welche "Mechanismen" kommt Chaos zustande? In welchem Bereich der Wirtschafts- und Sozialwissenschaften können nichtlineare Systemdynamiken als mögliche Erklärung für Fluktuationen in den empirischen Zeitreihen fungieren? Inwieweit ist es möglich, hinter den Beobachtungen stehende dynamische Systeme zu identifizieren?

In den Wirtschafts- und Sozialwissenschaften ist die Anwendung der Theorie nichtlinearer dynamischer Systeme bisher zwar erst ansatzweise entwickelt, eine Aufnahme dieser neuen Richtung in der Ökonomie hat jedoch schon stattgefunden. Bisher ist die Betriebswirtschaftslehre diesem Trend und der Ökonomie als Vorbild (bis auf wenige Ausnahmen) nicht gefolgt, und hat ein fruchtbares Feld brach liegen lassen. Michael Kopel geht nun in diesem Buch der Frage nach, ob sich die Betriebswirtschaftslehre als Anwendungsgebiet nichtlinearer dynamischer Systeme eignet, oder ob diese zu Recht unterblieben ist. Dazu wird im ersten Teil des Buches in die Begriffswelt und in die Techniken der Theorie nichtlinearer dynamischer Systeme eingeführt. Anders als in mathematischen Darstellungen geschieht dies "spielerisch" anhand von einfachen betriebswirtschaftlich orientierten Beispielen. Der Autor setzt sich auch kritisch mit einer möglichen Anwendung auf betriebswirtschaftliche Fragestellungen auseinander und vergleicht bekannte chaosgenerierende Mechanismen mit betriebswirtschaftlichen Ansätzen. Wie eine konkrete Fragestellung im Rahmen der Betriebswirtschaftslehre in ein Modell gefaßt, und chaostheoretisch analysiert werden kann, zeigt der Autor im zweiten Teil des Buches. Hier gelingt es überzeugend, die vielfachen Verflechtungen der Theorie nichtlinearer dynamischer Systeme und der Betriebswirtschaftslehre aufzuzeigen, und den chaoserzeugenden Mechanismus zu isolieren. Verblüffend einfach, ohne komplizierten mathematischen Apparat, und nur auf intuitiv zugänglichen geometrisch orientierten Argumenten wird hier das Chaos "begreiflich" gemacht. Der Autor führt in die wesentlichen Konzepte und Aspekte der Chaostheorie ein, ohne den Leser mit dem mathematischen Hintergrund zu konfrontieren.

Betriebswirten, denen eine Anwendung der Chaostheorie in ihrem Gebiet vorschwebt, die aber zunächst überprüfen wollen, ob ihr Forschungsgebiet überhaupt "chaosträchtig" ist, kann diese Arbeit mit Nachdruck empfohlen werden. Michael Kopel leistet mit dieser Arbeit einen wichtigen Beitrag zur betriebswirtschaftlichen Forschung und zeigt, daß das Gebiet der Chaostheorie zusätzliche Einblicke in betriebswirtschaftliche Fragestellungen bringen kann.

Gustav Feichtinger

Vorwort

In den letzten Jahren ist die Anwendung nichtlinearer dynamischer Systeme auf Fragestellungen vieler Forschungsgebiete fast zum Standard geworden. Alleine die Betriebswirtschaftslehre hat von diesem neuen Trend kaum Notiz genommen. Nur einige wenige Publikationen in einschlägigen Fachzeitschriften sind bis jetzt erschienen, und wollten diese Forschungsrichtung einer breiteren betriebswirtschaftlich orientierten Leserschaft zugänglich machen. So ist hier jedenfalls die Arbeit von Professor Horst Albach zu erwähnen, der als Wegbereiter die Möglichkeit von komplexer Dynamik als der krisenauslösenden Ursache in Unternehmen untersuchte. Trotzdem die Ergebnisse dieser und auch weiterer Arbeiten vielversprechend waren, hat sich die Anwendung der "Chaostheorie" in der Betriebswirtschaftslehre bisher nicht etablieren können.

Der Frage, ob eine derartige Nichtbeachtung dieser "Modeerscheinung Chaos" gerechtfertigt ist, oder ob sich nichtlineare dynamische Systeme für die Anwendung auf betriebswirtschaftliche Fragestellungen doch eignen, wird in dieser Arbeit nachgegangen. Das Ziel des Buches ist, ohne großen formalen Apparat die wesentlichen Aspekte, Ideen, Mechanismen und Techniken der Chaostheorie einem breiteren Leserkreis zugänglich zu machen. Dazu wird vor allem darauf Wert gelegt, dem betriebswirtschaftlich orientierten Leser diese "Tools" in einem ihm vertrauten Rahmen zu präsentieren, ohne ihn mit dem dahinterstehenden mathematischen Apparat zu konfrontieren. Nach kritischer Analyse erscheinen die Konzepte der Theorie nichtlinearer dynamischer Systeme als eine tatsächliche Erweiterung der Hilfsmittel, die für betriebswirtschaftliche Untersuchungen zur Verfügung stehen, und die bisher unverständlicherweise nicht genutzt wurden. Insbesondere kann in diesem Zusammenhang auf neue Entwicklungen auf dem Gebiet der Zeitreihenanalyse hingewiesen werden, die sich für eine Anwendung im Rahmen der Betriebsökonometrie anbieten.

Verschiedentlich wird in dieser Arbeit auf Ideen und Argumente zurückgegriffen, die in Zusammenarbeit mit Univ.-Prof. Dr. Gustav Feichtinger entstanden sind. Einige Elemente entstammen aus gemeinsam verfaßten Aufsätzen, Feichtinger und Kopel, 1993, und Feichtinger und Kopel, 1994. Diese Gelegenheit erlaubt es mir, Professor Feichtinger nicht nur für diese Zusammenarbeit zu danken, sondern auch für alle seine Ratschläge und Ideen, vor allem aber für seine Energie, die auch meine Entwicklung positiv beeinflußen. Danken möchte ich auch Herrn Univ.-Prof. Dr. A. Stepan, der mir, als seinem Mitarbeiter, die nötigen Freiräume gewährt, um mich meiner Forschungstätigkeit widmen zu können. Namentlich erwähnen möchte ich auch Alexia Prskawetz, deren Unterstützung wesentlich zum Gelingen dieser Arbeit war.

Michael Kopel

Inhaltsverzeichnis

1. Einleitung   1

1.1. Zum Begriff der chaotischen dynamischen Systeme   1
1.2. Zwei Trends in der Ökonomie   5
1.3. Aufbau der Arbeit   7

2. Untersuchungsobjekte und Methoden der Theorie nichtlinearer dynamischer Modelle   11

2.1. Zwei (hoffentlich) motivierende Beispiele   11
2.2. Ein chaosgenerierender Mechanismus   29
2.3. Graphische Iteration   34
2.4. Das Bifurkationsdiagramm
  - ein Hilfsmittel zur numerischen Analyse   42
2.5. Zur Definition von Chaos   62
2.6. Lyapunov-Exponenten - ein quantitatives Maß für Chaos   66
2.7. Relevanz der Chaostheorie für die Betriebswirtschaftslehre   70

3. Eine betriebswirtschaftliche Chaos - Fallstudie   83

3.1. Die Entwicklung von Unternehmen   84
3.2. Forschungs- und Entwicklungsaktivität und Innovation   88
3.3. Das Lebenszykluskonzept   95
   3.3.1. Der Produktlebenszyklus   95
   3.3.2. Der Unternehmenslebenszyklus   99
   3.3.3. Empirischer Befund zum
            Unternehmenslebenszyklus   108
3.4. Das Modell von Pinkwart   112
3.5. Zum tatsächlichen Entscheidungsverhalten   117
   3.5.1. Empirische Untersuchungen zu
            Bestimmungsfaktoren für F&E-Ausgaben   119
   3.5.2. Zum Rationalitätspostulat der Ökonomie -
            Risikofreude versus Risikoaversion   120

3.5.3. Anchoring and adjustment	128
3.6. Ein einfaches Modell	130
3.7. Lyapunov-Exponenten in höherdimensionalen Systemen	136
3.8. Rekonstruktion von Attraktoren - Die Methode von Takens	140
3.9. Analyse des Modells	146
3.9.1. Stabilität des Gleichgewichts	147
3.9.2. Zeitreihen	149
3.9.3. Attraktoren im Phasenraum	152
3.9.4. Bifurkationsdiagramme	156
3.9.5. Sensitive Abhängigkeit von den Anfangsbedingungen	161
3.9.6. Lyapunov-Exponenten	163
3.9.7. Der komplexitätsgenerierende Mechanismus	168
3.9.8. Die "Rückkehr-Abbildung"	172
3.10. Ergebnisrelevanz und Erweiterungen	176
3.10.1. Zur praktischen Relevanz der Ergebnisse	176
3.10.2. Modellerweiterungen	179
3.11. Abschließende Bemerkungen	184
4. Zusammenfassung	**187**
Anhang - Tabellen zu Kapitel 2	191
Literaturverzeichnis	203

1. Einleitung

1.1. Zum Begriff der chaotischen dynamischen Systeme

Das reale System einer Unternehmung weist eine Vielzahl von Interdependenzen einzelner Subsysteme auf. So bauen beispielsweise der Produktionsbereich zusammen mit dem Absatzbereich, der Finanzbereich mit dem Investitionsbereich, die Forschung und Entwicklungsabteilung wieder mit der Produktion äußerst komplexe Strukturen auf, deren Untersuchung sich die Betriebswirtschaftslehre widmet. In dieses komplexe Ganze involviert sind aber auch das Management, dessen Entscheidungsverhalten wohl grundlegend für die Entwicklung der Unternehmung ist, die Mitarbeiter, deren Engagement die Basis für den Erfolg der Unternehmung bildet, und schließlich die von außen auf die Unternehmung einwirkenden Geschäftspartner, die Konkurrenten und der Staat. Im Blickpunkt der Betrachtungen steht dabei eine modellmäßige Erfassung dieser Beziehungen, denn bei Kenntnis der, das System beschreibenden, Gleichungen läßt sich das Verhalten des Systems einfach prognostizieren. Oder ist der Sachverhalt doch nicht so einfach?

Eine Betrachtungsweise der betrieblich relevanten Größen hat nicht isoliert zu geschehen, sondern auf den gesamtbetrieblichen Zusammenhang abzuzielen. So sind optimale Produktions-, Investitions-, Absatz-, Finanzierungs- und Forschungs- und Entwicklungsprogramme nicht nur in den speziellen Abteilungen, sondern immer unter der Bedachtnahme der Auswirkung auf die anderen betrieblichen Teilbereiche abzuleiten. Im Zusammenhang mit den Interdependenzen der betrieblich relevanten Größen weist Gutenberg darauf hin, "daß eine große Anzahl dieser Beziehungen *nichtlinearen Charakter* besitzt, ein Umstand, der heute noch große mathematische Schwierigkeiten verursacht." (Gutenberg, 1988, S. 155). Zusätzlich sind durch die Einbindung der menschlichen Dispositionsfähigkeit die Zusammenhänge noch viel schwieriger zu erfassen, da soziale Strukturen alles andere denn linearen Charakter aufweisen. Sind diese komplexen, weil nichtlinearen, Strukturen einer Unternehmung überhaupt einer Analyse zugänglich, oder muß dieser Gedanke sofort verworfen werden?

Für andere Bereiche der Betriebswirtschaftslehre, wie beispielsweise für die Diffusion eines Neuprodukts, für das Käuferverhalten und für kompetitive

Unternehmungen, kann ebenso von einer immanenten Nichtlinearität in den Beziehungen ausgegangen werden. Gerade diese Nichtlinearität macht eine Systemanalyse schwierig. Zusätzlich kommt erschwerend hinzu, daß diese Systeme einer Entwicklung im Zeitablauf unterworfen sind. So kann beispielsweise die Entwicklung einer Unternehmung anhand von Kennzahlen wie Umsatz, Gewinn oder Anzahl der Mitarbeiter im Zeitablauf in den Jahren ihres Bestehens beschrieben werden, die Umsatzentwicklung eines Produktes folgt idealtypisch einem Lebenszyklus, und der Kaufanreiz für Konsumenten ist meist umso größer, je öfter das Produkt in der Vergangenheit von anderen gekauft wurde. Diese Systeme sind also dynamischer und nicht statischer Natur. Realistische Modelle dieser Prozesse richten ihr Augenmerk daher auf eine dynamische Formulierung, berücksichtigen also die Veränderungen der Systemvariablen im Zeitablauf. Das Interesse richtet sich nun auf die Lösung der Modellgleichungen, mit dem Ziel die veränderten Ausprägungen der Systemvariablen beschreiben und prognostizieren zu können. Aber, gibt es überhaupt Methoden zur Lösung solcher dynamischer Systeme?

Die drei oben gestellten Fragen leiten direkt über zur Theorie nichtlinearer dynamischer Systeme. In den letzten 25 Jahren hat ein wahrer Interessensschub in der Untersuchung derartiger Modelle in Bereichen der Physik, Chemie, Biologie, Astronomie, und schließlich der Ökonomie eingesetzt. Ausgelöst wurde dieser Trend durch die Entdeckung, daß nichtlineare dynamische Systeme einfachster Art, obwohl deterministisch, sehr komplexes Verhalten aufweisen können. Die Entwicklung der Systemvariablen zeigen dabei Verhaltensmuster, die einen stochastischen Ursprung der Zeitpfade der Variablen vermuten lassen; dennoch ist der zugrundeliegende Mechanismus deterministischer Natur. Baumol (1987) bezeichnete Systeme solcher Art treffend als *Wolf im Schafspelz*. Obwohl einfachster Gestalt, zeigen sie äußerst komplexe Verhaltensmuster.

Populär geworden ist diese Forschungsrichtung unter der Bezeichnung *Chaostheorie*. Dabei wird der Begriff des Chaos nicht wie üblich für unstrukturierte Abläufe verwendet. Im vorliegenden Kontext bezieht sich dieser Terminus auf einen völlig verschiedenen Sachverhalt. "Chaos ist nichts weiter als eine bestimmte mathematische Eigenschaft eines nüchternen nichtlinearen Systems. Die Aufmerksamkeit, die dieser Eigenschaft geschenkt worden ist, kann letzlich damit erklärt werden, daß es völlig überraschend war, daß ein harmlos aussehendes System nicht die Möglichkeit eines äußerst komplexen Verhaltens ausschließen muß." (Lorenz, 1992b, S. 257 f).

Eine nichtmathematische Erklärung für chaotisches Verhalten mag folgendes Beispiel eines Handlungsreisenden liefern:

Ein Handlungsreisender besucht eine Reihe von Städten eines genau begrenzten Gebiets. Die Besuchsreihenfolge der Städte bestimmt der Vertreter völlig autonom von seiner Marketingzentrale, der er regelmäßig Rückmeldung seiner Position machen muß. Er legt diese Besuchsreihenfolge nicht beliebig, sondern nach einem genau bestimmten deterministischen "Besuchsgesetz" fest. Zu bestimmten beliebig klein gewählten Zeitintervallen wird er von der Marketingzentrale befragt, in welcher Stadt er sich befindet. Die Frage, die wir uns in diesem Zusammenhang stellen wollen, und die auch für die Zentrale von Interesse ist (beispielsweise will sie überprüfen, ob die vom Außendienstmitarbeiter gewählte Route minimalen Kosten- und Zeitaufwand verursacht oder einen Kontrollor in die als nächstes besuchte Stadt senden, um stichprobenartig ihren Mitarbeiter zu testen) lautet: Ist die Information über die bisher gewählte Besuchsreihenfolge ausreichend, um den zukünftigen Weg des Mitarbeiters vorhersagen zu können?

Verhält sich der Mitarbeiter gemäß dem "Besuchsgesetz" nichtchaotisch (d.h. wird beispielsweise eine periodische wiederkehrende Reihenfolge vorgeschrieben), so wird das Verhalten des Vertreters nach einer gewissen Zeit und nachdem von der Zentrale genug Datenmaterial über seine vergangenen Besuchsgewohnheiten gesammelt wurde, prognostizierbar. Die Rückmeldung des Handlungsreisenden an die Zentrale wird daher völlig uninformativ.

Der Illustration möge folgendes Beispiel dienen: Der Handlungsreisende besucht 3 Städte A, B und C. Er wählt aufgrund des Gesetzes die periodische Reihenfolge: erst wird A, dann wird B und dann C besucht; anschließend beginne ich meine Vertretertätigkeit wieder in Stadt A, dann in B und so weiter. Eine Rückmeldung an die Zentrale hat dann folgendes Aussehen: ABCABCABCABC... Klarerweise wird die Zentrale diese Verhaltensmuster rasch ausfindig machen und kann prognostizieren, welche Stadt als nächstes besucht wird.

Verhält sich der Handlungsreisende gemäß seinem Bewegungsgesetz dagegen chaotisch, so kann die Zentrale kein Muster in den Rückmeldungen ihres Mitarbeiters erkennen und bestenfalls Wahrscheinlichkeitsaussagen der Art "er wird aller Voraussicht nach in Stadt A sein; nicht so wahrscheinlich (aber ebenfalls möglich) ist er in Stadt C; am unwahrscheinlichsten ist ein Besuch B." Eine typische Rückmeldung könnte beispielsweise folgendes Aussehen haben:

AABCBCBCABCACCCBCAAAA.[1] Die Rückmeldungen des Agenten sind zu jedem Zeitpunkt eine Quelle zusätzlicher Information für die Zentrale.

Die Quintessenz in diesem Beispiel ist, daß der Handlungsreisende seine Route aufgrund eines deterministischen Besuchsgesetzes festlegt, aber trotzdem die Zentrale keine Struktur im Verhalten ihres Mitarbeiters feststellen kann. Für sie sieht die gewählte Route fällig willkürlich (im Sinne von zufällig) aus. So könnte als eine mögliche anfängliche Definition für Chaos gelten: Stochastisches Verhalten, welches in einem deterministischen System auftritt. Das beobachtbare Verhalten eines Systems wird stochastisch genannt, wenn der Übergang des Systems von einem Zustand in einen anderen nur mit Hilfe einer Wahrscheinlichkeitsverteilung (wie für "wahre" stochastische Prozesse) angegeben werden kann (Medio, 1992). Klarerweise wird die Existenz von exogenen stochastischen Schocks und Störungen in der Realität nur in den wenigsten Fällen auszuschließen sein, jedoch hat die Entdeckung des "Chaos" gezeigt, daß es so etwas wie eine *endogene Zufälligkeit* in diesen Systemen gibt, die das Systemverhalten durchaus dominieren kann.

Das neue Paradigma der Chaostheorie ist nun genau die Erkenntnis, daß ein Satz von deterministischen Beziehungen erratische Verhaltensmuster generieren kann. Die erzeugten Zeitpfade haben folgende Eigenschaften (Feichtinger und Kopel, 1993):

- Sie sind von Realisationen eines stochastischen Mechanismus oft nicht zu unterscheiden.

- Sie weisen oszillierendes Verhalten auf, wobei sich die Muster im Zeitablauf nicht wiederholen.

- Sie zeigen oft abrupte qualitative Änderungen. Gänzlich unterschiedliches Verhalten dominiert den Zeitpfad, um plötzlich so schnell zu verschwinden, wie es aufgetreten ist.

- Sie sind sensitiv gegenüber einer kleinen Änderung der Anfangswerte.

---

[1] Diese Buchstabenfolge wurde mittels dem deterministischen "Besuchsgesetz" $x_{t+1} = 4x_t(1-x_t)$, $x_t \in [0,1]$ folgendermaßen generiert: Sei A=[0,1/3], B=(1/3, 2/3] und C=(2/3, 1]. Ausgehend von einem bestimmten Startwert x_0 in A ermitteln wir x_1. Je nachdem in welchem Intervall x_1 liegt, wird einer der Buchstaben A, B oder C gesetzt. Mittels x_1 wird ein Wert für x_2 errechnet, usw. (siehe auch Kapitel 2).

Die vierte Eigenschaft war schon zu Zeiten Poincarès (1903) bekannt: "Eine sehr kleine Ursache, die wir nicht bemerken, bewirkt einen beachtlichen Effekt, den wir nicht übersehen können, und dann sagen wir, der Effekt sei zufällig. Wenn die Naturgesetze und der Zustand des Universums zum Anfangszeitpunkt exakt bekannt wären, könnten wir den Zustand dieses Universums, zu einem späteren Moment exakt bestimmen. Aber selbst wenn es kein Geheimnis in den Naturgesetzen mehr gäbe, so könnten wir die Anfangsbedingungen doch nur *annähernd* bestimmen. Wenn uns dies ermöglichen würde, die spätere Situation *in der gleichen Näherung* vorherzusagen - dies ist alles, was wir verlangen - so würden wir sagen, daß das Phänomen vorhergesagt worden ist, und daß es den Gesetzmäßigkeiten folgt. Aber es ist nicht immer so; es kann vorkommen, daß kleine Abweichungen in den Anfangsbedingungen schließlich große Unterschiede in den Phänomenen erzeugen. Ein kleiner Fehler zu Anfang wird später einen großen Fehler zur Folge haben. Vorhersagen werden unmöglich, wir haben ein zufälliges Ereignis."

Dieses Charakteristikum chaotischer Systeme spielt eine zentrale Rolle, vor allem im Zusammenhang mit ökonomischen Modellen. Insbesondere im Bereich der Wirtschafts- und Sozialwissenschaften gilt, daß nie alle Faktoren in ein Modell eingeschlossen, die die wirtschaftlichen und sozialen Vorgänge bestimmenden Regeln nur unvollständig bestimmt, und die Anfangswerte aufgrund von Beobachtungen nur näherungsweise festgelegt werden können. Aufgrund der sensitiven Abhängigkeit von den Anfangsbedingungen können die prognostizierten und die tatsächlichen Zustände daher erheblich differieren. Langfristige Prognosen über das Systemverhalten sind nicht möglich.

1.2. Zwei Trends in der Ökonomie

Ökonomische Zeitreihen ergeben sich oft als eine Mischung aus regulären und irregulären Komponenten. Um eine Erklärung für dieses Verhalten zu finden haben sich zwei Entwicklungslinien herausgebildet. Eine versucht die Fluktuationen durch exogene stochastische Schocks zu erklären, die auf ein stabiles ökonomisches System einwirken. Ohne Einwirkung dieser stochastischen Störungen würde das System gegen ein stabiles Gleichgewicht tendieren. Die zweite Entwicklungslinie sieht das Entstehen von Fluktuationen in nichtlinearen ökonomischen Gesetzen begründet. Auch ohne exogene Störungen sind

Fluktuationen in den ökonomischen Zeitreihen möglich. Bis vor kurzer Zeit war der Ansatz, daß ökonomische Systeme inherent stabil aber stochastischen Störungen ausgesetzt sind, der weitverbreitetste Ansatz unter den Ökonomen. Die Entdeckungen der Chaostheorie, daß auch einfache nichtlineare deterministische Systeme kompliziertes erratisches und häufig zufällig anmutendes Verhalten zeigen, haben die zweite Entwicklungslinie wieder aufleben lassen. Die Quintessenz ist, daß nichtlineare Ansätze sowohl den regulären als auch den irregulären Teil der empirisch beobachteten ökonomischen Zeitreihen erklären können.

So stellt das zufallsähnliche Verhalten chaotischer Systeme für die Wirtschaftswissenschaften einen alternativen Erklärungsansatz für die Fluktuationen, die in empirischen ökonomischen Zeitreihen auftreten, dar (vgl. Lorenz, 1989). Für praktische Zwecke hat die Wahl eines nichtlinearen deterministischen Systems anstelle einer linearen stochastischen Repräsentation aber konkrete und sehr wichtige Auswirkungen auf das Vorgehen der Entscheidungsträger. Sind die Fluktuationen endogen wie im ersten Fall, so werden Empfehlungen für antizyklisches Entscheidungsverhalten gegeben, welches die kritischen Parameter beeinflußt. Im zweiten Fall wird der Schluß der sein, daß eine Intervention sinnlos, wenn nicht gar kontraproduktiv ist.

In letzter Zeit hält diese neue Denkweise vereinzelt auch in der Betriebswirtschaftslehre Einzug. So wird beispielsweise überlegt, ob Unternehmenskrisen "hausgemacht", und durch endogene, chaosauslösende Quellen zu erklären sind (Albach, 1987; Pinkwart, 1992), inwieweit das Verhalten von Entscheidungsträgern verantwortlich für chaotische Fluktuationen in Systemen ist (Sterman, 1988), und in welchem Ausmaß die Erkenntnisse der Chaostheorie in der Managementforschung Einsatz finden können. Einige Autoren sehen die unbedingte Notwendigkeit der Aufnahme dieser Strömungen in die Betriebswirtschaftslehre:

- "Gerade in der heutigen, durch schnelle Entwicklungen und abrupte Änderungen (Turbulenzen, Chaos) gekennzeichneten Wirtschaft jedoch muß das Management mit Diskontinuitäten umgehen, sich auf sie einstellen, sie analysieren, in die Planung miteinbeziehen, möglichst günstig beeinflussen oder sie selbst auslösen. Dazu sind neue Denkansätze, Planungs- und Managementhilfen nötig." (Roski und Dietz, 1988, S. 927).

- "Die Entscheidungstheorie der Betriebswirtschaftslehre muß neben der deterministischen und stochastischen Betrachtungsweise als weitere Alternative eine chaotische Betrachtungsweise aufnehmen. Hierbei wird der Simulation von dynamischen Systemen als Kontrollinstrument zur Überwachung von chaosgefährdeten Entscheidungen eine wesentliche Bedeutung zufallen." (Türschmann, 1990, S. 48).

- "... scheint es aus heutiger Sicht auf jeden Fall lohnend zu sein, weitere Anstrengungen zu unternehmen, um das bisher auf dem Gebiet der Chaosforschung erworbene Wissen für eine effizientere Frühwarnung in Unternehmen nutzbar zu machen." (Pinkwart, 1992, S. 166).

Obwohl in den Naturwissenschaften und in vielen Bereichen der Wirtschafts- und Sozialwissenschaften schon etabliert, gibt es vergleichsweise nur wenige Ansätze im betriebswirtschaftlichen Bereich (für eine Übersicht siehe Feichtinger und Kopel, 1994). Hier soll daher auch der Frage nachgegangen werden, ob die Anwendung nichtlinearer dynamischer Modelle auf betriebswirtschaftliche Fragestellungen überhaupt angezeigt ist. Weiters werden hier auch Wege gezeigt, wie ein Modell mit Hilfe der Analysemethoden der Chaostheorie zur Lösung bestimmter betriebswirtschaftlicher Fragestellungen beitragen kann. Da die Möglichkeiten dynamische Systeme analytisch zu lösen aufgrund der Komplexität der Probleme begrenzt sind, hat die numerische Behandlung von solchen Systemen an Bedeutung gewonnen, und den simultanen Einsatz von numerischen und analytischen Methoden bei der Untersuchung nichtlinearer, dynamischer Systeme im Rahmen einer modernen Theorie dynamischer Systeme als Standard entwickeln lassen. Dem wird hier Rechnung getragen und an verschiedenen Stellen auf die Bedeutung für die Entwicklung der betriebswirtschaftlichen Forschung hingewiesen. Durch den oben skizzierten Trend hat sich die vorherige Trennung zwischen reiner und numerischer Mathematik, nicht zuletzt durch die Entwicklung auf dem Gebiet der Computertechnologie, immer mehr verwischt.

1.3. Aufbau der Arbeit

Wie jedes wissenschaftliche Gebiet, hat auch die Chaostheorie ihre eigene Begriffswelt geschaffen, sowie zur Analyse der Modelle ihre eigenen (numerischen) Hilfsmittel entwickelt. In Kapitel 2 der Arbeit werden daher anhand von einfachen Beispielen die elementarsten Begriffe der Theorie nichtlinearer dynamischer Systeme eingeführt, sowie aufgezeigt, welche Erkenntnisse mittels der Analysemethoden gewonnen werden können. Dabei wird auf eine exakte mathematische, zugunsten einer intuitiv zugänglichen graphisch oder geometrisch orientierten Darstellung verzichtet. Weiters wird der Frage nachgegangen, ob sich eine Anwendung der Theorie nichtlinearer dynamischer Systeme auf betriebswirtschaftliche Fragestellungen anbietet, und welche Erkenntnisse und Entscheidungshilfen aus den Ergebnissen abgeleitet werden können.

Vor allem das komplexe Zusammenwirken der Kräfte innerhalb und außerhalb der Unternehmen scheint sich für eine Analyse anzubieten. Gemäß der Fragestellung, ob unternehmerische Entscheidungen in Verbindung mit der Reaktion des Umfeldes der Unternehmung chaotische Entwicklungen auslösen können, wollen wir hier untersuchen, wie die unternehmerische Entscheidung modelliert werden kann, und welche Reaktion des Umfeldes aus diesen Entscheidungen resultieren kann. Global gesehen ergibt sich eine Kausalkette, die angibt welches Verhalten der Entscheidungsträger im Verein mit den Marktkräften welche Unternehmensentwicklung auslöst.

Neben den einfachen Beispielen in Kapitel 2, die dieser Fragestellung folgen, aber eher didaktischen Zwecken dienen, soll vor allem in Kapitel 3 auf diese konkrete Thematik eingegangen werden. Zentraler Bestimmungsfaktor für die Entwicklung einer Unternehmung ist einerseits die Einführung von Neuprodukten, der die Forschung und Entwicklung (F&E) vorangeht, und andererseits das Entscheidungsverhalten des Managements. In einem nichtlinearen, dynamischen Strukturmodell sollen die Entscheidungen innerhalb der Unternehmung im Verbund mit den am Markt ausgelösten Reaktionen abgebildet, und anhand dieses Modells mit Hilfe der numerischen Methoden der Chaostheorie die Entwicklung der Unternehmung analysiert werden. Dabei sollen, um das Entscheidungsverhalten des Managements möglichst realistisch einzufangen, neuere Erkenntnisse der experimentellen Entscheidungstheorie Berücksichtigung finden. Das entwickelte Modell wird in einen betriebswirtschaftlichen Rahmen eingebettet, und soll die Verzahnung der Theorie nichlinearer dynamischer Systeme und der Betriebswirtschaftslehre aufzeigen. Besonderes Augenmerk soll bei der Analyse auf die Mechanismen gelegt werden, die zu komplexem Systemverhalten führen. Am Ende dieses Kapitels werden noch einige mögliche realistische Erweiterungen des entwickelten Basismodells präsentiert.

Den Abschluß dieser Arbeit (Kapitel 4) bildet eine Zusammenfassung der wichtigsten Aussagen und Ergebnisse.

2. Untersuchungsobjekte und Methoden der Theorie nichtlinearer dynamischer Modelle

2.1. Zwei (hoffentlich) motivierende Beispiele

1. Ein dynamisches Monopol-Modell und der Einfluß der Entscheidungsträger

Das folgende Beispiel (vgl. auch Feichtinger und Kopel, 1994) möge einerseits das Verständnis für das Entstehen einer nichtlinearen, dynamischen Gleichung in einem wohlbekannten betriebswirtschaftlichen Rahmen fördern, und andererseits die Gelegenheit bieten, einige Grundbegriffe der Theorie dynamischer Systeme kennenzulernen.

Den Zusammenhang zwischen Preis und Menge eines Produktes auf dem relevanten Markt einer Einprodukt-Unternehmung möge die lineare Preis-Absatz-Funktion

$$p(x) = a - bx \quad \text{mit } a,b > 0 \tag{2.1}$$

beschreiben. Dabei kennzeichnet a den Prohibitivpreis und a/b die Sättigungsmenge (vgl. Schierenbeck, 1993). Der Erlös einer Periode ergibt sich dann als Produkt von Preis und Menge zu (wir wollen im weiteren annehmen, daß die gesamte produzierte Menge auch abgesetzt werden kann):

$$E(x) = p(x)x = (a - bx)x = ax - bx^2. \tag{2.2}$$

Die Kosten der Unternehmung mögen sich in Abhängigkeit von der Produktions- bzw. Absatzmenge gemäß der linearen Kostenfunktion

$$K(x) = cx \tag{2.3}$$

entwickeln, wobei c für die variablen Stückkosten steht. Die Gewinnfunktion ergibt sich als Differenz der Erlös- und der Kostenfunktion zu

$$G(x) = E(x) - K(x) = (a - c - bx)x. \tag{2.4}$$

Wir identifizieren nun mit x die Produktions- und Absatzmenge der Periode t, und schreiben x_t anstelle von x. Die Gleichungen (2.1) - (2.4) geben dann den Preis, den Erlös, die Kosten und den Gewinn der Periode t an. Für unser Modell sei nun von einigen vereinfachenden Annahmen ausgegangen. So mögen keinerlei externe Finanzierungsmöglichkeiten existieren. Die Produktionsmenge der Anfangsperiode x_0 wird von den Anteilseignern finanziert, die aber in nachfolgenden Perioden keine Einzahlungen mehr tätigen. Die einzige Finanzierungsquelle in den folgenden Perioden ist der erzielte Gewinn. Weiters sollen nur die Gewinnverwendungsmöglichkeiten Einbehalten oder Ausschütten existieren. Die Unternehmensleitung muß einen Teil des Gewinns in der Unternehmung belassen um damit die Absatzmenge der nächsten Periode zu produzieren, der verbleibende Anteil muß an die Anteilseigner in dieser Periode als Dividende ausgeschüttet werden. Der gesamte Gewinn einer Periode muß in der selben Periode in diesem Sinn verwendet werden, es bestehen also keine Möglichkeiten zur Gewinnthesaurierung. Zusätzlich sei davon ausgegangen, daß die Unternehmensleitung in der Periode 0 eine Einbehaltungsquote e festlegt, die sie auch in nachfolgenden Perioden beibehält.

Würde die Geschäftsleitung der Unternehmung unter diesen Annahmen die genaue Form der Preis-Absatz-Funktion beispielsweise aufgrund von Marktstudien kennen, könnte sie natürlich die für sie optimale Ausbringungsmenge und die optimale Einbehaltungsquote bestimmen und in jeder Periode den maximalen Gewinn erzielen (vgl. Feichtinger und Kopel, 1994). Wir wollen hier jedoch davon ausgehen, daß die Entscheidungsträger der Unternehmung Information über das Nachfrageverhalten der Konsumenten vernachlässigen, d.h. die Preis-Absatz-Funktion nicht kennen. Um die jeweilige Produktionsmenge der nächsten Periode festzulegen, ziehen sie nur die Höhe des Gewinns der Periode t (aber nicht die spezielle Form der Gewinnfunktion!) und die Höhe der variablen Stückkosten c heran, und legen x_{t+1} gemäß der Regel

$$x_{t+1} = \frac{eG(x_t)}{c} \qquad (2.5)$$

fest. Die Unternehmensleitung wählt also in der Periode 0 die Produktionsmenge x_0 und die Einbehaltungsquote e. Der in der Anfangsperiode erzielte Gewinn $G(x_0)$ wird dann zu einem Anteil von e einbehalten, der andere Teil wird ausgeschüttet; unter Berücksichtigung der (in allen Perioden gleichen) Stückkosten wird gemäß obiger Entscheidungsregel die Produktionsmenge der nächsten Periode x_1 bestimmt, welche einen Gewinn von $G(x_1)$ bewirkt, der wieder zu einem Anteil von e einbehalten wird, usw. Klarerweise wird die aus dieser Vorgehensweise resultierende Abfolge von Produktionsmengen (im allgemeinen) nicht gewinnmaximal sein, d.h. den maximalen kumulierten Gewinn bringen. Wie die nachfolgenden Ausführungen zeigen werden, ist die Wahl der Einbehaltungsquote *das* kritische Element in diesem Modell.

Fassen wir nun obige Gleichungen (2.4) und (2.5) zusammen, ergibt sich die nichtlineare Differenzengleichung oder die Systemdynamik

$$x_{t+1} = \frac{1}{c} e(a-c-bx_t)x_t \tag{2.6}$$

in die der Prohibitivpreis a, der Parameter b, die variablen Stückkosten c, und die Einbehaltungsquote e (als Verhaltensparameter), sowie die Absatzmenge der Vorperiode eingehen.

Bevor wir das System (2.6) für konkrete Zahlenwerte analysieren, scheinen an dieser Stelle noch einige Bemerkungen angebracht zu sein:

1. Multiplizieren wir beide Seiten der Gleichung (2.6) mit b und setzen $y_t = bx_t$, so erhalten wir die Systemdynamik

$$y_{t+1} = \frac{1}{c} e(a-c-y_t)y_t, \tag{2.7}$$

deren dynamisches Verhalten gleich dem von Gleichung (2.6) ist (die durchgeführte lineare Transformation ändert das qualitative Systemverhalten nicht). Da der Parameter b, der die Steigung der Preis-Absatz-Funktion angibt, in Gleichung (2.7) nun nicht mehr auftritt, spielt b im ursprünglichen Modell für das dynamische Verhalten des Systems offensichtlich keine Rolle. Dies heißt aber auch, daß die Stärke der Reaktion der Nachfrager auf Preisänderungen für das qualitative Verhalten des Systems völlig bedeutungslos ist.

2. Für $a-c = 1$ und $\mu = e/c$ ergibt sich die wohlbekannte, und in der Literatur auch am häufigsten diskutierte, *logistische Differenzengleichung* $y_{t+1} = \mu y_t(1-y_t)$ (siehe May, 1976; Devaney, 1989; Peitgen et al., 1992).

3. Da die Finanzierung der Produktion nur in Gewinnsituationen gesichert ist, stellen wir eine Forderung an die Parameter der Differenzengleichung. Um zu gewährleisten, daß für alle Zeitpunkte die Produktionsmengen zwischen Null und dem Schnittpunkt der Erlös- und Kostenkurve (G(x)=0) liegen, d.h. $0 \leq x_{t+1} \leq (a-c)/b$, müssen die Parameter die Ungleichung $0 \leq \frac{1}{c}e(a-c) \leq 4$ erfüllen. Diese Ungleichung ergibt sich folgendermaßen: Es soll gelten

$$0 \leq \frac{1}{c}eG(x_t) \leq (a-c)/b \quad \forall x_t \in [0,(a-c)/b].$$

Der maximale Gewinn wird durch den Absatz der Cournotschen Menge $x^c = \frac{a-c}{2b}$ erzielt, und beläuft sich auf $G(x^c) = \frac{(a-c)^2}{4b}$ (vgl. Hollnsteiner und Kopel, 1993, S. 54). In die obige Restriktion eingesetzt ergibt sich die nachstehende Beschränkung für die Parameterwerte $0 \leq \frac{e(a-c)^2}{4bc} \leq \frac{(a-c)}{b}$. Da $a-c$ und b positiv sind, vereinfacht sich diese Beziehung zu $0 \leq \frac{1}{c}e(a-c) \leq 4$. An dieser Stelle sei abermals auf eine Parallele zum Paradigma der Chaostheorie, der *logistischen Differenzengleichung* $x_{t+1} = \mu x_t(1-x_t)$, hingewiesen. Auch hier wird der Parameter μ im Intervall [0, 4] variiert (vgl. aber Devaney, 1989).

Klarerweiserweise hängt die zeitliche Entwicklung der Ausbringungsmenge insbesondere von der Konstellation der Parameter a, b, c und e ab. Im weiteren soll die Auswirkung einer Änderung der unternehmerischen Entscheidung, d.h. einer Variation der Ausschüttungspolitik (dies entspricht einer Variation von *e*) anhand konkreter Zahlenwerte aufgezeigt werden (die Werte der Parameter a, b und c wurden dabei in Anlehnung an Busse v. Colbe et al., 1985, S. 248 gewählt):

Der Prohibitivpreis *a* betrage *20*, die Steigung der Preis-Absatz-Funktion sei gleich *-2* (*b=2*). Die variablen Stückkosten *c* seien mit *4* angenommen. Die Cournotsche Menge und der maximale Gewinn ergeben sich unter Berücksichtigung dieser Angaben zu

$$x^c = \frac{a-c}{2b} = 4, \quad G(x^c) = \frac{(a-c)^2}{4b} = 32.$$

Die Systemdynamik (2.6) nimmt folgende Gestalt an

$$x_{t+1} = \frac{1}{4}eG(x_t) = \frac{1}{4}e(16 - 2x_t)x_t \text{ mit } 0 \leq x_t \leq 8.$$

Wir wollen hier den Effekt einer Änderung der Auschüttungspolitik näher beleuchten, d.h. das Verhalten des Systems bei Änderung von e (Einbehaltungsquote) studieren. Als Produktions- und Absatzmenge der Periode 0 (Anfangswert) wählen wir einen Wert nahe bei der Cournotschen Menge, nämlich die Menge $x_0 = 3,9$. Von Interesse ist, welche Werte der Zeitpfad in Abhängigkeit von der unternehmerischen Entscheidung in der Periode 0 im Vergleich mit der gewinnmaximalen Cournotschen Menge $x^c=4$ annimmt. Würden die Entscheidungsträger der Unternehmung $x_0=x^c$ setzen und jede Periode 50% des Gewinns einbehalten und die anderen 50% ausschütten, so könnte nämlich Periode für Periode der maximale Gewinn realisiert werden: Mit den einbehaltenen 50% des Gewinns der Periode 0 in Höhe von 32, d.s. 16 GE, könnten 4 Outputeinheiten für die Periode 1 erzeugt werden, die wiederum einen Gewinn in Höhe von 32 GE bringen, usw. Da ihnen aber die Preis-Absatz-Funktion unbekannt ist, können sie weder die Cournotsche Menge, noch die optimale Einbehaltungsquote bestimmen.

Wir wollen nun für verschiedene andere Werte der Einbehaltungsquote e die Produktions- und Absatzmengen der aufeinanderfolgenden Perioden berechnen und diesen Zeitpfad in einer Graphik veranschaulichen. Im ersten Schritt sei für e ein Wert von 0.7 angenommen, d.h. 70% des Gewinns werden für Produktionszwecke einbehalten, der Rest im Ausmaß von 30% des Gewinns an die Anteilseigner ausgeschüttet. Wir berechnen nun für $e = 0.7$ und für den Anfangswert $x_0 = 3,9$ gemäß der Systemdynamik (2.6) den Wert

$$x_1 = 0.25 \cdot 0.7 \cdot (16 - 2 \cdot 3.9) \cdot 3.9 = 5.5965,$$

die Produktions- und Absatzmenge der ersten Periode, setzen diese wieder in die Systemdynamik ein und berechnen den Wert von x_2,

$$x_2 = 0.25 \cdot 0.7 \cdot (16 - 2 \cdot x_1) \cdot x_1 = 4.7079,$$

die Produktions- und Absatzmenge der zweiten Periode, usw. Für die ersten 30 Perioden ergibt sich das in Abbildung 2.1 gezeigte Bild (siehe Tabelle 1; eine Tabelle der zugehörigen Zahlenwerte wird jeweils im Anhang gezeigt).

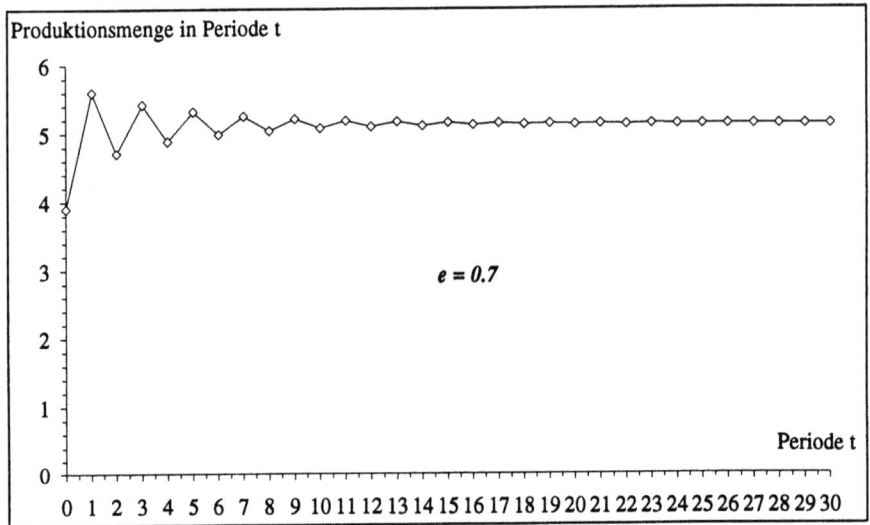

Abb. 2.1: Konvergenz der Produktionsmenge gegen einen Fixpunkt für $e=0.7$. Die Produktionsmenge nimmt schließlich einen eindeutigen Wert an.

Sowohl aus den Zahlenwerten als auch aus dem Verlauf der graphischen Darstellung wird das Streben des Systems zu einem fixen Wert, der exakt bei $x^*=36/7$ liegt, deutlich.

Da das System gegen einen fixen Punkt oder Wert strebt und in diesem Zustand, einmal dort angelangt, verbleibt, wird x^* auch *Fixpunkt* oder *Gleichgewicht* (der Abbildung) genannt. Wird dieser Wert des Fixpunktes in die Systemdynamik eingesetzt, so ergibt sich als Ergebnis wieder dieser Wert, und läßt sich daher exakt aus $x^*=f(x^*)$ berechnen zu $x^*=\dfrac{(a-c)e-c}{be}$. Stellen die Entscheidungsträger unserer Unternehmung also 70% des Gewinns für die Produktion der nächsten Periode zur Verfügung und nehmen wir an, daß die gesamte produzierte Menge auch abgesetzt werden kann, so wird nach einigen Perioden bei unveränderten unternehmensinternen Daten und bei unveränderter Marktkonstellation jede Periode x^* erzeugt und abgesetzt. Es sei hier angemerkt, daß x^* größer als die Ausbringungsmenge x^c ist, welche den maximalen Gewinn bringt, der resultierende Gewinn jedoch mit

$$G\left(\frac{36}{7}\right) = \frac{1440}{49} = 29.39$$

kleiner. Der Markt wird unter diesen Umständen also besser versorgt, die Gewinnsituation der Unternehmung verschlechtert sich aber.

Unserer Fragestellung folgend sei nun eine Ausschüttungsquote von 17% angenommen, d.h. 83% des Gewinns werden für Produktionszwecke einbehalten. Abbildung 2.2 zeigt den Verlauf des Zeitpfades wieder für die ersten 30 Perioden.

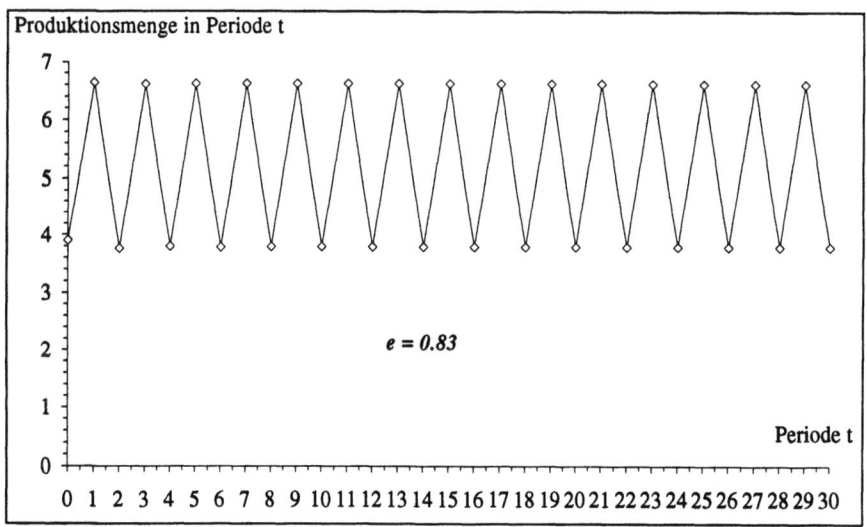

Abb. 2.2: Konvergenz der Produktionsmenge gegen einen Zyklus der Ordnung 2 für $e=0.83$. Die Produktionsmenge nimmt letztlich nur mehr zwei Werte alternierend an.

Klar erkennbar ist hier das "Einschwingen" des Systems auf zwei mögliche, und abwechselnd auftretende Werte für den Systemzustand. Die numerisch berechneten

Werte liefern eine hinreichend genaue Näherung, $x_1^* \approx 3.7882469$ und $x_2^* \approx 6.6213917$ (siehe Tabelle 2 im Anhang). Entgegen dem obigen Szenario, nimmt die Produktionsmenge alternierend diese beiden Werte an, wenn sich die Geschäftleitung für obige Auschüttungsquote entscheidet. Der Markt wird einmal besser und einmal schlechter versorgt im Vergleich zu $x^c = 4$, der Gewinn ist aber in beiden Fällen kleiner: $G(3,78825) = 31,91$ und $G(6,62139) = 18,15$.

Diese periodische Bewegung ist dadurch charakterisiert, daß nach einer Einschwingphase das System nach jeweils 2 Zeitschritten den gleichen Zustand annimmt. Sie wird daher *Orbit (Zyklus) der Periode 2* oder *periodische Lösung mit einer Periode 2* genannt.

Stellen die Entscheidungsträger einen noch höheren Anteil des Gewinns für Produktionszwecke zur Verfügung, beispielsweise $e = 0.87$, so ist die Anzahl der Zustände, die das System nach der Einschwingphase annimmt, noch größer, wie Abbildung 2.3 zeigt.

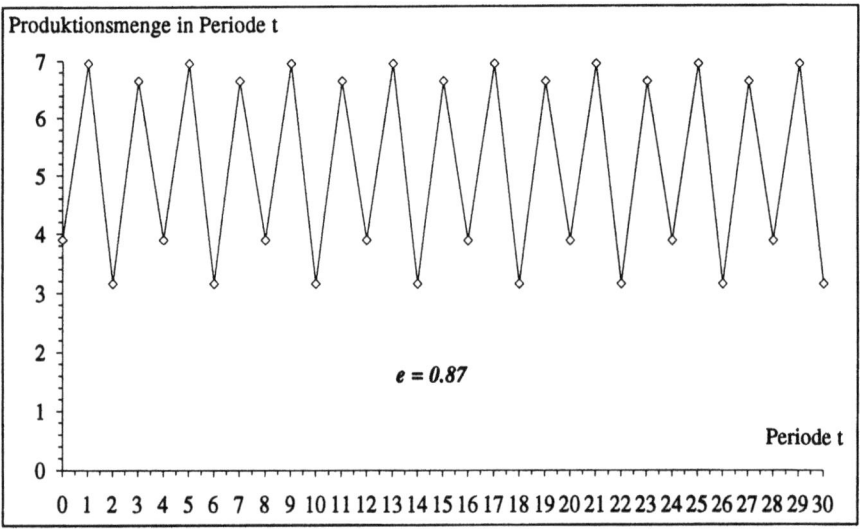

Abb. 2.3: Konvergenz der Produktionsmenge gegen einen Zyklus der Ordnung 4 für $e=0.87$. Die Produktionsmenge nimmt letztlich nur mehr vier Werte alternierend an.

Die Produktions- und Absatzmenge nimmt hier 4 mögliche Werte alternierend an. In diesem Zusammenhang wird auch von einem Orbit der Periode 4 gesprochen.

In den vorangegangenen Fällen können die Entscheidungsträger das Systemverhalten nach kurzer Beobachtung des Systems antizipieren, und für Prognosezwecke nutzen. Völlig anders stellt sich die Situation jedoch dar, wenn die Entscheidungsträger gar 100% des Gewinns einbehalten, also keine Ausschüttung vornehmen (siehe Abbildung 2.4 für die ersten 100 Perioden).

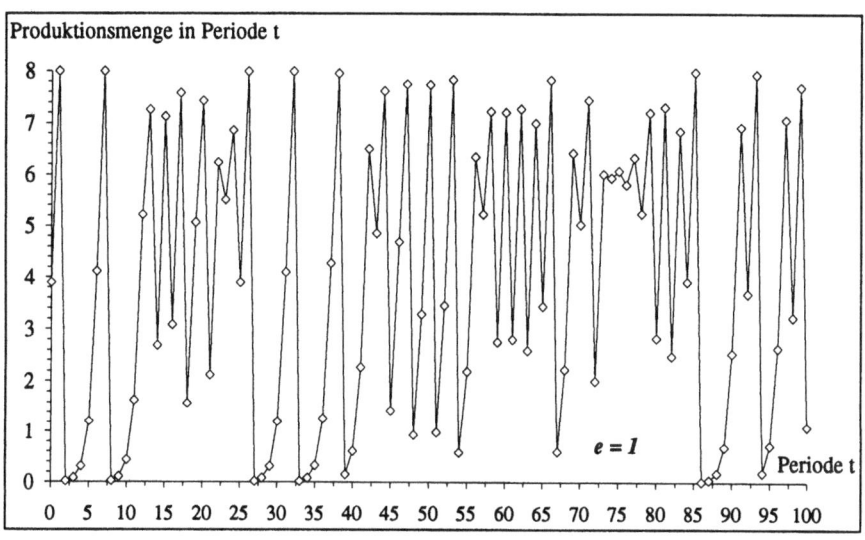

Abb. 2.4: Die Produktionsmenge fluktuiert chaotisch für $e=1$. Aus dem Zeitpfad läßt sich kein Muster erkennen.

Weder aus den Zeitreihenwerten (Tabelle 4 im Anhang), noch aus der graphischen Darstellung kann eine Struktur herausgelesen werden. Das Systemverhalten erweckt den Anschein der reinen Zufälligkeit. Im Gegensatz zum obigen periodischen Verhalten fluktuiert die Zeitreihe chaotisch. Augenscheinlich sind nicht nur die unregelmäßigen Fluktuationen, sondern auch die plötzlich auftretenden qualitativen Änderungen. Die Werte bleiben oft für einige Zeit in einem eng begrenzten Intervall, um anschließend große Schwankungen über den gesamten Bereich durchzuführen. Wie ist nun diese Situation zu beurteilen? Im allgemeinen können wir a priori nicht davon ausgehen, daß ein solches Verhalten nicht wünschenswert ist. Es könnte doch sein, daß der erzielte kumulierte Gewinn für $e=1$ höher ist als für andere Einbehaltungsquoten ungleich der gewinnmaximalen. Ein Vergleich zeigt aber sehr rasch, daß die chaotische Politik (im Vergleich zur gewinnmaximalen; Feichtinger und Kopel, 1994) jene mit dem höchsten Gewinnentgang ist.

Es mag wohl intuitiv klar sein, daß Prognosen in einer solchen Situation für die Geschäftleitung erheblich schwieriger (wenn nicht gar unmöglich zu bewerkstelligen sein werden) als in den obigen regulären Fällen. Nun verleitet unsere Betrachtungsweise zum Schluß, daß für steigende Anteile der einbehaltenen Gewinne das Systemverhalten immer komplexer wird. Das diese angenommene Monotoniebedingung nicht erfüllt ist, zeigt die Wahl einer Einbehaltungsquote von 96% (siehe Abbildung 2.5).

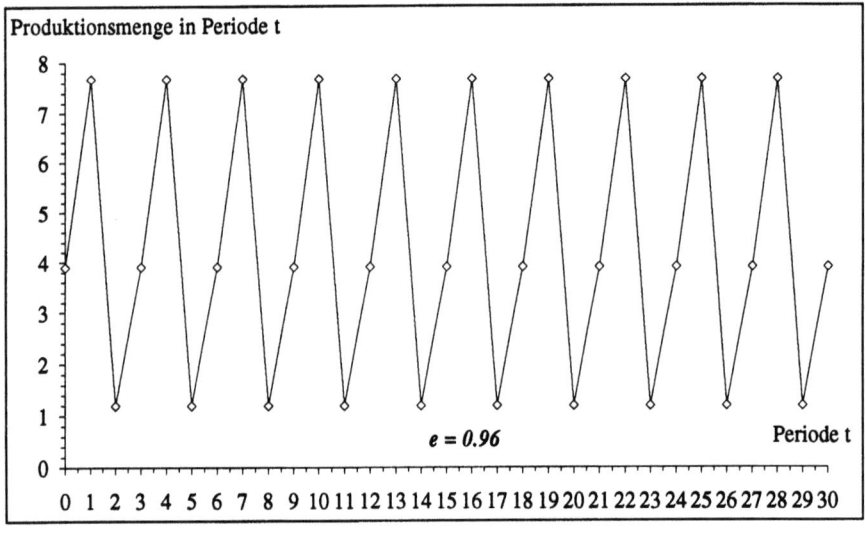

Abb. 2.5: Konvergenz der Produktionsmenge gegen einen Zyklus der Ordnung 3 für $e=0.96$. Die Produktionsmenge nimmt drei Werte alternierend an.

Nach kurzer Zeit nimmt die Produktionsmenge nur mehr drei mögliche Werte abwechselnd an. Die Bedeutung eines solchen Zyklus der Periode 3 wird später noch herausgestrichen.

Die obigen Ausführungen haben gezeigt, daß durch die Wahl der Ausschüttungs- bzw. Einbehaltungsquote das qualitative Verhalten entscheidend beeinflußt wird. Das Beispiel darf jedoch klarerweise nicht zum Schluß verleiten, die Geschäftsleitung solle einen möglichst hohen Anteil des Gewinns ausschütten, damit das Verhalten des Systems möglichst einfach ist. Es soll vielmehr aufzeigen, in welchem einfachen Rahmen äußerst komplexes Verhalten möglich ist. Es sei darauf hingewiesen, daß die vorliegende Gleichung, auch wenn sie augenscheinlich zufälliges Verhalten generiert, deterministisch ist. Die auftretende "Zufälligkeit" ist also rein endogener Natur, und nicht stochastischen Ursprungs.

Wir wollen nun die Entwicklung zweier Unternehmen A und B vergleichen, deren Geschäftsleitungen nach dem gleichen Prinzip (2.5) unter den dort getroffenen Annahmen entscheiden. Diese Unternehmen bieten ihre Produkte auf zwei völlig gleich gearteten Märkten an, die Produktions- und Absatzmengen in der Periode t=0 unterscheiden sich aber um 1%. Die Ausgangslage stellt sich also folgendermaßen dar:

Die Systemdynamik für beide Unternehmen lautet

$$x_{t+1} = \frac{1}{4} e(16 - 2x_t)x_t \text{ mit } 0 \leq x_t \leq 8.$$

Die Anfangswerte für Unternehmung A ist $x_0^A = 3.9$, für Unternehmung B $x_0^B = 3.939$. Beide Geschäftsleitungen beschließen, den Gewinn zur Gänze einzubehalten ($e=1$). Es sei daran erinnert, daß für diese Wahl der Einbehaltungsquote die Produktionsmenge augenscheinlich zufällig schwankte. Die Frage ist, ob sich die Produktions- und Absatzmengen und damit die finanzielle Situation der beiden Unternehmen ähnlich entwickeln werden. Einen Hinweis geben die Zeitpfade der Produktionsmengen für die beiden Anfangswerte wie in Abbildung 2.6 für 30 Perioden dargestellt.

Offensichtlich resultiert aus der Änderung der Anfangswerte um 1% eine völlig unterschiedliche Entwicklung der beiden Unternehmen. Beispielsweise erfährt diese Differenz im Ausmaß von 0.039 in der zehnten Periode eine Verstärkung auf das fast 200-fache! Für den einzelnen Unternehmer bedeutet eine solche Situation, daß er langfristig die Entwicklung eines Marktes oder seines Umfeldes nicht vorhersagen kann. Würde er (im chaotischen Bereich des Prozesses) in der Einschätzung der derzeitigen Situation auch nur einen kleinen Fehler machen, so wäre die Differenz zwischen der Einschätzung der Zukunft und der tatsächlichen Umweltsituation schon nach wenigen Perioden stark verschieden.

Diese zentrale Eigenschaft von chaotischen dynamischen Systemen wird die *sensitive Abhängigkeit von den Anfangsbedingungen* genannt. Sie stellt eine der tiefsten Erkenntnisse dar, die die Erforschung nichlinearer, dynamischer Systeme gebracht hat. Obwohl einem deterministischen Entwicklungsgesetz folgend, kann die Evolution eines Prozesses langfristig unvorhersagbar sein. Kleine Meßfehler wirken sich sehr stark aus, und ergeben nach einigen Perioden völlig verschiedene Systemzustände. Das starke Kausalitätsprinzip, nach dem kleine Ursachen kleine Wirkungen haben, ist hier nicht erfüllt.

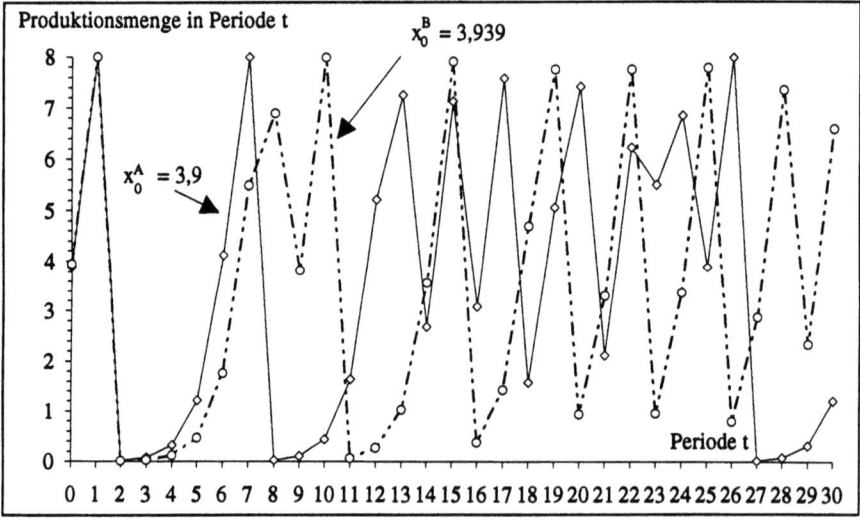

Abb. 2.6: Sensitive Abhängigkeit von den Anfangswerten. Schon nach wenigen Perioden verlaufen die Zeitpfade der Produktionsmengen verschieden, obwohl die Differenz der Anfangswerte nur 1% beträgt.

Für ökonomische Belange ist diese Tatsache von großer Bedeutung, da es wohl unmöglich scheint, alle Faktoren zu erfassen, um die Ausgangssituation (den Anfangswert) exakt zu bestimmen. So erscheint die Aktzeptanz der Möglichkeit einer solchen Situation äußerst wichtig. Die Unmöglichkeit einer langfristigen Vorhersage der Systementwicklung schließt jedoch keinesfalls die Möglichkeit kurzfristiger Prognosen aus. Hier wurden eigene Techniken entwickelt, die die Struktur nichlinearer, dynamischer Systeme einbeziehen und bessere Ergebnisse als die herkömmlichen Techniken bringen (Farmer und Sidorowich, 1987; Sugihara et al., 1990; Grassberger et al., 1991; vgl. auch die Literaturhinweise in Feichtinger und Kopel, 1994).

Um die Komplexität des Systemverhaltens auch in einem so einfachen Rahmen nochmals herauszustreichen, sei ein weiteres Szenario gezeigt. Die Situation ist hier noch schwieriger einzuschätzen, d.h. eine Unterscheidung zwischen regulärem und chaotischem Verhalten ist oft fast unmöglich. Das Systemverhalten sei wieder durch Gleichung (2.6) beschrieben. Die Geschäftsleitung schüttet 4,25% des Gewinns an die Anteilseigner aus, behält also wegen der guten Auftragslage 95,75% des Gewinns für Produktionszwecke ein. Die Produktionsmenge der derzeitigen Periode (t = 0) ist x_0 = 4.3. Den Verlauf der Produktions- und Absatzmenge für die nachfolgenden 100 Perioden zeigt Abbildung 2.7.

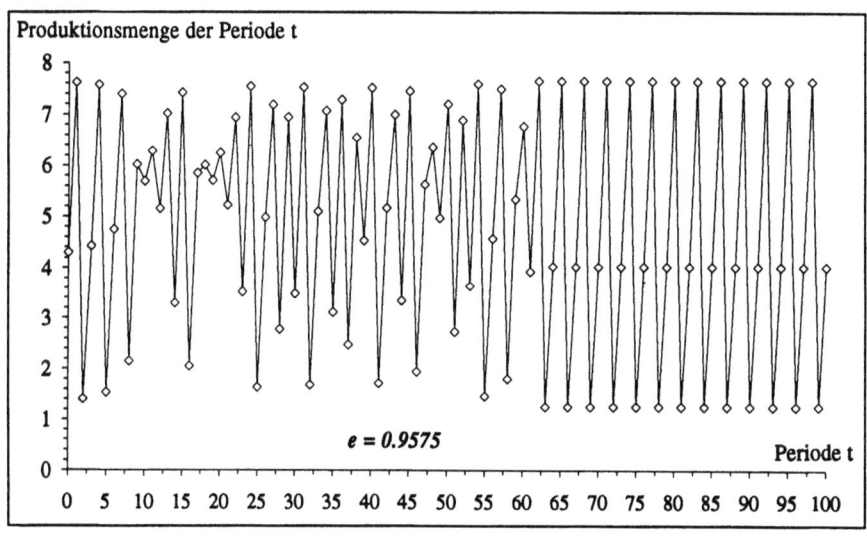

Abb. 2.7: Transientes Chaos - die Produktionsmenge schwankt in den ersten 60 Perioden scheinbar zufällig, um dann einem Zyklus der Ordnung 3 zu folgen.

Die Produktionsmenge schwankt in den ersten 60 Perioden recht stark und scheinbar zufällig, um nach der 60. Periode einem Dreierzyklus zu folgen, d.h. die Produktionsmenge nimmt alternierend 3 verschiedene Werte an. Die chaotisch anmutende transiente Phase des Zeitpfades ist hier sehr lang und könnte bei ausschließlicher Betrachtung der ersten 60 Perioden den Eindruck erwecken, daß der Prozeß (wie bei einer Einbehaltungsquote von 100%) chaotisch verläuft. Nach einer (relativ) langen Einschwingphase folgt der Prozeß einem Zyklus der Ordnung 3, ist also völlig regulär und vorhersagbar. Dieses Charakteristikum von nichtlinearen dynamischen Systemen wird *transientes Chaos* genannt, da nur der transiente Teil des Zeitpfades chaotisches Verhalten zeigt. Für ökonomische Belange spielt das transiente Verhalten eines Systems jedoch ebenfalls eine große Rolle (Lorenz 1990, 1992a).

Im obigen Beispiel haben wir angenommen, daß die Preis-Absatz-Funktion linear verläuft. Realistischer wäre jedoch ein nichtlinearer, exponentieller Verlauf der Preis-Absatz-Funktion (Lilien und Kotler, 1983). Wir unterstellen hier also einen Verlauf der Form $p(x) = e^{r(a-bx)}$. Im Unterschied zu vorher braucht hier keine Beschränkung für die Produktionsmenge x (außer der Nichnegativität) vorgegeben zu werden.

Wie im vorigen Beispiel erhalten wir die Dynamik

$$x_{t+1} = \frac{e}{c}(exp(r(a-bx_t)) - c)x_t.$$

Auch hier ergibt sich für geeignete Wahl der Parameter a, b, c, e, und r das im ersten Beispiel vorgestellte Szenario bei Variation von e, aber auch bei Variation der anderen Parameter (ausgenommen b).

2. Die Werbeaktivitäten einer Unternehmung und der Einfluß der Entscheidungsträger

Im vorigen Beispiel haben wir mit Hilfe eines einfachen Modells den Einfluß der Entscheidungsträger auf die Unternehmensentwicklung untersucht. In einem zweiten ebenfalls sehr einfachen Modell wollen wir dies nochmals demonstrieren. In der Unternehmenspraxis werden Budgets oft als gewisser Prozentsatz vom Gewinn oder vom Umsatz festgelegt. Unter gewissen Bedingungen ist eine solche Vorgehensweise sogar optimal.[2] Es scheint daher von Interesse zu sein, sich die Frage nach dem Verhalten eines Systems zu stellen, in dem das Entscheidungs -

---

[2] So erweist es sich unter gewissen Bedingungen als gewinnmaximal, einen festen Anteil des Umsatzes in die Werbung zu stecken. Zum Dorfman-Steiner-Theorem sei verwiesen auf Meffert (1986) und Feichtinger und Hartl (1986).

bzw. das Zuteilungsverhalten der Individuen durch solch eine Regel abgebildet wird.

Eine Unternehmung M gründet eine Tochtergesellschaft T für die Betreuung der Märkte X und Y. Auf beiden Märkten wird zwar das gleiche Produkt angeboten, die Käufertypen der beiden Märkte unterscheiden sich aber. So muß in den Werbeaktivitäten der Tochter auf diesen Unterschied geachtet werden, und die beiden Märkte werden daher isoliert voneinander betreut. Durch die Werbemaßnahmen auf den Märkten X und Y entsteht Nachfrage nach dem Produkt in unterschiedlichem Ausmaß. Die Vertragsbedingungen zwischen M und T sehen vor, daß M der Tochter T jederzeit Produkte im durch die Nachfrage auf den Märkten X und Y induzierten Ausmaß zur Verfügung stellt. Weiters wird von M jegliches Finanzierungserfordernis in der Periode 0 (Gründungsperiode) getragen. Da für M das Nachfragepotential des Marktes Y besondere Bedeutung hat, stellt sie weiters pro Periode einen gewissen Sockelbetrag s für Werbeaktivitäten auf dem Markt Y zur Verfügung. Sind die Gewinnaussichten gut, so dürfen Teile dieses Betrages für Werbeaktivitäten auf X umgeschichtet werden. Der Vertrag sieht weiters noch vor, daß das Werbebudget das die Tochter T insgesamt (ohne Berücksichtigung von s) einsetzt auf 1 festgelegt wird, und T pro Periode (außer in der Gründundungsperiode) eine Zahlung von z=1 an M zu leisten hat.

Wir bezeichnen die von den Entscheidungsträgern der Tochterunternehmung dem Markt X bzw. Y in Periode t zugewiesenen Werbebudgets mit x_t bzw. y_t. Laut Vertrag muß also gelten $x_t + y_t = 1$. Das insgesamt von T eingesetzte Werbebudget in der Gründungsperiode $x_0 + y_0 = 1$ wird von M zur Verfügung gestellt. Durch die Werbemaßnahmen wird die Nachfrage auf den Märkten X und Y angekurbelt, und der Gesamterlös der aus dem Verkauf des Produktes resultiert beläuft sich auf $E = E_x + E_y$. Da die Tochterunternehmung laut Vertrag zur Zahlung von 1 verpflichtet ist, beläuft sich der Gewinn auf $G = E_x + E_y - 1$. Aus diesem Gewinn muß nun das Werbebudget der nächsten Periode $x_1 + y_1 = 1$ finanziert werden. Die Entscheidungsträger der Tochterunternehmung stehen nun vor dem Problem, wie die Aufteilung des Budgets auf die beiden Märkte gestaltet werden soll. Sie beschließen, einen gewissen Prozentsatz c vom aktuellen Gewinn dem Markt X zuzuteilen, und den Restbetrag auf 1 (soferne noch etwas übrig bleibt) dem Markt Y zu widmen. Dies erscheint den Entscheidungsträgern fair, da ja ohnehin die Mutterunternehmung dem Markt Y den Sockelbetrag s zuweist. Der Restgewinn $G-1$ steht zur freien Verfügung und wird anderweitig verwendet. Aus der Zuteilung $x_1 = cG$ und $y_1 = 1 - x_1$ resultiert wieder ein bestimmter Erlös E und ein

Gewinn G, wonach wieder das Werbebudget der nächsten Periode von Markt X als Anteil bemessen wird. Diagramm 2.1 gibt die Zusammenhänge wieder.

In der Marketingliteratur wird für das Absatzinstrument Werbung in vielen Fällen ein konkaver Verlauf des Zusammenhangs zwischen dem (hier wertmäßigem) Umsatz und der Werbeaktivität unterstellt, der auch durchaus intuitiv klar scheint (Gesetz der abnehmenden Grenzerträge). Für die Marktreaktionsfunktion des Marktes X sei daher die Gestalt (Lilien und Kotler, 1983)

$$E_x = a_0(1 - e^{-a_1 x})$$

angenommen. Im Modell treten zwei zentrale Parameter auf, a_0 und a_1, wobei a_0 das Marktpotential und a_1 die Rate kennzeichnet, mit der die (mengen- bzw. wertmäßigen) Verkäufe die obere Grenze, bei sehr groß werdenden Marketinganstrengungen, erreicht.

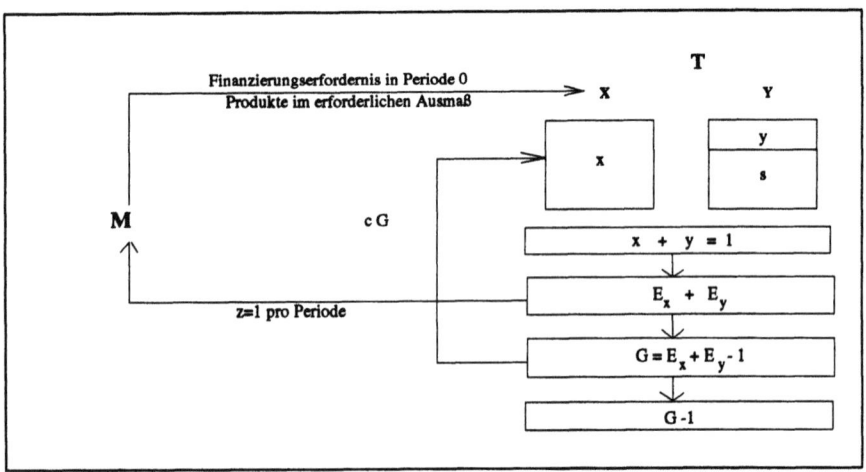

Diagr. 2.1: Darstellung der Zusammenhänge zwischen Mutter- und Tochtergesellschaft

Ein anderes. häufig verwendetes Modell zur Charakterisierung des obigen Zusammenhangs ist der s-förmige Verlauf. Hier existieren Bereiche mit steigenden, konstanten und fallenden Skalenerträgen (zum Begriff der *economies of scale* und *diseconomies of scale* siehe Hollnsteiner und Kopel, 1993). Weiters können hier Schwellen- und Sättigungseffekte (die von vielen Marketingfachleuten als relevant für Marketingsituationen erachtet werden) im Modell Aufnahme finden. Eine Begründung für das Auftreten eines s-förmigen Verlaufs in der Praxis gibt Schütz (1992): Es ist der Werbeetat einer strategischen Kampagne für Sofortbildphotographie in den USA festzulegen.

"Unter 100 Mio. Schilling bringt eine landesweite Kampagne wenig. Das Budget wäre zu gering, um an TV-Werbung überhaupt zu denken. Der Handel würde bei Print- oder Radiowerbung wahrscheinlich sehr wenig mitziehen, die Gesamtauswirkung auf den Durchverkauf an den Konsumenten wäre minimal. Die Umsatzerwartungskurve ist also unten ziemlich flach.", und weiter, "Über 350 Mio. Schilling pro Jahr in eine Kampagne hineinzupumpen, bringt nach Erfahrungswerten und Konkurrenzbeobachtung einen stark abnehmenden Grenznutzen. Der Handel würde nicht schnell genug bestellen und Lagerlücken haben, der Außendienst würde meinen, die Leute aus dem Marketingbereich sind jetzt endgültig verrückt geworden und sollten lieber die Preise senken als die Werbekosten so hoch anzuheben. Die Fabriken würden vielleicht Lieferschwierigkeiten bekommen, denn die Produktionsplaner würden die hochgeschraubten Erwartungen der Marketingleute ohnehin nicht glauben und daher zuwenig Produktion planen. Es wäre vorauszusehen, daß die Produktion dann zu spät voll angekurbelt würde, wenn das Geld für eine riesige Werbekampagne schon längst ausgegeben ist."

Für den Markt Y sei daher für den Zusammenhang von Werbebudget und Umsatz von folgendem s-förmigen Verlauf auszugehen:

$E_y = b_0 / (1 + e^{-b_1 y})$.

Hier steht der Parameter b_0 für das Marktpotential, und b_1 für die Sensitivität der Nachfrager auf Werbeaktivitäten. Abbildung 2.8 zeigt für zwei verschiedene Werte von b_1 die jeweils zugehörigen s-förmigen Marktreaktionsfunktionen.

Dabei sind diese Funktionen so zu verstehen: Ist die Zuteilung $y_t = 0$ (d.h. $x_1 = 1$), dann steht für Werbezwecke auf dem Markt Y nur der Sockelbetrag s zur Verfügung und der erzielte Erlös beläuft sich auf $b_0/2$. Ist $y_t > 0$, so ist der Erlös größer, ist $y_t < 0$ (was einer vertragskonformen Umschichtung von Werbebudget auf Markt X entspricht), so ist der Erlös auf Markt Y kleiner als $b_0/2$. Oberhalb des Schwellenwertes $y = 0$ sind die Grenzzuwächse abnehmend, unterhalb der Schwelle zunehmend.

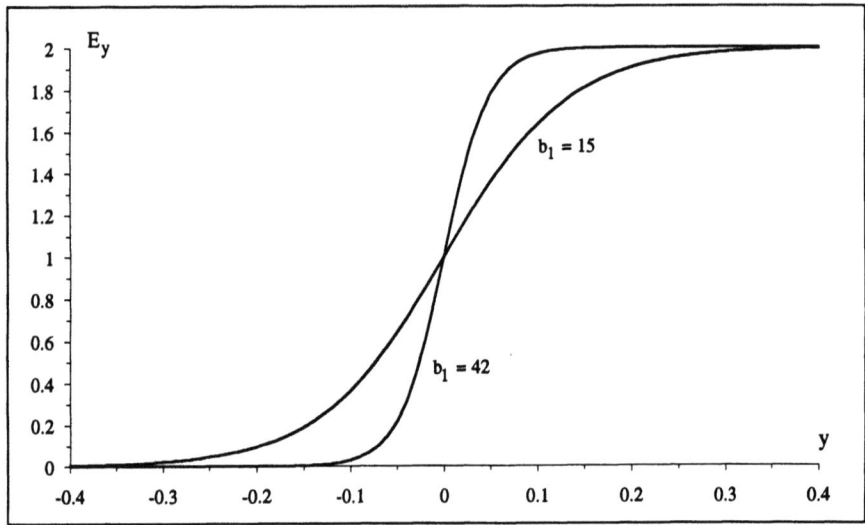

Abb. 2.8: Marktreaktionsfunktionen für Markt Y für $b_0 = 2$.

Der Gesamterlös der beiden Unternehmen setzt sich aus den Erlösen der beiden Divisionen zusammen

$$E = E_x + E_y = a_0(1 - e^{-a_1 x}) + b_0 / (1 + e^{-b_1 y}).$$

Den Gewinn erhalten wir nach Subtraktion von z=1

$$G = E - 1 = a_0(1 - e^{-a_1 x}) + b_0 / (1 + e^{-b_1 y}) - 1.$$

Damit ergibt sich die Systemdynamik mit $y_t = 1 - x_t$ zu

$$x_{t+1} = cG = c \cdot \left(a_0(1 - e^{-a_1 x_t}) + b_0 / (1 + e^{-b_1(1-x_t)}) - 1 \right). \tag{2.8}$$

Das Budget für den Markt X wird also bestimmt durch das Werbebudget der Vorperiode, sowie die Strukturparameter dieses Marktes (a_0, a_1), aber auch durch die Strukturparameter b_0 und b_1 des Marktes Y. Wieder erscheint das dynamische Verhalten in Abhängigkeit vom Verhaltensparameter c von Interesse, da dieser die unternehmerische Entscheidung zum Ausdruck bringt. Im Gegensatz zum vorhergehenden Beispiel spielt das Ausmaß der Reaktion der Konsumenten auf Änderungen der Ausprägung der Strukturparameter eine entscheidende Rolle. Wir werden dieses Beispiel in den nächsten Abschnitten noch einer eingehenden Analyse unterziehen.

Es soll hier angemerkt werden, daß im obigen Modell die Werbeausgaben ohne Verzögerung sofort in jener Periode wirken, in der sie eingesetzt werden. In realistischen Situationen werden Werbeaktivitäten zumeist mit einer gewissen (mehr oder weniger großen) zeitlichen Verzögerung wirksam. Zudem wurden eine Reihe von sehr einschränkenden Annahmen getroffen. So hat dieses Modell eher didaktischen Charakter, als daß es Phänomene der Realität erklären könnte.

2.2. Ein chaosgenerierender Mechanismus

Im vorigen Abschnitt haben wir das dynamische Verhalten von Beispiel 1 anhand der Zeitpfade der Produktionsmengen beobachtet. Ist für Beispiel 2 nun ein ähnliches, ein erweitertes oder ein qualitativ gänzlich verschiedenes Bild zu erwarten? Gibt es vom geometrischen Standpunkt eine Gemeinsamkeit der beiden Abbildungen (2.6) und (2.8)? Diese Fragen stellen sich unmittelbar, da die Formen der beiden Dynamiken doch erheblich zu differieren scheinen.

Betrachten wir zunächst die Systemdynamik (2.6) aus Beispiel 1

$$x_{t+1} = \frac{1}{c}e(a-c-bx_t)x_t.$$

Zwischen der Produktionsmenge der aktuellen (x_t) und der nächsten Periode (x_{t+1}) läßt sich ein (quadratischer) Zusammenhang feststellen, welcher in der (x_t, x_{t+1}) - Ebene durch eine Parabel beschrieben wird (siehe Abbildung 2.9).

Ausgehend von einem beliebigen Startwert x_0 haben wir die Produktionsmenge der nächsten Periode x_1 aus der Systemdynamik ermittelt,

$$x_1 = \frac{1}{c}e(a-c-bx_0)x_0,$$

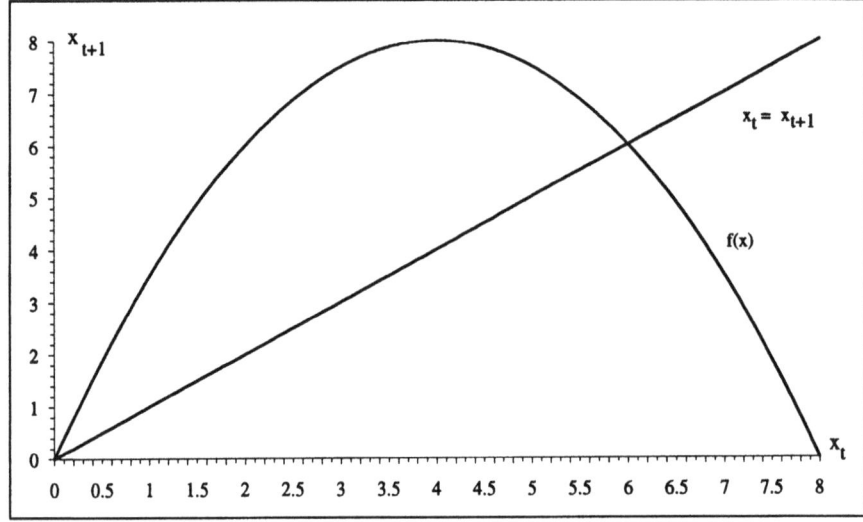

Abb. 2.9: Zusammenhang zwischen der Produktionsmenge der aktuellen Periode x_t und der nächsten Periode x_{t+1}, beschrieben durch die Funktion

$$f(x) = \frac{1}{c} e(a - c - bx)x.$$

diese Menge x_1 wieder in die Systemdynamik eingesetzt, und so die Produktionsmenge der Periode 2 errechnet,

$$x_2 = \frac{1}{c} e(a - c - bx_1)x_1 \quad \text{usw.}$$

Die Produktionsmenge der nächsten Periode x_{t+1} ergibt sich also jeweils als Wert der quadratischen Funktion $f(x) = \frac{1}{c} e(a - c - bx)x$ im Punkt der Produktionsmenge der aktuellen Periode x_t, d.h. das Verhalten der Systemvariablen wird durch ein Gesetz der Form $x_{t+1} = f(x_t)$ beschrieben. Da die Funktion f nichtlinear ist (in diesem Fall quadratisch), liegt ein *nichtlineares dynamisches System* vor. Die Gleichung gibt außerdem einen deterministischen Zusammenhang wieder: Ist der Wert von x zum Zeitpunkt t bekannt, so errechnet sich der zukünftige Wert x_{t+1} durch Anwenden von f auf x_t aus obiger Gleichung. Zufallsgrößen haben auf diese

Entwicklung keinen Einfluß. Für eine weitergehende Analyse dieses Beispiels sei verwiesen auf Feichtinger und Kopel (1994).

Für den im Beispiel 2 beschriebenen Zusammenhang läßt sich das Gesetz $x_{t+1} = g(x_t)$ durch die Funktion

$$g(x) = c \cdot \left(a_0 (1 - e^{-a_1 x}) + b_0 / (1 + e^{-b_1 (1-x)}) - 1 \right)$$

angeben. Wie sieht diese Funktion, die die Verbindung zwischen dem Werbebudget der aktuellen Periode und dem Werbebudget der nächsten Periode herstellt, aus? Wir wollen ihre Gestalt schrittweise mit Hilfe graphisch motivierter Überlegungen herleiten.

Aus Abschnitt 2.1. wissen wir schon, daß die Marktreaktionsfunktion des Marktes Y s-förmig verläuft. Wie ändert sich der Verlauf, wenn das der Division zugeteilte Budget y durch die Größe 1-x ersetzt wird? Wir suchen also zunächst die Komposition $z(x)$ der Funktion $y(x) = 1 - x$ und der Funktion $z(y) = b_0 / (1 + e^{-b_1 y})$. Abbildung 2.10 zeigt eine Möglichkeit, wie dieser Verlauf (zumindest qualitativ) ermittelt werden kann. Die ursprüngliche Funktion wird also in gewissem Sinn gespiegelt, d.h. aus einem Zusammenhang mit positiver Steigung wird einer mit negativer.

Diese Marktreaktionsfunktion, die die Abhängigkeit des Erlöses auf Markt Y vom Werbebudget des Marktes X wiedergibt, wird nun zur Marktreaktionsfunktion des Marktes X addiert. Wird von dieser Summe der Erlöse die Zahlung z=1 abgezogen, so ergibt sich für die Gewinnfunktion der in Abbildung 2.11 gezeigte Verlauf. Eine Multiplikation mit einer Konstanten c ändert den qualitativen Verlauf der Funktion nicht.

Die Funktion $g(x)$ weist also für eine gewisse Konstellation der Parameter über einen bestimmten Bereich qualitativ dieselbe Gestalt auf wie die Funktion $f(x)$ von Beispiel 1. Dies ist in Abbildung 2.12 durch den eingerahmten Teil der Funktion gekennzeichnet. Damit weist für eben diese Konstellation der Parameter das dynamische System $x_{t+1} = g(x_t)$ auch das gleiche qualitative Verhalten auf.

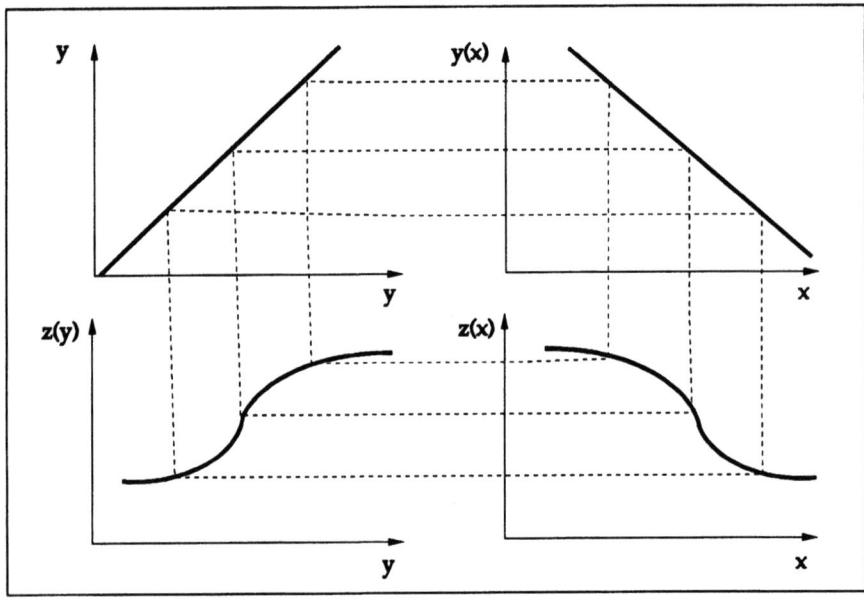

Abb. 2.10: Graphische Ermittlung einer zusammengesetzten Funktion $z(x)$ aus den beiden Funktionen $y=y(x)$ und $z=z(y)$.

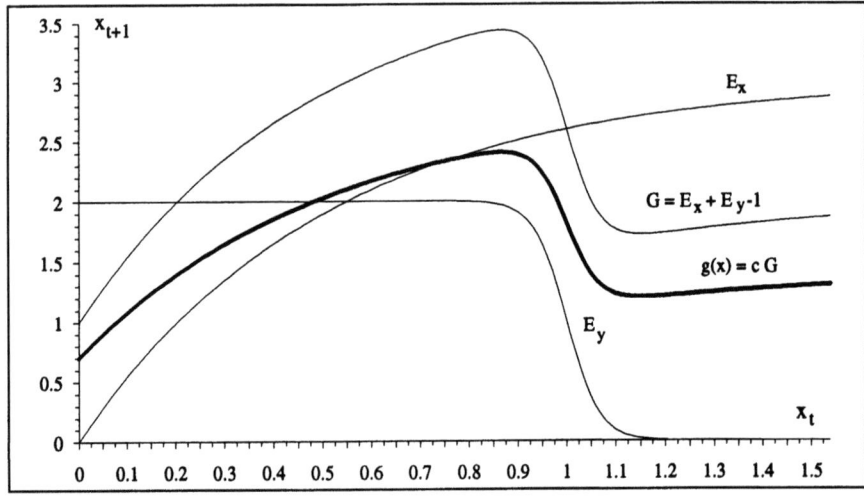

Abb. 2.11: Verlauf der Gewinnfunktion und der Funktion $g(x)$ für $a_0=3$, $a_1=2$, $b_0=2$, $b_1=30$ und $c=0.31$

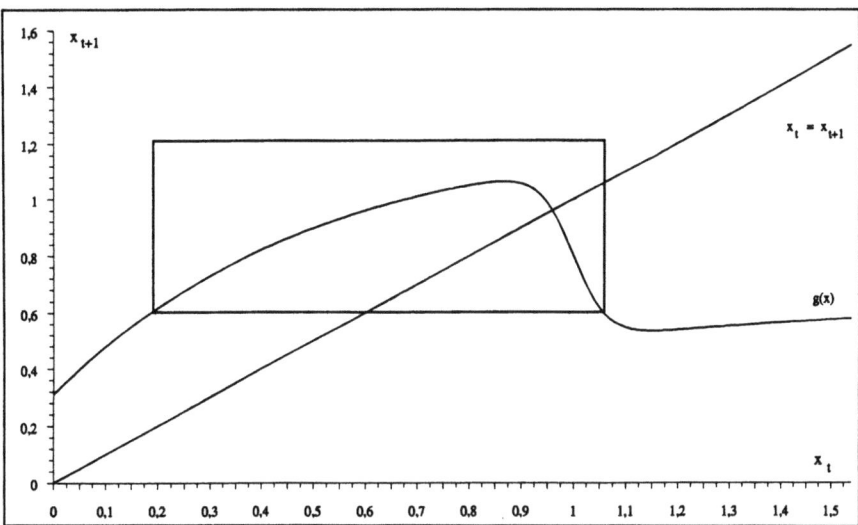

Abb. 2.12: Verlauf der Funktion $g(x)$ für $a_0=3$, $a_1=2$, $b_0=2$, $b_1=30$ und $c=0.31$. Der eingerahmte Teil weist qualitativ die Gestalt des Verlaufs der quadratischen Funktion $f(x) = \frac{1}{c} e(a-c-bx)x$ auf.

Wie wir später sehen werden, spielt die Steigung der Funktion im Schnittpunkt mit der Geraden $x_t = x_{t+1}$ eine zentrale Rolle. Bei Variation von c verschiebt sich dieser Schnittpunkt von einem Bereich mit kleiner positiver Steigung über einen Bereich mit negativem Anstieg wieder in einen mit kleiner positiver Steigung (siehe Abbildung 2.13). Dies ist für die Systemdynamik (2.6) nicht der Fall. Hier wird bei Vergrößerung der Einbehaltungsquote der vertikale Abstand des Scheitelpunkts der Parabel zur Abszisse immer größer. Die Steigung der Funktion $f(x)$ im Schnittpunkt mit der Geraden $x_t = x_{t+1}$ ist zuerst positiv, wird und bleibt aber bei Vergrößerung von e über den restlichen Bereich negativ (siehe Feichtinger und Kopel, 1994; Peitgen et al., 1992). Diese Unterschiede führen einerseits zu ähnlichen qualitativen Verhalten der beiden Abbildungen, andererseits aber werden wir von der Systemdynamik (2.8) aus Beispiel 2 eine reichere Vielfalt an dynamischen Phänomenen erwarten.

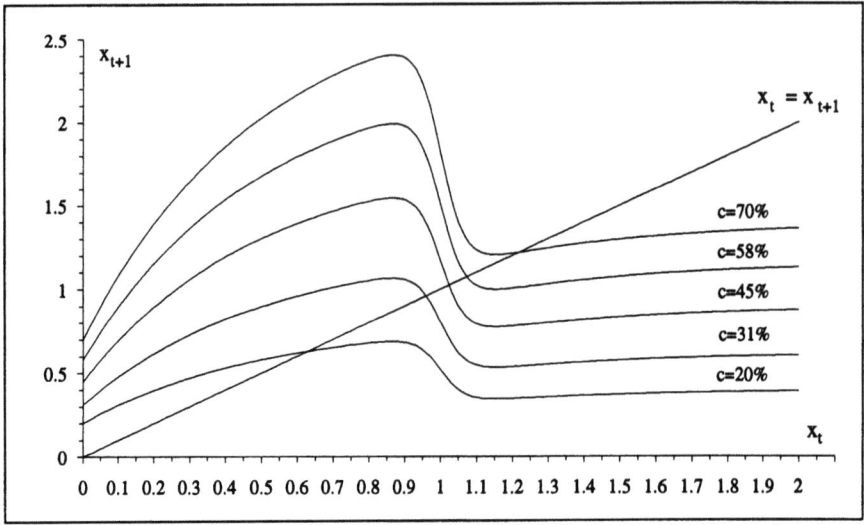

Abb. 2.13: Verschiebung des Schnittpunktes der Funktion $g(x)$ mit der Geraden $x_t = x_{t+1}$ bei Variation von c für $a_0=3$, $a_1=2$, $b_0=2$, $b_1=30$.

2.3. Graphische Iteration

In diesem Abschnitt wollen wir eine andere, mehr auf visuelle Einsichten aufbauende Methode kennenlernen, (eindimensionale) dynamische Systeme zu studieren. Dabei gehen wir aus von der Systemdynamik (2.8)

$$x_{t+1} = g(x_t) = c \cdot \left(a_0(1-e^{-a_1 x_t}) + b_0 / (1+e^{-b_1(1-x_t)}) - 1\right).$$

Zwei zentrale Fragen im Zusammenhang mit obiger Systemdynamik der Form $x_{t+1} = g(x_t)$ wollen wir uns stellen:

1) Gegeben ein Werbebudget in Periode 0 (Anfangszustand x_0), wie sieht eine Abfolge von Werbebudgets in den folgenden Perioden $\{x_0, x_1, x_2, ...\}$ aus?

2) Wie hängt das dynamische Verhalten von den vom Markt bestimmten Systemparametern a_0, a_1, b_0, b_1, und vom Entscheidungsverhalten der Unternehmensleitung ausgedrückt durch Wahl der Zuteilungsquote c ab?

Zur Beantwortung der ersten Frage läßt sich mit Hilfe der Abbildung 2.14 folgende graphisch motivierte Überlegung anstellen: Ausgehend von einem Startwert x_0 ziehen wir eine senkrechte Linie bis zur Funktion

$$g(x) = c \cdot \left(a_0 (1 - e^{-a_1 x}) + b_0 / (1 + e^{-b_1 (1-x)}) - 1 \right).$$

Wir haben so die Werbeausgaben der nächsten Periode graphisch ermittelt, da die obige Funktion am Startwert ausgewertet, und damit x_1 errechnet wird ($x_1 = g(x_0)$). Nun ziehen wir eine waagrechte Linie bis zur Geraden $x_t = x_{t+1}$, und von diesem Schnittpunkt eine senkrechte Linie abermals bis zur Funktion $g(x)$. Was haben wir dadurch erreicht? Durch Projektion des Werbebudgets der Periode 1 auf die Gerade $x_t = x_{t+1}$ wird x_1 auf der Abszisse (x_t-Achse) abgetragen, d.h. zum Werbebudget der Vorperiode, und durch Fällen des Lotes auf die Funktion $g(x)$ das Werbebudget der nächsten Periode, d.h. in diesem Fall also x_2, ermittelt ($x_2 = g(x_1)$). Für die Ermittlung der Werbeausgaben der dritten Periode gehen wir analog vor. Wir ziehen eine waagrechte Linie bis zur Geraden $x_t = x_{t+1}$, damit wird x_2 zum Werbebudget in der Vorperiode, ziehen die senkrechte Linie bis zur Funktion g (was einer Auswertung der Funktion im jeweiligen Punkt entspricht), und haben die Werbeausgaben der Periode 3, x_3, graphisch ermittelt. Völlig analog lassen sich die Werbebudgets zukünftiger Perioden ermitteln.

Denken wir uns diesen Prozeß ad infinitum fortgesetzt, so können wir also für einen Anfangswert die Abfolge der Werbeausgaben bestimmen.

Definition: Sei $g: R \to R$ eine stetige Funktion, welche ein dynamisches System $x_{t+1} = g(x_t)$ generiert. Die Menge $\{x_0, x_1, x_2, x_3, ...\}$ wird der *Orbit* oder die *Trajektorie* des Punktes x_0 genannt. x_0 kennzeichnet dabei den *Anfangswert* oder die *Anfangsbedingung* des Orbits. (Wir nehmen im weiteren an, daß alle Orbits beschränkt sind.)

Um der Beantwortung der zweiten Frage näherzukommen, wollen wir nun wie in Beispiel 1 den Parameter c in der Systemdynamik (2.8) variieren, welcher den Anteil des Gewinns festlegt, der für Werbezwecke auf dem Markt X zur Verfügung gestellt wird, und uns mit Hilfe der graphischen Iteration überlegen, welchen Verlauf der Zeitpfad der Werbeausgaben nimmt. Den Zusammenhang zwischen den Werbeausgaben der Periode t und der Periode t+1, beschrieben durch die Funktion g, hatten wir schon im vorigen Abschnitt (Abbildung 2.13) für verschiedene Werte von c dargestellt.

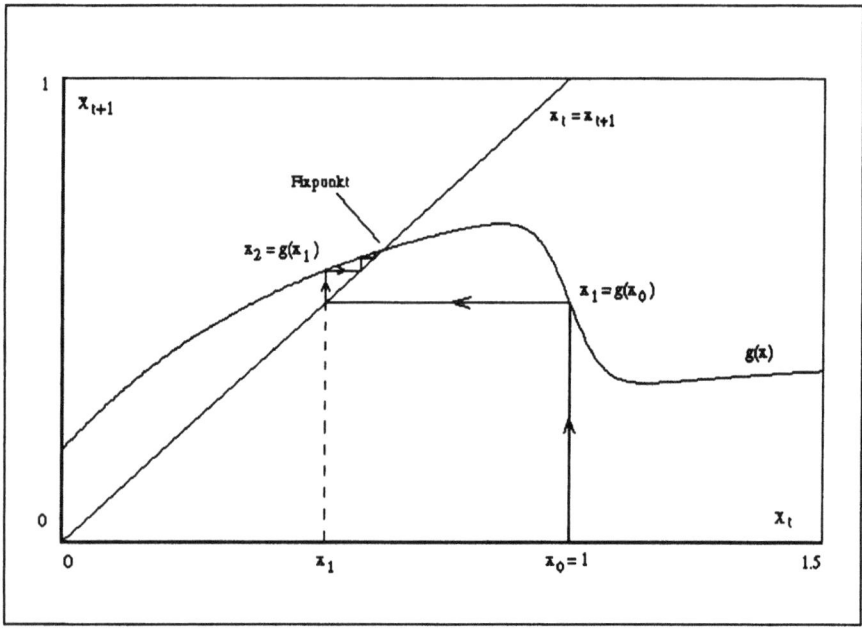

Abb. 2.14: Graphische Analyse. Konvergenz zu einem eindeutig bestimmten Fixpunkt für c=0.2.

Zunächst wollen wir den Verlauf der Werbeausgaben verschiedener Perioden für c=0.2 betrachten (Abbildung 2.14). Offensichtlich streben die Werbeausgaben einem eindeutigen Wert zu, der im Schnittpunkt der Funktion g und der Geraden $x_t = x_{t+1}$ liegt. Hat das Werbebudget einmal diesen Wert angenommen, so bleibt es gleich für alle zukünftigen Perioden.

Definition: Unter einem *Fixpunkt* oder einem *Gleichgewicht* x^* verstehen wir einen Zustand in dem das System verharrt, d.h. in aufeinanderfolgenden Perioden ändert sich der Zustand nicht (mehr), falls dieser Wert einmal angenommen wurde, $x^* = g(x^*)$.

Der Schnittpunkt der Funktion g mit der Geraden $x_t = x_{t+1}$ ist ein solcher Fixpunkt, da hier $x_t = x_{t+1} = g(x_t)$ gilt.

Damit ist aber noch nichts über die Stabilität des Fixpunktes (Gleichgewichtes) ausgesagt. Der Fixpunkt kann stabil sein (das System bewegt sich auf den Fixpunkt möglicherweise oszillierend, zu), oder instabil sein (das System bewegt sich vom Fixpunkt bei kleiner Störung fort). Ausschlaggebend für die Stabilität des Fixpunktes ist hier die Steigung der Funktion im Fixpunkt. Ist die Steigung der Funktion im Schnittpunkt nämlich (betragsmäßig) größer als eins, so ist der Fixpunkt instabil, andernfalls stabil:

Satz: Ist x^* ein Fixpunkt, und die Steigung der Funktion g im Fixpunkt x^* betragsmäßig kleiner als 1, dann gibt es ein offenes Intervall um x^*, sodaß für einen beliebigen Punkt x_0 aus diesem Intervall die Trajektorie mit Anfangswert x_0 gegen den Fixpunkt konvergiert.

Die Begründung des Resultats wollen wir kurz anführen (vgl. Devaney, 1989).

Beweis: Wir bezeichnen das Intervall I um den Fixpunkt x^* mit I = $[x^*-\varepsilon, x^*+\varepsilon]$ für ein beliebiges $\varepsilon>0$. Da g eine stetig differenzierbare Funktion ist, gibt es nun ein $\varepsilon>0$ sodaß $|g'(x_0)| < A < 1$ für Anfangswerte $x_0 \in I$ ist. Liegt der Anfangswert beispielsweise links von x^*, so folgt aus dem Mittelwertsatz der Differentialrechnung (siehe z.B. Bronstein und Semendjajew, 1985) nun zunächst die Existenz eines Punktes y im Intervall $[x_0, x^*]$ mit

$$g(x^*) - g(x_0) = g'(y)(x^*-x_0)$$

und damit die Ungleichung

$$|x_1 - x^*| = |g(x_0) - g(x^*)| \leq A|x_0 - x^*| < |x_0 - x^*| \leq \varepsilon.$$

Der Punkt $x_1 = g(x_0)$ liegt daher im Intervall I und ist näher bei x^* als x_0. Mit derselben Überlegung ergibt sich die Ungleichung

$$|x_n - x^*| < A^n |x_0 - x^*|.$$

Da A < 1 ist, strebt die rechte Seite der Ungleichung für $n \to \infty$ gegen Null, und damit konvergiert $x_n \to x^*$.

Ein völlig unterschiedliches Bild erhalten wir für c=0.31 (Abbildung 2.15). Der Zeitpfad der Werbeausgaben konvergiert nicht mehr gegen den Fixpunkt der Abbildung g. Die graphische Iteration läßt vielmehr überhaupt kein Verhaltensmuster erkennen. Der Zeitpfad scheint erratisch zu verlaufen und keinem beobachtbaren Muster zu folgen.

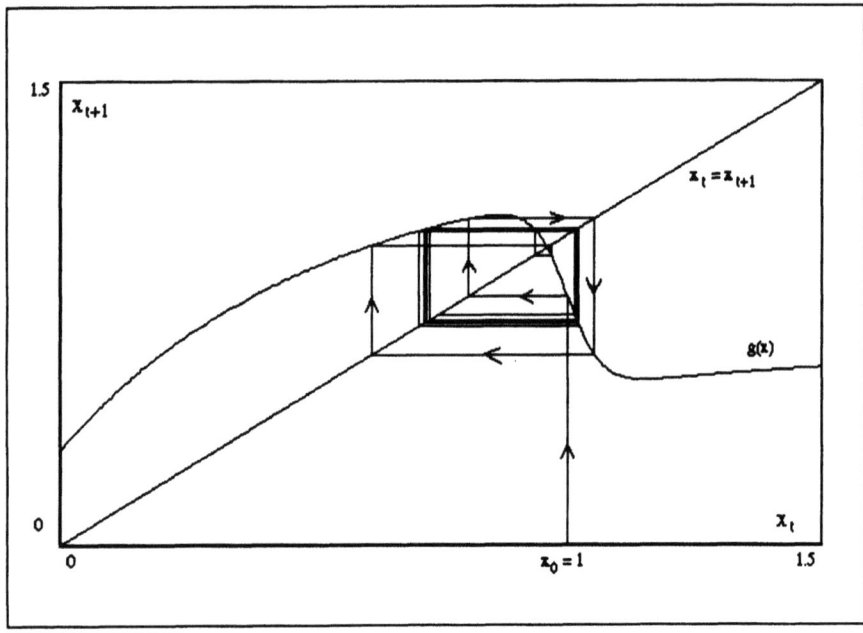

Abb. 2.15: Die graphische Analyse ergibt kein erkennbares Muster für c=0.31

Für c=0.45 (Abbildung 2.16) nehmen die Werbeausgaben nach einiger Zeit nur mehr zwei Werte x und y abwechselnd an. Für diese beiden Werte gilt: $x=g(y)$ und $y=g(x)$. Damit ergibt sich nach Einsetzen klarerweise $x=g(g(x))$, d.h. nach zweimaliger Iteration nimmt das Werbebudget wieder den ursprünglichen Wert an. Die zusammengesetzte Funktion $g \circ g$ schreiben wir als g^2.

Definition: Ein Punkt x wird *periodischer Punkt* der Periode p genannt, wenn $g^p(x)=x$ und $g^k(x) \neq x$, für $0<k<p$. g^n bezeichnet dabei die n-te Iterierte der Funktion g. Der Orbit des periodischen Punktes, $\{x, g(x), g^2(x), ..., g^{p-1}(x)\}$ wird *periodischer Orbit* genannt.

Für die 2-te Iterierte der Funktion g ist für einen Punkt z des Orbits mit der Periode 2 $\{x, y\}$ die Bedingung $g^2(z)=z$ erfüllt. Damit sind periodische Punkte mit der Periode p für g gleichzeitig Fixpunkte für die p-te Iterierte. In Abbildung 2.17 sind diese Punkte als Schnittpunkte der 2-ten Iterierten mit der Geraden $x_t = x_{t+1}$ zu sehen, und sind mit x und y bezeichnet.

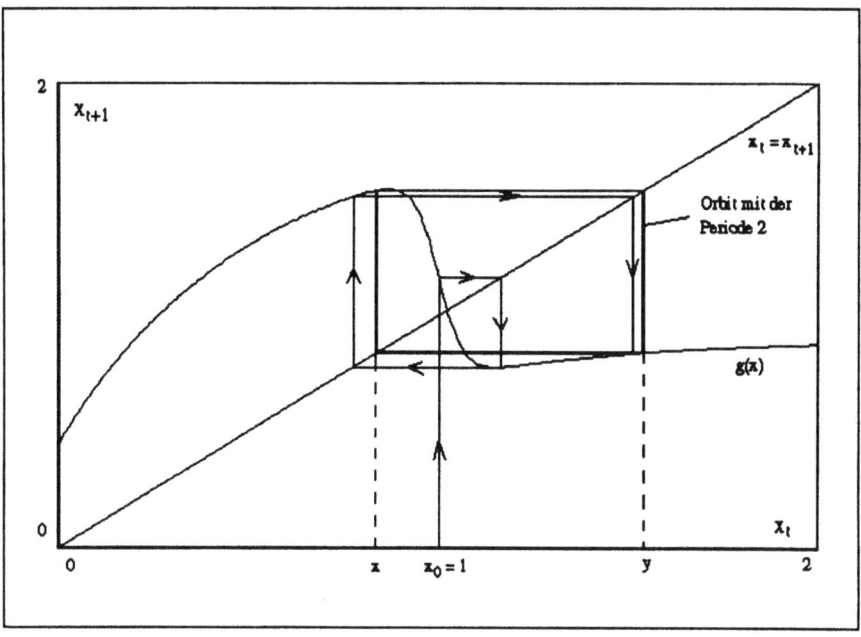

Abb. 2.16: Graphische Analyse. Konvergenz zu einem Orbit der Periode 2. Das System nimmt letztlich nur mehr die zwei Werte x und y an.

Da klarerweise jeder Fixpunkt z von g auch Fixpunkt von g^2 (und auch jeder höheren Iterierten) sein muß ($z=g(z)=g(g(z))=g^2(z)$), schneidet die 2-te Iterierte die Gerade $x_t = x_{t+1}$ zusätzlich im selben Punkt wie die Funktion g. Wie aus der Abbildung zu erkennen ist, ist die Steigung der Funktion g^2 in den Punkten x und y betragsmäßig kleiner als 1. Damit sind diese Fixpunkte von g^2 (und damit der Orbit der Periode 2) stabil. Der gemeinsame Fixpunkt von g und g^2 ist instabil. Auch nahe bei diesem Punkt startende Orbits entfernen sich und konvergieren gegen den stabilen Orbit der Periode 2. Da ein Fixpunkt als periodischer Orbit der Periode 1 betrachtet werden kann, hat sich gegenüber einer Zuteilungsqote von 20% die Periode dieses Orbits verdoppelt.

Wie wir schon zuvor festgestellt haben, scheint für c=0.31 der Orbit gegen keinen periodischen Orbit zu konvergieren:

Definition: Ein Punkt x heißt *aperiodisch*, wenn der Orbit von x beschränkt ist, kein periodischer Orbit ist, und auch nicht gegen einen solchen konvergiert.

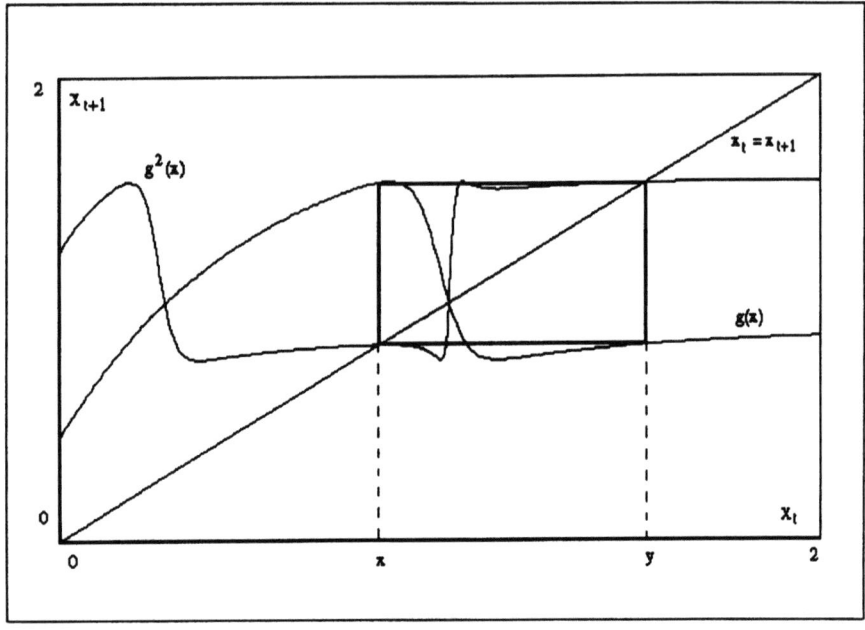

Abb. 2.17: Die Funktion g und die zweite Iterierte g^2. Die Punkte x und y sind Fixpunkte der zweiten Iterierten g^2. Der gemeinsame Schnittpunkt von g und g^2 mit der Geraden $x_t = x_{t+1}$ ist ein instabiler Fixpunkt. Offensichtlich ist hier die Steigung der Funktion g in diesem Punkt betragsmäßig größer als eins.

Für c=0.58 läßt sich wie für c=0.31 kein zyklisches Verhaltensmuster ablesen. Auch für diesen Wert scheint sich aperiodisches, erratisches Verhalten zu ergeben (Abbildung 2.18).

Interessanterweise ergibt sich für c=0.7 wieder eine eindeutige Konvergenz zu einem Fixpunkt (Abbildung 2.19). Die im vorigen Abschnitt aufgrund des Verlaufs der Funktion g vermutete Komplexität des dynamischen Verhaltens scheint sich zu bestätigen.

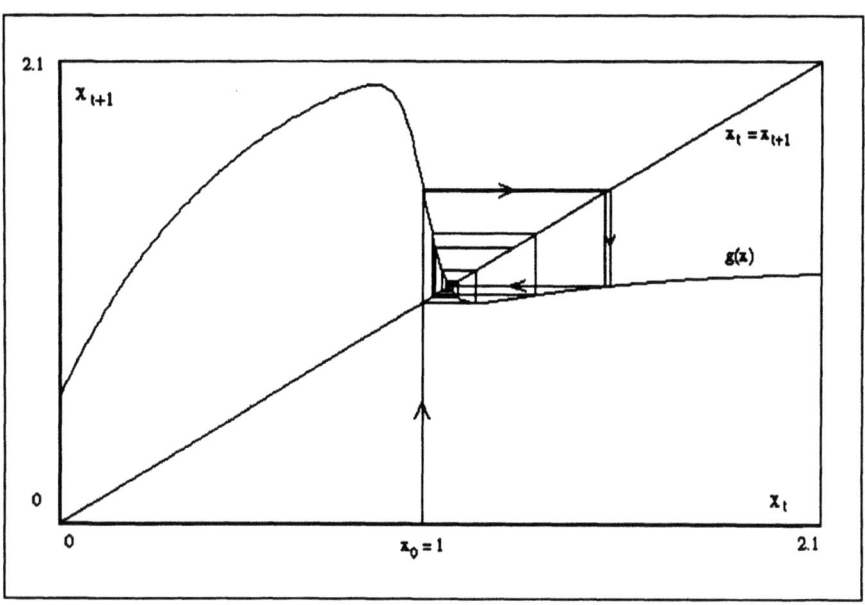

Abb. 2.18: Für c=0.58 läßt sich wie für c=0.31 kein Muster erkennen.

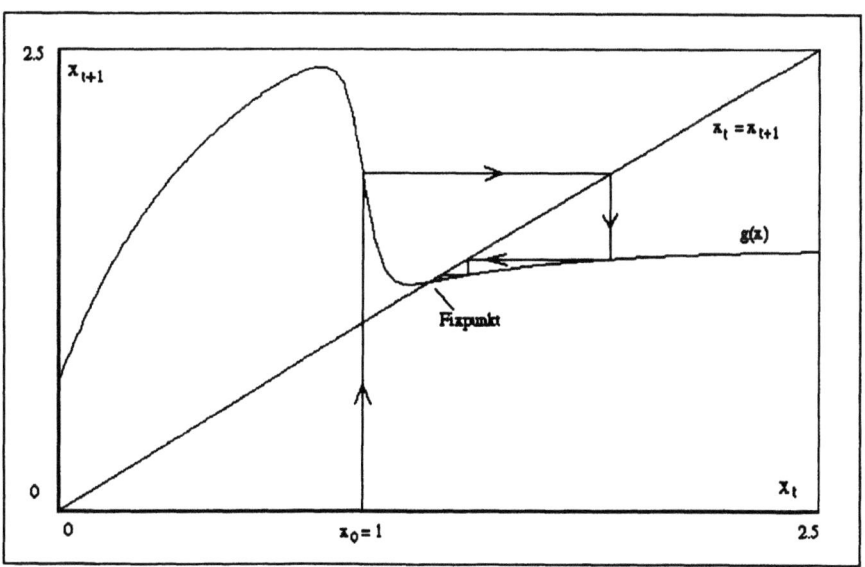

Abb. 2.19: Graphische Analyse. Eindeutige Konvergenz zum Fixpunkt für c=0.7.

Fassen wir die Ergebnisse der graphischen Analyse kurz zusammen. Für Werbeausgaben auf Markt X im Ausmaß von 20% und 70% des erzielten Vorjahresgewinns ergibt sich eine Konvergenz der Werbebudgets gegen einen eindeutigen Fixpunkt, d.h. für hohe und niedrige Anteile der Werbeausgaben am Gewinn strebt der Zeitpfad der Werbebudgets gegen einen fixen Wert. Für eine Zuteilungsquote genau zwischen diesen beiden Extremen, nämlich 45%, nimmt das Werbebudget schließlich alternierend genau zwei verschiedene Werte an. Auch hier ist das Systemverhalten einfach. Für einen Anteil der Werbeausgaben von 31% bzw. 58% hingegen fluktuiert die Höhe der Werbebudgets im Zeitablauf anscheinend zufällig: augenscheinlich aperiodisches Verhalten kann hier festgestellt werden.

2.4. Das Bifurkationsdiagramm- ein Hilfsmittel zur numerischen Analyse

Die analytische Behandlung nichtlinearer dynamischer Systeme erweist sich als überaus schwierig. Eine exakte Lösung ist mit den derzeit verfügbaren Mitteln oft nicht möglich, sodaß auf numerische Methoden zurückgegriffen werden muß. Die rasche Entwicklung im Bereich der Computertechnologie in den letzten Jahren ist mit Sicherheit einer der Gründe für den enormen Wissensfortschritt auf dem Gebiet der nichtlinearen dynamischen Systeme.

Obwohl die Simulation nichtlinearer Systeme Beispielscharakter für mögliches Systemverhalten bei bestimmten (plausibel gewählten) Parameterwerten hat, ist sie oft die einzige Möglichkeit um zumindest geringe Erkenntnisse über deren Verhalten zu gewinnen (Lorenz, 1990). In letzter Zeit rückt nun aber die Erkenntnis der Nichtlinearität der meisten ökonomischen Zusammenhänge immer mehr in den Mittelpunkt, sodaß vom Anspruch einer ausschließlich analytischen Behandlung der untersuchten Modelle abzugehen ist. Der Einsatz und die Anwendung moderner Soft- und Hardwaretechnik wird für die Lösung praktischer Probleme daher zentraler Ausgangspunkt. Für die Analyse nichtlinearer dynamischer Systeme wurden numerische Hilfsmittel entwickelt, von denen einige in dieser Arbeit vorgestellt werden sollen. Dabei werden die Methoden und Begriffe immer dann erklärt, wenn sie zur Analyse eines Modells notwendig sind.

Nicht unerwähnt bleiben soll, daß theoretische Ökonomen die auf numerischem Weg erzielten Ergebnisse kaum anerkennen. Sie sind eher an exakten Beweisen interessiert. "Often, perfectly general, but from a practical point of view perfectly irrelevant theorems are deemed superior to meaningful and interesting numerical results. In actual facts, simulations are not second-rate substitutes for theorems, but something different, their theoretical status being the same as that of experiments in the physical sciences. Numerical simulations by themselves do not and cannot prove anything in a mathematical sense but, when well conceived and rigorously performed, they constitute an indespensable complement to theoretical results in any applied science." (Medio, 1992, S. 23). Da sich die Betriebswirtschaftslehre auch als angewandte Wissenschaft versteht, ist zu untersuchen, welche Einsichten betriebswirtschaftlicher Art aus solchen "Experimenten" gewonnen werden können.

Wie für Beispiel 1 in Abschnitt 2.1. kann das Systemverhalten mittels eines Zeitpfades dargestellt werden. Aus den verschiedenen Zeitpfaden für unterschiedliche Parameterwerte konnten wir schon auf gewisse Charakteristika des dynamischen Systems schließen. So haben wir beispielsweise festgestellt, daß die Systemvariable x_t, welche die Produktionsmenge der Periode t darstellt, für eine Ausschüttungsquote von 30% (d.h. e=0.7) gegen einen fixen Wert oder einen Fixpunkt strebt. Für eine Ausschüttungsquote von 17% (d.h. e=0.83) nimmt die Produktionsmenge alternierend zwei verschiedene Werte an (2-er Zyklus), für e=0.87 4 Werte (4-er Zyklus). Interessant ist in diesem Zusammenhang, welchen Endzustand die Produktionsmenge wohl annimmt, und zwar nicht wie im Beispiel 1 gezeigt für spezielle Parameterwerte, sondern (wenn möglich) für eine kontinuierliche Variation der Einbehaltungsquote e. Um dieses langfristige Verhalten, d.h. die Konvergenz gegen Grenzzustände, zu beobachten, wurde das sogenannte Bifurkationsdiagramm entwickelt. Bevor wir das Zustandekommen eines Bifurkationsdiagramms erläutern, wollen wir noch den Begriff des *Attraktors* kennenlernen.

Wie schon zuvor erläutert, strebt die Produktionsmenge in Beispiel 1 für e=0.7 gegen eine fixen Wert, d.h. die Systemvariable wird vom Grenzwert, dem Fixpunkt, förmlich angezogen. Für e=0.83 strebt der Zeitpfad der Produktionsmengen gegen einen Zyklus der Ordnung zwei, auch hier gibt es also eine Attraktion für den Systemzustand. Diese Grenzwerte, die wir uns als einen möglichen "Endzustand" eines dynamischen Systems denken können, werden auch *Attraktoren* genannt, da das System in obigem Sinn von ihnen angezogen wird. Dabei können die Zeitpfade vieler verschiedener Anfangszustände gegen den selben Attraktor konvergieren. Die einfachsten Beispiele für Attraktoren sind wie oben gezeigt (stabile) Fixpunkte (diese werden auch Punktattraktoren genannt, siehe Lange und Pasche, 1992) und (stabile) Zyklen. Wie die späteren Ausführungen zeigen werden, gibt es jedoch weit komplexere Attraktoren.

Ein Bifurkationsdiagramm zeigt nun mögliche Endzustände, d.h. Attraktoren eines Systems in Abhängigkeit von einem Systemparameter. Auf der horizontalen Achse eines Diagramms ist der Wert des Systemparameters abgetragen, die vertikale Achse korrespondiert mit einer Zustandsvariable des Systems. Die Konstruktion des Bifurkationsdiagramms (für zeitdiskrete dynamische Systeme) läuft nun folgendermaßen ab (vgl. Hommes, 1991):

Für den minimalen Wert des zu variierenden Parameters (hier z.B. der Einbehaltungsquote e) a_{min}, und einen Anfangswert x_0 werden die ersten t_0 Werte der Zustandsvariablen (hier z. B. der Produktionsmenge) berechnet, und die nächsten t_1 Werte abgetragen.[3] Die ersten t_0 Werte des Orbits werden vernachlässigt, um den transienten Anteil des Zeitpfades (die Einschwingphase) zu überbrücken, und wirklich nur das Langzeitverhalten (die Endzustände) des Systems zu erfassen. Anschließend wird der Parameter um einen kleinen Betrag erhöht (bspw. um 0.005), der letzte Wert des zuvor berechneten Zeitpfades als Anfangswert genommen, wieder die ersten t_0 Werte berechnet und vernachlässigt, und die nächsten t_1 Werte abgetragen. Dieses Verfahren wird solange durchgeführt, bis der maximale Wert des Parameters, a_{max}, erreicht ist. Um ein genaues Bild des Langzeitverhaltens des Systems zu erhalten, wird der transiente Anteil des Zeitpfads (Orbits) meist sehr groß angenommen, da die Phase des Einschwingens oft lange Zeit in Anspruch nimmt (siehe Abbildung 2.7 - transientes Chaos), und das Bild verfälschen würde.

Welche Aussagen können aus einem so erstellten Bifurkationsdiagramm abgeleitet werden? Konvergiert der Zeitpfad gegen einen periodischen Orbit der Periode n, so nimmt der Zeitpfad schließlich diese n Werte alternierend an und die abgetragenen t_1 Werte bestehen, da die transienten Anteile im Idealfall schon ausgeschieden wurden, nur aus diesen n Punkten. Im Bifurkationsdiagramm sind bei dem betreffenden Parameterwert genau n Punkte ersichtlich, d.h. bei einem Fixpunkt nur 1 Punkt, bei einem Zyklus der Ordnung 2 genau 2 Punkte, bei einem Zyklus der Ordnung 4 genau 4 Punkte usw. Konvergiert der Zeitpfad jedoch nicht gegen einen periodischen Orbit, zeigt er also aperiodisches Verhalten, so sind die t_1

---

[3] So wurde beispielsweise im Bifurkationsdiagramm der Abbildung 2.20 t_0=500 und t_1=800 gewählt.

Werte über einen bestimmten Bereich verstreut; das System kann in diesem Bereich viele verschiedene Werte annehmen. Schwarz eingefärbte Bereiche im Bifurkationsdiagramm sind daher ein Indikator für aperiodisches, chaotisches Systemverhalten.

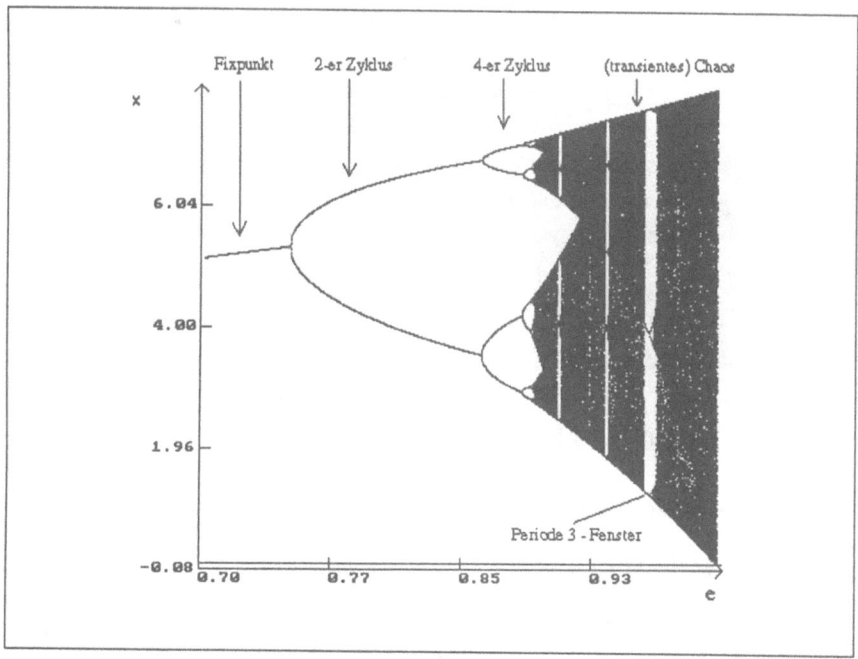

Abb. 2.20: Bifurkationsdiagramm des Systems $x_{t+1} = \frac{1}{c} e(a-c-bx_t)x_t$ für a=20, b=2, c=4 und $0.7 \leq e \leq 1$. Die eingezeichneten Pfeile deuten auf den Attraktor des Systems bei Wahl dieses bestimmten Wertes für e hin. Im (transient) chaotischen Bereich klar erkennbar ist ein Fenster der Periode 3.

Das in Abbildung 2.20 gezeigte Bifurkationsdiagramm zeigt das dynamische Verhalten des Systems (2.6) aus Abschnitt 2.1 in Abhängigkeit von der Einbehaltungsquote e. Auf der Ordinate ist die Zustandsvariable des Systems, die Produktionsmenge, abgetragen. Das Systemverhalten, das wir in Abschnitt 2.1. nur für ausgewählte Parameterwerte diskutiert haben, stellt sich in Abbildung 2.20 nun bei Variation des Parameters mit sehr kleiner Schrittweite dar. Das qualitative Verhalten des Systems läßt sich in Abhängigkeit von e beschreiben. Bis zu einer Einbehaltungsquote von 75% konvergiert die Trajektorie der Produktionsmenge gegen einen (stabilen) Fixpunkt. Bei einer Einbehaltungsquote von 75% findet eine Änderung im qualitativen Verhalten des Systems statt. Für kleinere Werte von e konvergiert das System zu einer eindeutigen Produktionsmenge (einem Gleichgewicht), für größere Werte von e nimmt das System abwechselnd 2 Werte an, es konvergiert gegen einen stabilen Zyklus der Ordnung 2. Das ursprünglich stabile eindeutige Gleichgewicht (der Fixpunkt) wird dabei instabil.

Dies kann einfach mit Hilfe des Wertes der Ableitung der Funktion f in den beiden Fixpunkten gezeigt werden. Die Fixpunkte lassen sich aus $f(x) = x$ ermitteln zu

$x_1 = 0$ und $x_2 = \dfrac{(a-c)e-c}{be}$.

Die erste Ableitung der Funktion f ausgewertet in x_1 ist $f'(x_1) = \dfrac{1}{c}e(a-c)$. Für unsere Zahlenwerte aus Beispiel 1 (a=20, b=2, c=4) ergibt sich, daß der Fixpunkt 0 instabil wird für $e > 0.25$, da hier der Wert der Ableitung von f in Null größer als 1 wird. Die erste Ableitung von f ausgewertet in x_2 ist $f'(x_2) = 2 - \dfrac{1}{c}e(a-c)$. Für die obigen Zahlenwerte ermitteln wir

- Stabilität des Fixpunktes, d.h. $|f'(x_2)| < 1$ für $0.25 < e < 0.75$. Der Attraktor besteht nur aus dem Fixpunkt, $A(e) = x_2(e)$.
- Instabilität des Fixpunktes, d.h. $|f'(x_2)| > 1$ ergibt sich für $0.75 < e \leq 1$. Der Fixpunkt hat seine Attraktoreigenschaft verloren.

Für Werte von e größer als 0.75 konvergiert der Zeitpfad der Produktionsmenge zunächst gegen einen Orbit der Periode 2, die Produktionsmenge nimmt also schließlich zwei Werte x_1 und x_2 alternierend an, und der Attraktor besteht jetzt aus zwei Punkten, $A(e) = \{x_1, x_2\}$. Wie im Fall des Fixpunkts verliert bei Vergrößerung der Einbehaltungsquote e auch der (bisher stabile) Orbit der Periode 2 seine Stabilität bei einem bestimmten Wert für e. Dieser Wert läßt sich durch Analyse der Ableitung der zweiten Iterierten $f^2(x)$ ermitteln zu $e \approx 0.862375$ (vgl. Peitgen et al., 1992). Nun können wir schon erahnen wie dieses Szenario weitergeht. In der Folge konvergiert die Produktionsmenge gegen einen stabilen Orbit der Periode 4, der später instabil wird, usw. Dies ist auch im

Bifurkationsdiagramm zu erkennen, wobei aber zu beachten ist, das die Abbildung nur Attraktoren, also nur anziehende Zustände, zeigt, die instabilen Fixpunkte, 2-er Zyklen, 4-er Zyklen, usw. aber wegen ihrer Instabilität nicht sichtbar sind. Dennoch ist im Bereich des 2-er Zyklus der abstoßende Fixpunkt, im Bereich des 4-er Zyklus sowohl der abstoßende Fixpunkt als auch der (nunmehr) abstoßende 2-er Zyklus vorhanden. Wegen der beschränkten Maschinengenauigkeit eines Computers können aufgrund der Rundungsfehler bei der Iteration diese instabilen Zustände auch nicht visuell dargestellt werden.

An dieser Stelle sei ein wichtiges Konzept der Theorie nichtlinearer Systeme angeführt:

Definition: Sei p ein periodischer Punkt der Periode n. Der Punkt p heißt *hyperbolisch*, falls $|(f^n)'(p)| \neq 1$. Ist p ein hyperbolischer periodischer Punkt der Periode n mit $|(f^n)'(p)| < 1$, so heißt p *anziehender periodischer Punkt (Attraktor)*.

Ist p ein hyperbolischer periodischer Punkt der Periode n mit $|(f^n)'(p)| > 1$, so heißt p *abstoßender periodischer Punkt (Repellor)*.

Hyperbolische Fixpunkte spielen bei der Analyse von nichtlinearen dynamischen Systemen eine große Rolle, da das lokale dynamische Verhalten durch den Wert der Ableitung im periodischen Punkt beschrieben werden kann (Devaney, 1989). Durch zusätzliche Betrachtung der nichthyperbolischen periodischen Punkte kann oft das dynamische Verhalten des Systems durch sogenannte "Verzweigungen" oder "Bifurkationen" beschrieben werden.

Wir haben gesehen, daß der Fixpunkt seine Stabilität verliert, wenn e größer als 0.75 wird. Da der Fixpunkt als Zyklus der Periode 1 betrachtet werden kann, sich die Periode des Zyklus bei oben beschriebenen Übergang verdoppelt, wird dieser Vorgang als Periodenverdopplung bezeichnet. Das eindeutige Gleichgewicht "verzweigt" sich in einen Orbit der Periode 2. In der Literatur ist dieser Vorgang daher unter der Bezeichnung *"period doubling bifurcation"* bekannt. Der zuvor stabile Fixpunkt bleibt erhalten, ist nun aber instabil. An seine Stelle tritt nun ein stabiler Orbit der Periode 2. Eine zweite Periodenverdopplung (eine weitere qualitative Änderung des Systemverhaltens) findet für eine Einbehaltungsquote von $e \approx 0.862375$ statt. Hier wird der Zyklus der Periode 2 instabil und ein stabiler Zyklus der Ordnung 4 entsteht. Dieser Vorgang der Periodenverdopplung kann nun weiterverfolgt werden bis zum sogenannnten *Feigenbaum-Punkt* der Periodenverdopplung, der hier bei einer Einbehaltungsquote von $e_\infty \approx 0.8925$ liegt.[4]

Für Werte von e zwischen e_∞ und 1 ist das Systemverhalten (transient) chaotisch (Hommes, 1991). Für den speziellen Parameterwert $e=1$ ist die Abbildung auf dem gesamten Intervall [0, 1] chaotisch. Instabile Orbits beliebiger Periode treten hier auf. So läßt sich für unser System (2.6) mit den dort angegebenen Zahlenwerten beispielsweise der Fixpunkt x*=6 feststellen. Starten wir nämlich für $e=1$ mit diesem Wert (oder mit einem Vorgänger, z.B. 2), so ist $x_1 = \frac{1}{4}(16-2x)x\big|_{x_0=6} = 6$, $x_2=6$, usw. Dieser Fixpunkt ist aber ein Repellor, da $f'(x^*) = (4-x)\big|_{x^*=6} = -2$. Schon kleinste Abweichungen führen zur Divergenz des Orbits vom Fixpunkt.

Innerhalb des chaotischen Regimes sind jedoch sogenannte "Fenster" zu erkennen, für die stabile periodische Orbits existieren. Das größte und am deutlichsten erkennbare Fenster tritt für $e \approx 0.96$ auf. Hier strebt das System einem Orbit der Periode 3 zu. Inmitten des chaotischen Bereichs gibt es also auch eine reguläre Komponente. Auf diesen Zusammenhang sind wir schon in Abschnitt 2.1 im Zusammenhang mit dem Begriff des transienten Chaos gestoßen (Abbildung 2.7). Die oben beschriebene Abfolge von Periodenverdopplungen ist bekannt geworden unter dem Begriff der *Route der Periodenverdopplungen zum Chaos*. Das auch andere Routen zum Chaos existieren, werden die nachfolgenden Abschnitte noch zeigen. Beispielsweise ist die Abfolge *reguläres Verhalten → chaotisches Verhalten* keineswegs zwingend, und wird in realistischeren Modellen durch weit komplexere Muster ersetzt.

Mit Hilfe des obigen Bifurkationsdiagramms (Abb. 2.20) läßt sich auch die chaotische Politik für $e=1$ im 1. Beispiel aus Abschnitt 2.1 als die schlechteste Politik, d.h. diejenige Politik erkennen, welche verglichen mit der

---

[4] Der Grenzwert der Periodenverdopplungen der logistischen Differenzengleichung liegt bei $\mu_\infty \approx 3.5699$ (vgl. Lorenz, 1989). Für das System (2.6) ergibt sich daher aus $\mu = \frac{1}{c}e(a-c)$ für die Zahlenwerte von Beispiel 1 $d_\infty = \frac{\mu_\infty}{4} \approx 0.8925$.

gewinnmaximalen den höchsten Gewinnentgang bewirkt. Um dies zu begründen, sei zunächst von folgendem numerischen Experiment ausgegangen (vgl. Peitgen et al., 1992): Wir wählen einen beliebigen Anfangswert x_0 für die Systemdynamik (2.6) für $e=1$ und führen $m=10^6$ Iterationen durch. Nun interessieren wir uns dafür, welche Abschnitte des Intervalls I=[0, 8] durch den Orbit x_0, ..., x_m mit welcher Häufigkeit besucht werden. Dazu teilen wir I in eine große Anzahl von kleinen Teilintervallen I_k, $k=1,...N$. Nun ermitteln wir die Anzahl der Punkte n_k entlang des Orbits x_0, ..., x_m welche in I_k liegen. Nach geeigneter Normierung (durch die n_k unabhängig von m wird) erhalten wir Maßzahlen, die als Wahrscheinlichkeiten interpretiert werden können, und mit deren Hilfe die Verteilung des Orbits auf das Intervall I. Diese Verteilung ist sehr flach um den Mittelpunkt mit steilen Abschnitten um die Endpunkte des Intervalls. Mit anderen Worten, die Wahrscheinlichkeit, daß ein Punkt des obigen Orbits nahe 0 oder 8 liegt, ist vergleichsweise viel höher als ihn in der Mitte des Intervalls (also nahe dem Cournotschen Punkt) zu sehen. Die Form dieser Verteilung ist außerdem robust gegenüber einer Änderung des Anfangswertes x_0. Da nun für $e=1$ die Produktionsmenge entlang eines Orbits alle Werte zwischen 0 und 8 annehmen kann (vgl. Abb. 2.20) und die Bereiche um 0 und um 8 (wo der Gewinn am geringsten ist!) am häufigsten besucht werden, resultiert aus dieser Politik der größte (kumulierte) Gewinnentgang.

Die oben beschriebene Analyse mit Hilfe des Bifurkationsdiagramms kann natürlich auch auf Beispiel 2 aus Abschnitt 2.1. angewendet werden, um Aufschlüsse über das (Langzeit)verhalten des dynamischen Systems (2.8)

$$x_{t+1} = c \cdot \left(a_0(1 - e^{-a_1 x_t}) + b_0 / (1 + e^{-b_1(1-x_t)}) - 1 \right)$$

zu erhalten. Im Bifurkationsdiagramm werden die Attraktoren des Systems für die jeweiligen Parameterkonstellationen sichtbar. Wie bei der Untersuchung des Systems (2.6) aus Beispiel 1 interessiert uns auch hier das qualitative dynamische Verhalten bei Änderung der Zuteilungspolitik, d.h. bei Variation von c, das die Werbeausgaben der nächsten Periode für Markt X als prozentuellen Anteil des Gewinns der aktuellen Periode festlegt. Für die weiteren Parameter wählen wir folgende Werte (die genaue Ausprägung der Werte der Parameter braucht uns hier nicht zu kümmern, da wir zunächst nur an qualitativen Eigenschaften des Modells interessiert sind):
Das Marktpotential des Marktes X betrage $a_0 = 3$, die Rate, mit der sich der Umsatz an das Sättigungsniveau von Markt X annähert sei $a_1 = 2$. Für Markt Y liege ein Marktsättigungsniveau von $b_0 = 2$, aber eine viel höhere Rigidität auf die Werbeaktivitäten der Unternehmung vor. Dies kann beispielsweise auf die

unterschiedliche Käufercharakteristik auf Markt X und Markt Y zurückgeführt werden. Wir wollen unsere Analyse des Systems (2.8) nun aber etwas erweitern, indem wir uns fragen, welches Systemverhalten sich bei unterschiedlicher Rigidität b_1 der Konsumenten bei Variation der Zuteilungspolitik (ausgedrückt durch den Parameter c) ergibt. Wir erhalten jetzt, im Unterschied zu vorher, für jede Wahl des Parameters b_1 ein Bifurkationsdiagramm, das die verschiedenen Endzustände (Attraktoren) des Zeitpfades der Werbeausgaben bei Variation von c zeigt. Für b_1 sei zunächst ein Wert von 15 angenommen. Vom Gewinn können 0 bis 100% zugewiesen werden, d.h. $0 \le c \le 1$. Abbildung 2.21 zeigt die möglichen Attraktoren, welche die Systemvariable bei verschiedenen Werten für c annimmt (in den Abbildungen wird nur der Teil gezeigt, in dem sich das Systemverhalten qualitativ ändert).

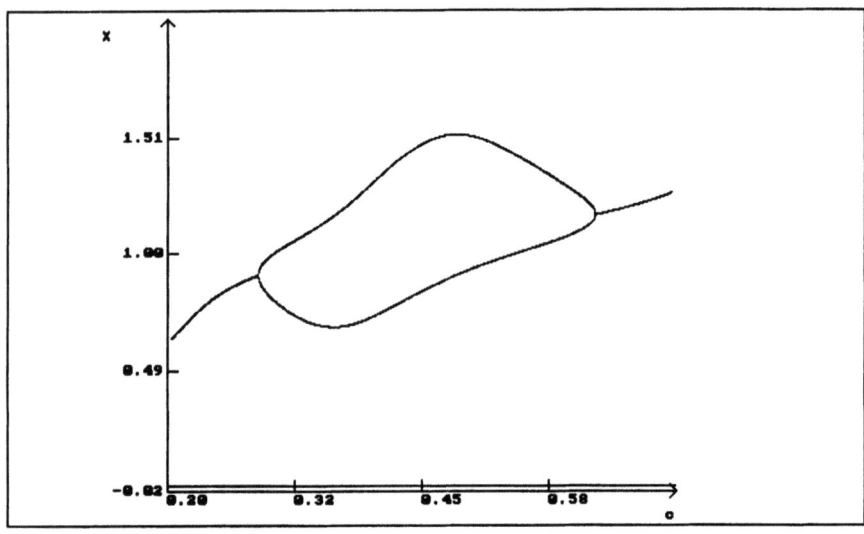

Abb. 2.21: Bifurkationsdiagramm für das System (2.8) für $a_0=3$, $a_1=2$, $b_0=2$, $b_1=15$.

Bis zu einer Zuteilung von ungefähr 28% des Gewinns streben die Werbeausgaben einem eindeutigen Gleichgewicht zu. Bei diesem Wert ändert sich das qualitative Verhalten schlagartig, abwechselnd nimmt das Werbebudget zwei Werte an. Durch eine Periodenverdopplung bewegt sich das System nun auf einem Zyklus der Ordnung zwei. Bei einer Zuteilung von ungefähr 60% des Gewinns ändert sich das

Verhalten abermals; das Werbebudget strebt nun durch eine Periodenhalbierung wie vorher einem eindeutigen Gleichgewicht (Fixpunkt) zu. Dasselbe Verhalten, nämlich Konvergenz gegen einen eindeutigen Fixpunkt, zeigt sich für alle $c \in [0.6, 1]$.

Wir gehen nun von einer gestiegenen Empfindlichkeit der Nachfrager auf Markt Y aus, und nehmen für b_1 einen Wert von 23 an. Abbildung 2.22 zeigt die dadurch entstehende zusätzliche qualitative Änderung im Systemverhalten.

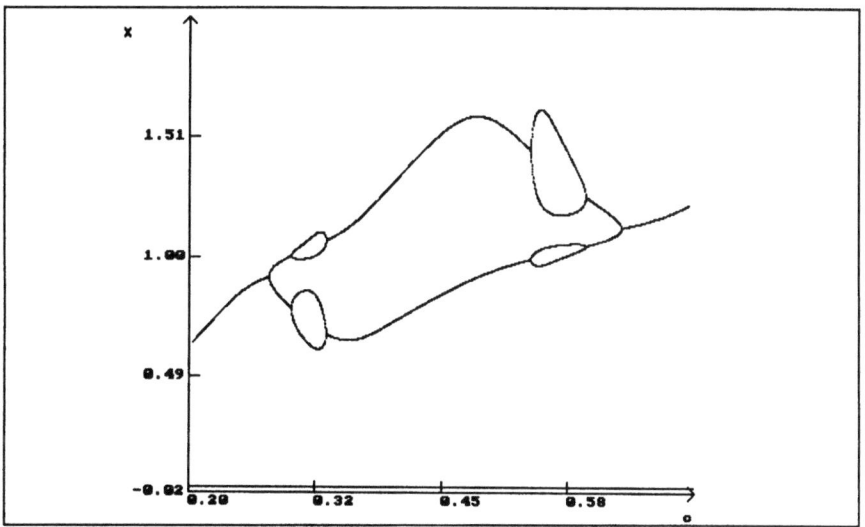

Abb. 2.22: Bifurkationsdiagramm für das System (2.8) für $a_0=3$, $a_1=2$, $b_0=2$, $b_1=23$

Neben Fixpunkten und Zyklen der Ordnung 2 treten jetzt auch schon Zyklen der Ordnung 4 auf. Das Werbebudget nimmt also beispielsweise für eine Zuweisung von 31% des Gewinns für Werbezwecke schließlich vier verschiedene Werte alternierend an. Interessant ist, daß bei Variation der Zuteilungspolitik (d.h. bei Variation des Parameters c) aus dem Fixpunkt ein 2-er Zyklus, dann ein 4-er Zyklus entsteht, dieser 4-er Zyklus aber anschließend wieder verschwindet und der 2-er Zyklus wieder auftaucht. Diese Sequenz wiederholt sich dann, d.h. aus dem 2-er wird ein 4-er Zyklus und umgekehrt, um letzlich in einen Fixpunkt zu enden.

Endlich viele Periodenverdopplungen und Periodenhalbierung können beobachtet werden, für diese Parameterkonstellation geben die obigen Bifurkationsdiagramme aber keinen Hinweis auf aperiodische, chaotische Bewegungen.

Komplizierter stellt sich die Situation dar, wenn die Sensitivität der Konsumenten weiter zunimmt. Es sei für b_1 ein Wert von 26 gegeben. Abbildung 2.23 zeigt das Bifurkationsdiagramm.

Für ein c unter 0.2, d.h. werden bis zu 20 % des Gewinns für Werbeaktivitäten auf Markt X ausgegeben, strebt das Werbebudget einem eindeutigen Gleichgewicht zu. Bei Vergrößerung der Zuteilung wird die Dynamik nach unendlich vielen Periodenverdopplungen chaotisch (in Abbildung 2.23 ist dies durch Pfeile angedeutet). Anschließend wird das Systemverhalten nach unendlich vielen Periodenhalbierungen wieder regulär. Für Werbeausgaben um die 45% des Vorjahresgewinns strebt der Systemzustand gegen einen 2-er Zyklus, das Werbebudget nimmt also alternierend 2 Werte an. Wird die Zuteilung noch weiter erhöht, beginnt das eben beschriebene Szenarion erneut. Schließlich tendieren die Werbeausgaben für Zuteilungen von mehr als (ungefähr) 60% des Gewinns erneut gegen ein stabiles Gleichgewicht. Für eine Rigidität b_1=26 der Käufer am Markt Y fluktuiert das Werbebudget für Zuteilungen von ungefähr 31 bzw. 58% chaotisch, und der Attraktor besteht jeweils aus 4 disjunkten Teilintervallen. Ein chaotischer Attraktor, der aus solchen q Teilen besteht, wird *q-zyklischer chaotischer Attraktor* genannt. Ein typischer Zeitpfad, welcher die Werbeausgaben im Zeitablauf darstellt, springt in einer genau bestimmten Reihenfolge von einem Intervall ins nächste. Welche Werte jedoch innerhalb eines Intervalls angenommen werden, kann nicht prognostiziert werden. In chaotischen Zeitpfaden existiert damit eine gewisse zyklische Regularität mit einer Ordnung von 4. Dies wollen wir mit Hilfe eines "ökonomischen" Beispiels illustrieren:

Betrachten wir einen Handlungsreisenden einer Unternehmung, der q=4 Städte besucht und einem 4-zyklischen chaotischen Attraktor folgt. Die Einwohner der Städte wollen natürlich wissen, wann der Handlungsreisende ihre Stadt das nächste Mal besucht, damit sie entsprechend Geld für Ausgaben bereitstellen. Sie wissen aber nur, daß er sich in jeder Stadt genau eine Woche aufhält, und zusätzlich ist ihnen bekannt das seine Reisepolitik eben diesem 4-zyklischen chaotischen Attraktor folgt. Damit können sie die sichere Prognose treffen, daß der Handlungsreisende in q-1=3 Wochen wiederkommen wird. Aber, da der Attraktor chaotisch ist, können sie nicht voraussagen, welche Straße er besuchen wird. Es herrscht also Regularität auf der Makrostruktur des Systems (also bezüglich der

Städte), aber Komplexität und erratisches Verhalten auf der Mikroebene (also bezüglich der Straßen)! Dieses Verhalten des Systems könnte auch mit *noisy periodicity* bezeichnet werden.

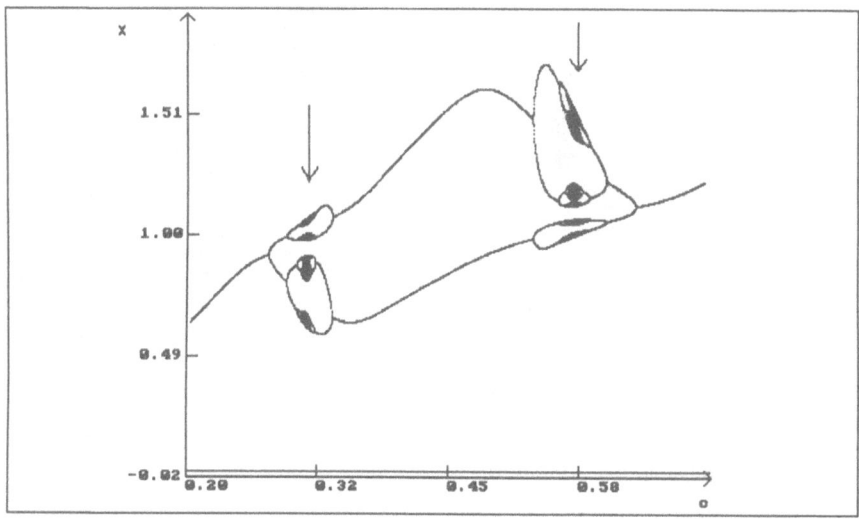

Abb. 2.23: Bifurkationsdiagramm für das System (2.8) für $a_0=3$, $a_1=2$, $b_0=2$, $b_1=26$. Die Pfeile zeigen die Bereiche an, in denen sich das System aperiodisch, chaotisch verhält. Der chaotische Attraktor besteht aus vier Teilintervallen.

Für $b_1 = 27$ stellt sich die Situation ähnlich dar (Abbildung 2.24). Vergleichen wir jedoch die beiden Bifurkationsdiagramme für $b_1 = 26$ und 27, so läßt sich feststellen, daß in Abbildung 2.24 die 4 disjunkten Teilintervalle des Attraktors zu jeweils 2 Intervallen verschmolzen sind.

Ein typischer Zeitpfad der Werbeausgaben besitzt auf einer "großen Skala" das Verhalten eines 2-er Zyklus, auf einer "kleinen Skala" ist das Verhalten chaotisch, d.h. es existiert ein Wert, sodaß das Werbebudget diesen in der Periode t unterschreitet, in der Periode t+1 überschreitet, dann wieder (in der Periode t+2) unterschreitet, usw. Das Verhalten folgt also in gewissem Sinn (auf einer großen Skala) einem Zyklus der Ordnung 2. Innerhalb der beiden disjunkten Intervalle (auf einer kleinen Skala) schwanken die Werbeausgaben chaotisch.

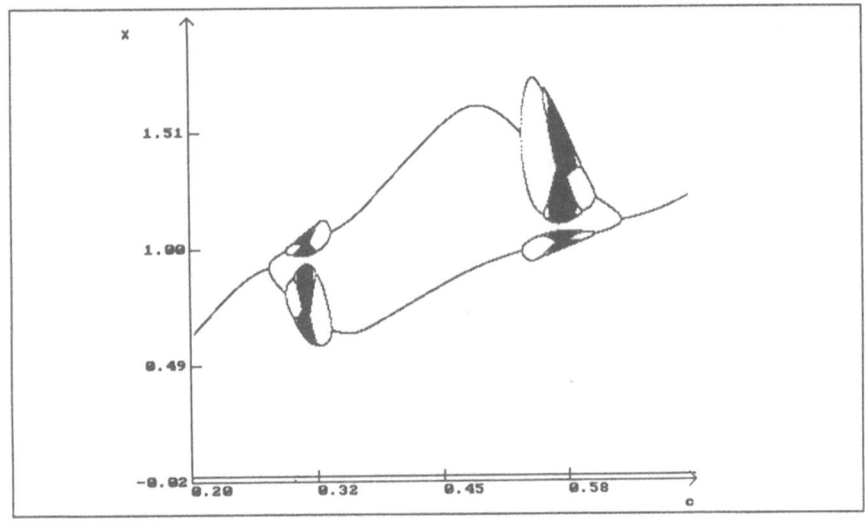

Abb. 2.24: Bifurkationsdiagramm für das System (2.8) für $a_0=3$, $a_1=2$, $b_0=2$, $b_1=27$. Die vier Teilintervalle des chaotischen Attraktors sind zu zwei Intervallen verschmolzen.

In Abbildung 2.25 ist das Systemverhalten für einen Wert für b_1 von 30 dargestellt. Die beiden disjunkten Intervalle der Abbildung 2.24 sind verschwunden, und damit auch die reguläre Komponente in den chaotischen Zeitreihen der Werbeausgaben. So schwanken die Werbeausgaben beispielsweise für $c=0.31$ bzw. $c=0.58$ chaotisch über den gesamten schwarz eingefärbten Bereich.

Reagieren die Käufer noch sensitiver auf zusätzlich zum Sockelbetrag s aufgewendete Werbemittel, wie beispielsweise ein Wert des Parameters $b_1 = 42$ zum Ausdruck bringt, so zeigt sich wieder ein qualitativ geändertes Bild (Abbildung 2.26).

Der chaotische Bereich hat sich geteilt; ein Fenster mit einem stabilen Zyklus der Ordnung 3 für Zuteilungen von ungefähr 31% bzw. 58% tritt auf. Wie im Bifurkationsdiagramm von System (2.6) zeigt sich auch hier dieser Zyklus im chaotischen Bereich, und deutet damit abermals einen engen Zusammenhang zwischen chaotischem Verhalten und dem Auftreten von Orbits mit der Periode 3 an, auf den hier genauer eingegangen werden soll.

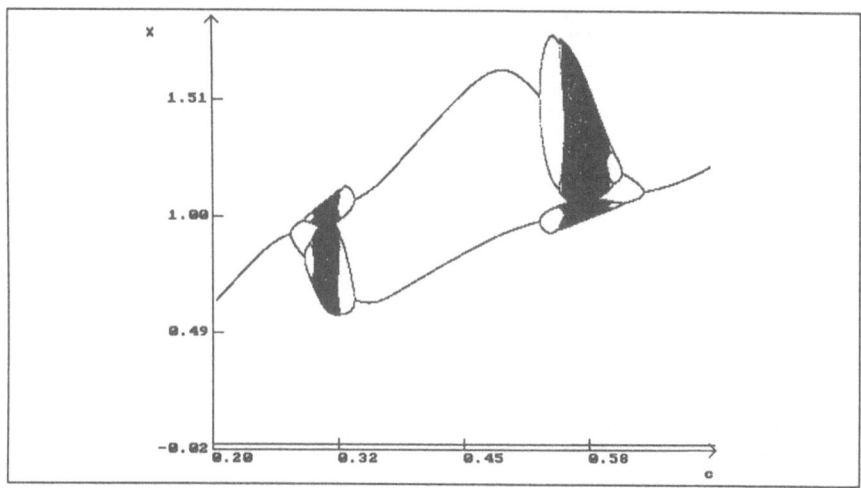

Abb. 2.25: Bifurkationsdiagramm für das System (2.8) für $a_0=3$, $a_1=2$, $b_0=2$, $b_1=30$. Die reguläre Komponente in den chaotischen Orbits ist verschwunden.

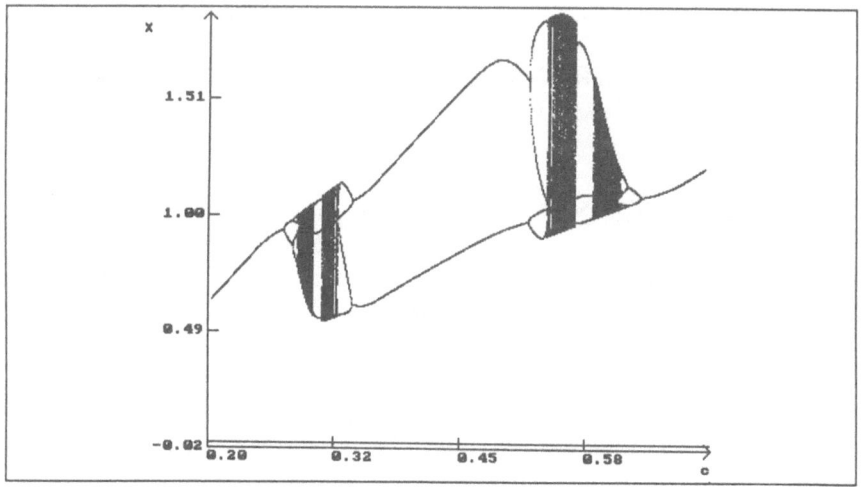

Abb. 2.26: Bifurkationsdiagramm für das System (2.8) für $a_0=3$, $a_1=2$, $b_0=2$, $b_1=42$. Der chaotische Bereich hat sich geteilt; ein Zyklus der Periode 3 entsteht.

Die Bedeutung eines Zyklus mit der Periode 3 wird klar mit folgendem zentralen Theorem von Li und Yorke (siehe Lorenz, 1989):

Theorem von Li und Yorke: Sei J ein Intervall und $g: R \to R$ stetig. Angenommen es existiert ein Punkt $a \in J$ für welchen eine der folgenden Ungleichungen erfüllt ist

$$f^3(a) \leq a < f(a) < f^2(a) \text{ oder } f^3(a) \geq a > f(a) > f^2(a),$$

dann gilt:

i) Für jedes k = 1,2,3,... existiert ein periodischer Punkt in J mit Periode k

ii) Es gibt eine überabzählbare Menge $S \subset J$, welche keine periodischen Punkte beinhaltet, und für die gilt:

- Egal wie nahe zwei verschiedene aperiodische Trajektorien einander kommen, sie müssen sich schließlich wieder auseinander bewegen.
- Jede mögliche aperiodische Trajektorie bewegt sich beliebig nahe an jede andere.
- Folgt eine aperiodische Trajektorie einem periodischen Orbit für eine Weile, so muß sich diese aperiodische Lösung wieder vom Zyklus wegbewegen.

Eine (eindimensionale) Abbildung g mit diesen Eigenschaften wird *chaotisch im Sinne von Li und Yorke* genannt. Besitzt eine Abbildung g einen Zyklus der Ordnung 3, so impliziert das obige Theorem die Existenz von Chaos im Sinne von Li und Yorke. Außerdem besitzt diese Abbildung dann periodische Orbits jeder beliebigen Periode und auch aperiodische Orbits.

Die Abbildungen 2.27 und 2.28 veranschaulichen die Entstehung eines Zyklus der Periode drei für c=0.31 und c=0.58 mit Hilfe der graphischen Iteration.

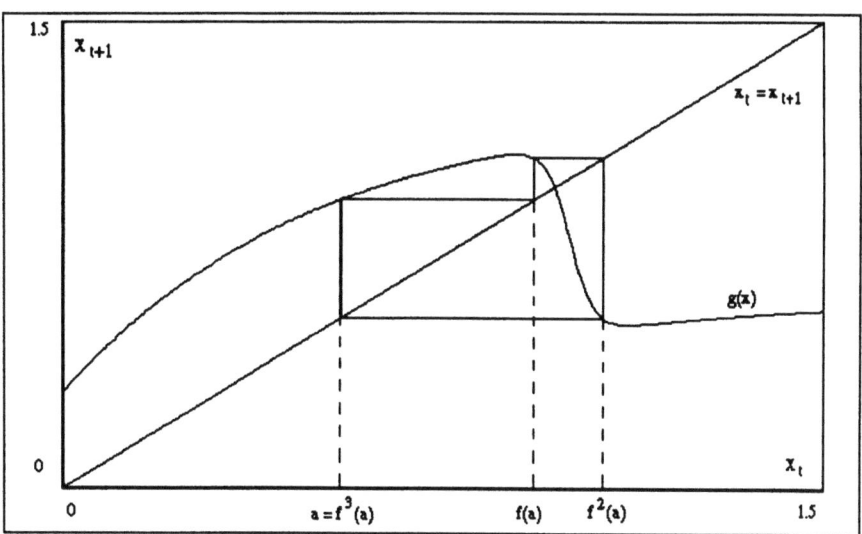

Abb. 2.27: Für c=0.31 ergibt sich ein Zyklus der Periode 3; die Ungleichung des Theorems von Li und Yorke ist erfüllt.

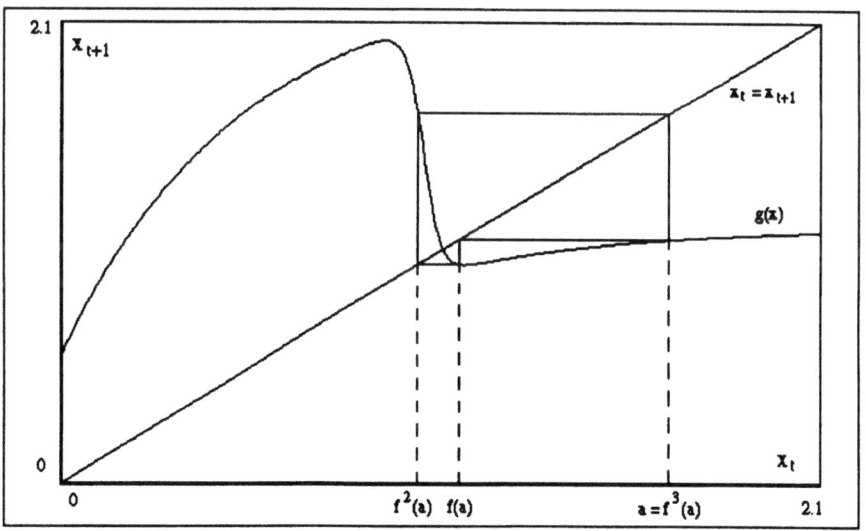

Abb. 2.28: Für c=0.58 ergibt sich ein Zyklus der Periode 3; die Ungleichung des Theorems von Li und Yorke ist erfüllt.

Die Aussage (i) des Theorems von Li und Yorke ergibt sich schon aus dem Sarkovskii-Theorem (siehe Lorenz, 1989):

Theorem von Sarkovski: Betrachte die folgende Anordnung aller positiven ganzen Zahlen:

$$1 \prec 2 \prec 4 \prec 8 \prec 16 ... \prec 2^k \prec 2^{k+1} \prec ...$$

....

$$... \prec 2^{k+1}(2n+1) \prec 2^{k+1}(2n-1) \prec ... \prec 2^{k+1}5 \prec 2^{k+1}3 \prec ...$$
$$... \prec 2^k(2n+1) \prec 2^k(2n-1) \prec ... \prec 2^k 5 \prec 2^k 3 \prec ...$$

....

$$... \prec 2(2n+1) \prec 2(2n-1) \prec ... \prec 2 \cdot 5 \prec 2 \cdot 3 \prec ...$$
$$... \prec (2n+1) \prec (2n-1) \prec ... \prec 9 \prec 7 \prec 5 \prec 3.$$

Ist f eine stetige Abbildung eines Intervalls in sich, und hat f einen periodischen Punkt der Periode p und ist q in obiger Anordnung rangniedriger, d.h. $q \prec p$, so besitzt f auch einen periodischen Punkt der Periode q. Insbesondere gilt, da 3 die ranghöchste ganze Zahl ist, das bei Auftreten eines periodischen Punktes der Periode 3 die Abbildung f periodische Punkte aller Perioden besitzt.

Das oben beschriebene unterschiedliche dynamische Verhalten des Systems (2.8) wurde primär durch die unterschiedliche Wahl der Steigung der s-förmigen Marktreaktionsfunktion des Marktes Y, welche die Rigidität der Nachfrager auf Werbemaßnahmen beschreibt, ausgelöst. Je empfindlicher die Nachfrage auf derartige Aktivitäten reagiert, d.h. je größer b_1 ist, umso komplexer wird das Systemverhalten. Das Systemverhalten wird in diesem Fall aber durch das Werbebudget beschrieben, und bringt die von der Unternehmensführung gewählte Zuteilungspolitik zum Ausdruck. Für gewisse Parameterkonstellationen wird also eine im Zeitablauf sehr diskontinuierliche Zuteilungspolitik verfolgt. Die in System (2.6) festgestellte Monotonieeigenschaft
reguläres Verhalten → chaotisches Verhalten
wird hier ersetzt durch
reguläres → chaotisches → reguläres → chaotisches → reguläres Verhalten.

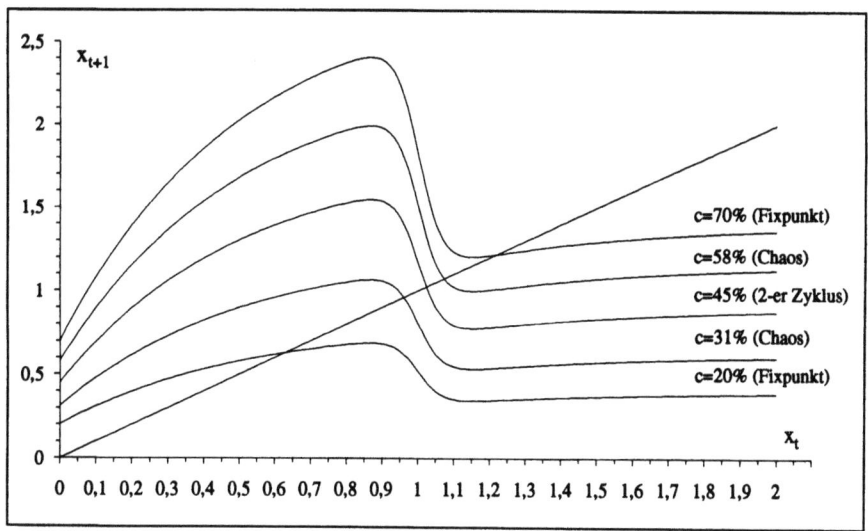

Abb. 2.29: Zuordnung des dynamischen Verhaltens des Systems (2.8) bei Variation der Zuteilungsquote c für $a_0=3$, $a_1=2$, $b_0=2$, $b_1=30$.

Dies zeigt Abbildung 2.29 für $b_1 = 30$ bei Variation des Parameters c. Hingewiesen sei in diesem Zusammenhang nochmals auf die Steigung der Funktion g des Bewegungsgesetzes $x_{t+1} = g(x_t)$ und deren Iterierten g^n in den Fixpunkten. Das dynamische Verhalten kann schon aufgrund dieser Werte bestimmt werden. So ist beispielsweise ein Fixpunkt der zweiten Iterierten g^2 stabil, wenn die Ableitung der Funktion absolut kleiner als 1 ist, d.h. $|(g^2)'(x_t)| < 1$. Nach der Kettenregel der Differentiation ergibt sich für die zweite Ableitung $(g^2)'(x_t) = g'(x_{t+1}) \cdot g'(x_t)$. Instabile Fixpunkte der Abbildung g sind somit auch instabile Fixpunkte der zweiten Iterierten, da für diesen Fixpunkt $x_t = x_{t+1}$ und damit $|f'f'| > 1$ gilt. Liegt nun ein Orbit der Periode 2 vor (oft auch Fixpunkt der Periode 2 genannt), d.h. $x = g(y)$ und $y = g(x)$, so ergibt sich aus der obigen Ableitung $(g^2)'(x) = g'(y) \cdot g'(x)$, sodaß die Ableitung der zweiten Iterierten im Fixpunkt durch die Steigung der Funktion g entlang des Orbits bestimmt wird.

Szenarien wie in diesem einfachen Beispiel konnten schon in anderen Modellen beobachtet werden. In einem "Cobweb"-Modell mit adaptiven Preiserwartungen und mit nichtlinearer (!) Angebotskurve erhielt Hommes (1991) analoge Ergebnisse. Auch hier spielt eine Steigung, nämlich die der Angebotskurve eine zentrale Rolle. In einem neoklassischen Wachstumsmodell mit einer endogenen nichtlinearen Bevölkerungsfunktion (Prskawetz, 1992) ergibt sich das gleiche qualitative Verhalten wie für unser System (2.8). Wieder spielt eine Steigung einer Funktion, in diesem Fall die der Bevölkerungsfunktion die entscheidende Rolle. Wir werden auf solche "Mechanismen", die auf Chaos führen, später noch genauer eingehen.

Zum Abschluß soll das Modell für eine fest vorgeschriebene Zuteilungsquote c=30% hinsichtlich einer Variation der Sensitivität der Nachfrager auf Markt Y (b_1) analysiert werden. Abbildung 2.30 zeigt die Attraktoren des Systems (2.8), gegen welche der Zeitpfad des Werbebudgets bei Variation für *$10 \leq b_1 \leq 50$* offenbar konvergiert.

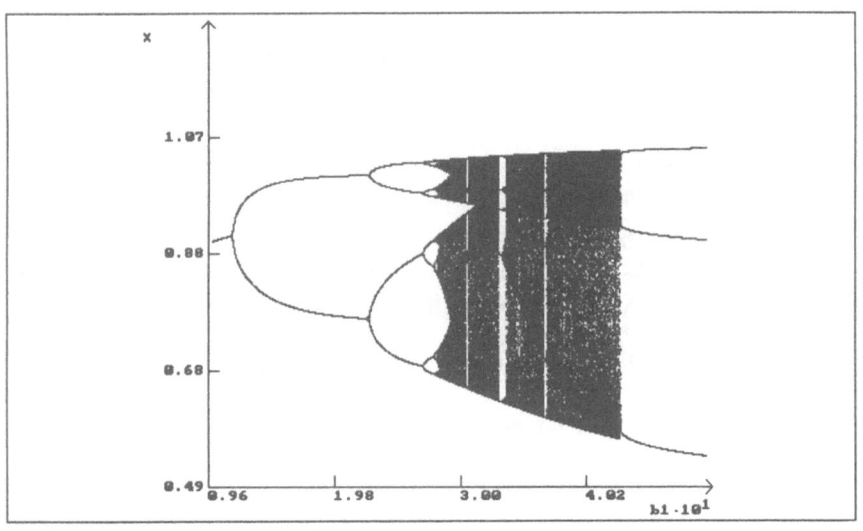

Abb. 2.30: Bifurkationsdiagramm für das System (2.8) für $a_0=3$, $a_1=2$, $b_0=2$, $c=0.3$ bei Variation von b_1. Für $b_1 > 42$ konvergieren die Werbeausgaben gegen einen Orbit der Periode 3.

Für Werbeausgaben in Höhe von 30% des Vorjahresgewinns existiert ein großer Bereich für die Konsumentenempfindlichkeit, für die die Zuteilungspolitik chaotisch verläuft. Im chaotischen Bereich klar erkennbar sind eine Anzahl von Fenstern, in denen stabile Zyklen beobachtet werden können. Für Werte von $b_1>42$ streben die Werbeausgaben für eine Zuteilungsquote von 30% einem 3-er Zyklus zu.

Zum Abschluß dieses Abschnittes soll nochmals kritisch auf die Bedeutung der Beobachtung des Langzeitverhaltens des Modells eines ökonomischen Systems eingegangen werden. In einem Bifurkationsdiagramm werden nur die Endzustände eines Systems (die Attraktoren) betrachtet. Besonders für ökonomische Modelle stellt sich die Frage nach der Relevanz einer solchen Betrachtungsweise. Zwei Gesichtspunkte lassen sich nämlich unterscheiden (Lorenz, 1992a):

1) Die Gesetze einer Wirtschaft gelten für lange Zeit, und damit bewegt sich das zugehörige System auf einem Attraktor. Ein ökonomisches Modell betrachtet jeweils nur einen Zeitausschnitt und versucht das wahre System nachzubilden. Da sich das wahre System auf einem Attraktor befindet, sollte den Grenzzuständen besonderes Augenmerk geschenkt werden.

2) Eine Wirtschaft ist eine sich entwickelnde und dauernd Veränderungen erleidende Einheit. Neue Produkte und Prozesse werden entwickelt und bewirken strukturelle Veränderungen. Die Gültigkeit der Gesetze einer Wirtschaft ist daher beschränkt. Es kann daher nicht davon ausgegangen werden, daß das System seinen Grenzzustand (Attraktor) überhaupt erreicht. Auch die transiente Phase spielt hier eine entscheidende Rolle, sodaß in ökonomischen Modellen auch diesem Bereich Augenmerk geschenkt werden muß.

Welcher der beiden Ansätze der richtige ist, kann nicht zweifelsfrei beantwortet werden (vgl. Lorenz, 1992a). Besonderes Augenmerk sollte der "Konvergenzgeschwindigkeit" gegen den Attraktor, d.h der Länge jener Zeitspanne, in der das System den Attraktor erreicht, geschenkt werden. Ist diese Spanne kurz, so dürfte der Attraktor noch innerhalb jener Zeit erreicht werden, in der das Modell Gültigkeit besitzt. Im umgekehrten Fall kommt der transienten Phase eine erhebliche Bedeutung zu. Wir werden diesen zwei Gesichtspunkten später noch einmal unsere Aufmerksamkeit schenken.

2.5. Zur Definition von Chaos

Chaotische dynamische Systeme können zumeist durch zwei grundlegende Eigenschaften charakterisiert werden:

1. Die Zeitpfade des Systems zeigen komplizierte Muster
2. Die Zeitpfade weisen die Eigenschaft der sensitiven Abhängigkeit von den Anfangsbedingungen auf.

Beide Eigenschaften haben wir schon im einfachen Modell des ersten Beispiels in Abschnitt 2.1. beobachtet. Eigenschaft 1 kommt in der Aperiodizität des Orbits zum Ausdruck, und läßt dadurch kein reguläres Verhaltensmuster erkennen. Eigenschaft 2 wirkt sich dahingehend aus, daß bei kleinen Änderungen des Ausgangswertes, das System eine völlig andere Entwicklung durchläuft. Kleine Ursachen haben große Wirkung (vgl. Abbildung 2.6). Es sei hier angemerkt, daß aperiodisches Verhalten ohne sensitive Abhängigkeit von den Anfangswerten möglich ist, und Sensitivität ohne Aperiodizität (Kelsey, 1988).

Wir wollen nun eine etwas formalere Begriffsabgrenzung geben. In der Literatur findet sich leider keine einheitliche Definition von Chaos. Daher wollen wir unser Augenmerk zunächst auf eine möglichst intuitiv erfaßbare Definition richten. Schon im Abschnitt 2.1. haben wir die Bedeutung der sensitiven Abhängigkeit von den Anfangsbedingungen betont. Nun wird chaotisches Verhalten eben durch diese sensitive Abhängigkeit von den Anfangsbedingungen charakterisiert.

Definition: Sei $f:R \to R$ eine stetige Funktion, welche ein dynamisches System $x_{t+1} = f(x_t)$ generiert. Die Abbildung f besitzt die Eigenschaft der sensitiven Abhängigkeit von den Anfangsbedingungen auf der Menge K, wenn eine positive Konstante d existiert, so daß für jeden Punkt x in K und jede Umgebung U von x ein Punkt y aus U und eine natürliche Zahl N existiert mit $|f^N(x) - f^N(y)| > d$.

Diese Eigenschaft besagt, daß beliebig nahe von x, ein Punkt y existiert, sodaß die Orbits von x und y einander nicht für immer nah bleiben, sondern auseinanderstreben. Mit Hilfe der graphischen Iteration kann dies sehr schön demonstriert werden. Wir wählen für die Systemdynamik (2.8) aus Beispiel 2 zwei nahe beieinander liegende Anfangswerte, und für die Zuteilungsquote einen Wert für den wir im Bifurkationsdiagramm aperiodisches, chaotisches Verhalten festgestellt haben, z.B. c=0.31. Abbildung 2.31 zeigt das Auseinanderstreben der

Orbits. Schon nach 5 Iterationsschritten hat sich der Abstand der beiden Trajektorien erheblich vergrößert, obwohl die Differenz der beiden Anfangswerte nur 0.01 beträgt.

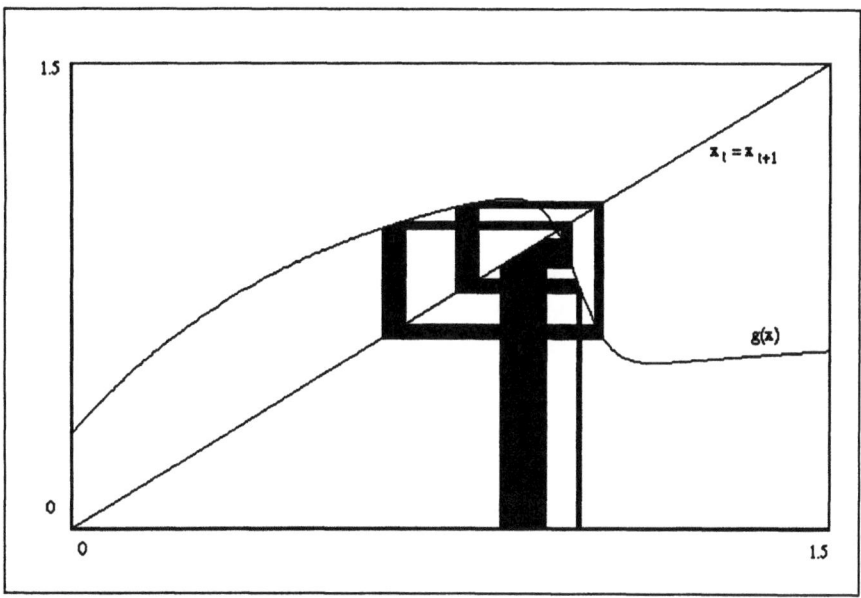

Abb. 2.31: Graphische Analyse. Obwohl die Differenz der Startwerte nur 0.01 beträgt, nimmt der Abstand der Trajektorien schon in der Periode 5 (relativ zur Ausgangsdifferenz) große Ausmaße an. Die Trajektorien kommen im Verlauf einander nahe, streben aber schließlich wieder auseinander.

Weist ein dynamisches System sensitive Abhängigkeit von den Anfangsbedingungen für eine "hinreichend große" Menge von Anfangswerten auf, so wären wir geneigt, dieses System als chaotisch zu klassifizieren. Die Chaos-Definitionen unterscheiden sich nun genau im Hinblick darauf, wie groß diese Menge zu fassen sei (vgl. Hommes, 1991).

Eine mögliche Definition wäre die folgende:

Chaos-Definition 1: Ein System ist chaotisch, wenn es für eine überabzählbare Menge von Anfangswerten die Eigenschaft der sensitiven Abhängigkeit von den Anfangsbedingungen besitzt.

Auf diese Definition wird oft mit den Bezeichnungen *topologisches Chaos (topological chaos), dünnes Chaos (thin chaos)* oder *Chaos im Sinne von Li und Yorke* Bezug genommen (siehe dazu das Theorem von Li und Yorke im vorigen Abschnitt).

Eine zweite, etwas striktere Form der Definition von Chaos ist die nachstehende:

Chaos-Definition 2: Ein System ist chaotisch, wenn es für eine Menge von Anfangswerten mit positivem Lesbegue-Maß die Eigenschaft der sensitiven Abhängigkeit von den Anfangsbedingungen besitzt.

Diese Definition wird in der Literatur mit dem Terminus *wahres Chaos (truly chaos)* oder *dickes Chaos (thick chaos)* gehandelt. Für einen zufällig gewählten Anfangswert ist die Wahrscheinlichkeit, daß der Zeitpfad sensitive Abhängigkeit von den Anfangswerten besitzt, positiv. Klarerweise folgt aus der zweiten Definition die erste, d.h. ist ein System *truly chaotic*, so ist es auch *topologically chaotic*. Die Umkehrung der obigen Beziehung ist jedoch nicht notwendigerweise erfüllt, d.h. ist ein System *topologically chaotic*, so kann die (überabzählbare) Menge von Anfangswerten auf der die Eigenschaft der sensitiven Abhängigkeit von den Anfangsbedingungen erfüllt ist, das Lesbegue-Maß Null haben. Ein gutes Beispiel dafür ist die Systemdynamik (2.6) für $e=0.9575$. Da das System einen (stabilen) Orbit der Periode 3 besitzt, ist es chaotisch im Sinne von Li und Yorke (!) Für fast alle Anfangswerte konvergieren die Orbits aber gegen den stabilen periodischen Orbit, d.h. für einen zufällig gewählten Anfangswert konvergiert der Orbit mit Wahrscheinlichkeit 1 gegen den periodischen Orbit. In diesem *topologisch chaotischen* System ereignet sich die sensitive Abhängigkeit von den Anfangsbedingungen eben auf einer (überabzählbaren) Menge mit Lebesgue-Maß 0. Diese überabzählbare Menge beeinflußt jedoch den anfänglichen Teil vieler Zeitpfade, sodaß in solchen Systemen transientes Chaos für eine Vielzahl von Anfangswerten auftreten kann (vgl. Abb. 2.7; für weitere Ausführungen sei verwiesen auf Hommes, 1991).

Eine dritte, etwas anders geartete Definition von Chaos ist die folgende (siehe Hommes, 1991):

Chaos-Definition 3: Eine Abbildung ist chaotisch, wenn die folgenden drei Bedingungen erfüllt sind:

1. f hat unendlich viele periodische Punkte mit unterschiedlichen Perioden,
2. es existiert eine überabzählbare Menge A von aperiodischen Punkten,
3. f hat auf A die Eigenschaft der sensitiven Abhängigkeit von den Anfangsbedingungen.

Das dazugehörige dynamische System $x_{t+1} = f(x_t)$ wird dann chaotisches dynamisches System genannt.

Eine topologisch orientierte Definition von Chaos ist die nachstehende (vgl. Devaney, 1989):

Chaos-Definition 4: Eine Abbildung $f: V \to V$ heißt chaotisch auf der Menge V, wenn
1. f die Eigenschaft der sensitiven Abhängigkeit von den Anfangswerten besitzt
2. f topologisch transitiv ist
3. periodische Punkte dicht in V liegen.

Eine Abbildung $f: V \to V$ heißt *topologisch transitiv*, wenn für ein Paar offener Mengen U_1 und U_2 ein k>0 existiert, sodaß der Durchschnitt $f^k(U_1) \cap U_2$ nicht leer ist. Das dynamische System kann nicht in zwei disjunkte offene Mengen zerlegt werden und weist daher ein "Mischverhalten" auf (siehe Peitgen et al., 1992).

Vom numerischen Standpunkt aus, ist ein chaotisches deterministisches System (also ein System, welches für gewisse Parameterkonstellationen sensitive Abhängigkeit von den Anfangswerten zeigt) langfristig unvorhersagbar ist, da kleine Rundungsfehler (exponentiell) wachsen und nach einiger Zeit das Systemverhalten dominieren (siehe dazu vor allem Peitgen et al., 1992). Kleine Ursachen können große Wirkungen haben.

Chaotische Systeme sind daher charakterisiert durch drei Eigenschaften:

- Unvorhersagbarkeit
- Unzerlegbarkeit
- ein Element der Regularität.

Die obigen drei Punkte können mit den Punkten 1.-3. von Chaos-Definition 4 direkt in Beziehung gesetzt werden, und haben zu der in der populärwissenschaftlichen Literatur vorherrschenden Charakterisierung von *Ordnung im Chaos* geführt. Diese drei Eigenschaften sind jedoch nicht unabhängig voneinander, wie erst kürzlich gezeigt wurde (Banks et al., 1992). Es gilt nämlich: Ist $f:V \to V$ transitiv und liegen die periodischen Punkte dicht, so hat f die Eigenschaft der sensitiven Abhängigkeit von den Anfangsbedingungen.

Wir wollen zu einem späteren Zeitpunkt noch eine weitere Definition von Chaos geben, die sich vor allem dadurch auszeichnet, daß sie (vor allem in höherdimensionalen Systemen) leichter nachprüfbar ist.

2.6. Lyapunov-Exponenten - ein quantitatives Maß für Chaos

Wie wir schon in Abschnitt 2.1 betont haben, ist eines der charakteristischen Merkmale chaotischer Systeme die sensitive Abhängigkeit von den Anfangsbedingungen. Auch bei kleinster Änderung der Ausgangswerte wird die Entwicklung zweier Zeitpfade schließlich so stark beeinflußt, daß keine Übereinstimmung mehr festzustellen ist (vgl. Abbildung 2.6). Kleine Ursachen haben große Wirkung.

Der Lyapunov-Exponent ist ein effizientes Hilfsmittel, um instabiles, chaotisches Verhalten von stabilem, vorhersagbarem zu unterscheiden, und den verschiedenen Verhaltensweisen ein quantitatives Maß zuzuordnen.

Gegeben sei eine differenzierbare Abbildung $f:R \to R$, welche ein dynamisches System $x_{t+1} = f(x_t)$ generiert, und zwei verschiedene Anfangswerte x_0 und x_0'. Die Differenz $\delta x_0 = x_0 - x_0'$ zwischen diesen Anfangswerten sei sehr klein. Wir wollen nun die dynamische Entwicklung dieser beiden Werte beobachten. Nach der ersten Iteration beträgt die Differenz zwischen den Werten der nächsten Periode x_1 und x_1'

$\delta x_1 = x_1 - x_1' = f(x_0) - f(x_0')$.

Eine lineare Approximation ergibt aus dieser Gleichung die Beziehung

$$|\delta x_1| \approx \left|\frac{df(x_0)}{dx}\right| \cdot |\delta x_0|.$$

Ist die Ableitung betragsmäßig größer als eins, so wird der Abstand zwischen den Werten größer, andernfalls kleiner. Nach n Iterationen lautet die Differenz

$$\delta x_n = x_n - x_n' = f^{(n)}(x_0) - f^{(n)}(x_0'),$$

wobei $f^{(n)}$ die n-te Iterierte bezeichnet. Die lineare Approximation ergibt hier

$$|\delta x_n| \approx \left|\frac{df^{(n)}(x_0)}{dx}\right| \cdot |\delta x_0|$$

und wegen der Kettenregel

$$\left|\frac{df^{(n)}(x_0)}{dx}\right| = |f'(x_{n-1})| \cdot |f'(x_{n-2})| \cdot \ldots \cdot |f'(x_1)| \cdot |f'(x_0)|$$

ist die Differenz im n-ten Schritt schließlich

$$|\delta x_n| \approx \prod_{t=1}^{n} |f'(x_{t-1})| \cdot |\delta x_0|.$$

Die Lyapunov-Exponenten beschreiben nun das Langzeitverhalten der beiden Orbits des dynamischen Systems mit den Anfangsbedingungen x_0 und x_0'. Sie geben ein quantitatives Maß für die Rate der Divergenz (bzw. der Konvergenz) zweier Zeitpfade mit unterschiedlichen Anfangswerten, bzw. der Verstärkung (Auslöschung) von anfänglichen Unterschieden in den Anfangsbedingungen. In obiger Herleitung charakterisiert aber das Produkt der (betragsmäßigen) Ableitungen der Abbildung f ausgewertet entlang der Orbits genau dieses Langzeitverhalten, bzw. diese Verstärkung. Der Ljapunov-Exponent eines Systems $x_{t+1} = f(x_t)$ ergibt sich daher als (auch der Logarithmus zur Basis e kann verwendet werden)

$$\lambda = \lim_{n \to \infty} \frac{1}{n} \log_2 \prod_{t=1}^{n} |f'(x_{t-1})|.$$

Mit dieser Festlegung ergibt sich für die Differenz δx_n eine exponentielle Änderung,

$$\delta x_n \approx 2^{n\lambda} \delta x_0.$$

Für $\lambda<0$ werden daher Differenzen in den Anfangswerten bei jeder Iteration (exponentiell) verkleinert, für einen Lyapunov-Exponenten größer als 0 werden sie bei jeder Iteration (exponentiell) verstärkt. Das Ausmaß dieser Verstärkung, welches die sensitive Abhängigkeit von den Anfangsbedingungen beschreibt, wird durch die Größe des Lyapunov-Exponenten festgelegt. Asymptotisch stabile (periodische) Lösungen werden daher durch Lyapunov-Exponenten kleiner als 0, instabile (chaotische) durch Lyapunov-Exponenten größer als 0 beschrieben.

Wie in obiger Definition deutlich wird, hängt der Lyapunov-Exponent vom Anfangswert ab. Angenommen der Orbit mit Anfangswert x_0 konvergiert gegen einen bestimmten Attraktor, z.B. einen Orbit der Periode m. Da die Lyapunov-Exponenten als Grenzübergang definiert sind, kann von transienten Anteilen abgesehen werden, und die Lyapunov-Exponenten eines Anfangswertes x_0 und des Attraktors sind gleich. Jeder Punkt im Einzugsbereich des Attraktors,[5] besitzt daher den selben Lyapunov-Exponent. Es ist daher sinnvoll, vom Lyapunov-Exponenten des Attraktors zu sprechen (Parker und Chua, 1989). Ist der Orbit periodisch mit Periode m, d.h. $x_m = f^m(x_0) = x_0$, so ist der Lyapunov-Exponent gleich

$$\lambda = \frac{1}{m} \log_2 \prod_{t=1}^{m} |f'(x_{t-1})|.$$

Ist der Lyapunov-Exponent negativ, so muß das Produkt der Ableitungen von f entlang des Orbits kleiner als 1 sein, d.h. es dominiert die Konvergenz der beiden Orbits. Etwaige Differenzen in den Anfangswerten werden ausgelöscht. Das System ist stabil, und die Orbits konvergieren gegen einen periodischen Attraktor. Ist hingegen der Ljapunov-Exponent größer als null, so divergieren die beiden Orbits.

---

[5] Die Vereinigung aller Anfangswerte, welche gegen einen Attraktor konvergieren, heißt *Einzugsbereich* (des Attraktors), vgl. Hirsch und Smale, 1974, bzw. Lorenz, 1989.

Für die Systemdynamik (2.6) aus Abschnitt 2.1 ergibt sich für $e=0.7$ die Konvergenz zum Fixpunkt $x^* = \frac{36}{7}$. Die Ableitung im Fixpunkt beträgt $f'(x^*) = 2.8 - 0.7 \cdot x^* = -0.8$. Daraus ergibt sich mit m=1 der negative Lyapunov-Exponent $\lambda = \frac{1}{n} log_2(0.8)^n \approx -0.323$, und kennzeichnet damit die Stabilität dieses (periodischen) Attraktors. Für den Orbit der Periode 2 ($e=0.83$) erhalten wir mit den numerisch ermittelten Werten $x_1^* \approx 3.7882469$ und $x_2^* \approx 6.6213917$ einen Lyapunov-Exponent von

$$\lambda = \frac{1}{2}(log_2 f'(x_1^*) + log_2 f'(x_2^*)) \approx -0.693.$$

Die praktische Berechnung der Ljapunov-Exponenten für $e=1$ (chaotisches Verhalten) kann durch Vorgabe einer fixen Grenze N ab der das Konvergenzverhalten deutlich wird, erfolgen. So läßt sich beispielsweise für die angegebenen Zahlenwerte bis zur Periode 99 recht deutlich die Konvergenz zu einem Ljapunov-Exponenten nahe 1 erkennen (vgl. Tabelle 8 im Anhang). Die Zeitreihe konvergiert nicht gegen einen periodischen Attraktor und zeigt sensitive Abhängigkeit von den Anfangsbedingungen. Mit jeder Iteration wird der Abstand zweier Punkte verdoppelt (vgl. auch Peitgen et al., 1992).

Mit Hilfe des Lyapunov-Exponenten läßt sich auch die mit dem transienten Chaos verbundene Problematik demonstrieren. Setzen wir $e=0.9575$, und berechnen den Lyapunov-Exponenten für die ersten 60 Perioden, so ergibt sich ein eindeutig positiver Wert (Tabelle 9), der etwa bei 0.7 liegt. Erst wenn wir mehr als 140 Perioden einbeziehen, wird der Lyapunov-Exponent negativ, und gibt richtigerweise die Konvergenz zu einem periodischen Orbit an. Es sei daran erinnert, daß für diesen Wert der Einbehaltungsquote, der Zeitpfad nach einer transienten Phase gegen einen Orbit der Periode 3 konvergiert (vgl. Abbildung 2.7).

Die transiente Phase kann nun durchaus auch länger sein als in obigem Fall, und die Klassifikation des dynamischen Systems erschweren. Nun gilt aber speziell für ökonomische Systeme, daß der Gültigkeitszeitraum der vorliegenden Ausprägung des Systems beschränkt ist, da wirtschaftliche Systeme einem Wandel unterliegen. Die alleinige Betrachtung von Grenzzuständen (Attraktoren), wie in der analytischen Behandlung dynamischer Systeme üblich, scheint für ökonomische

Systeme daher oft nicht geboten. Die transiente Phase, vor allem dann, wenn sie große Zeitspannen umfaßt, sollte zentraler in die Betrachtungen gerückt werden. In einem von Lorenz (1990, 1992a) untersuchten zweidimensionalen zeitdiskreten Kaldor-Modell ergab sich eine transiente Phase von ungefähr 350 Perioden. Der für diese transiente Bewegung (d.h. für den Zeitpfad bis zur 350. Periode) berechnete (größte) Lyapunov-Exponent ist größer als Null (λ = 0.2, Lorenz, 1992a), und zeigt chaotisches Verhalten an. Erst wenn mehr Zeitperioden einbezogen werden, ist das reguläre Verhalten wie in obigem Fall als solches zu erkennen (λ < 0). Verantwortlich für dieses komplexe transiente Verhalten ist in vielen Fällen die Komplexität der Grenze zwischen alternativen Attraktionsgebieten, d.h. der Menge derjenigen Startwerte im Phasenraum,[6] die sich auf einen bestimmten Attraktor zubewegen. In vielen Fällen besitzt diese Grenze fraktalen Charakter (zum Begriff der *fractal basin boundaries* siehe Lorenz, 1992a).

2.7. Relevanz der Chaostheorie für die Betriebswirtschaftslehre

Wie schon erwähnt, hat die Chaostheorie in vielen wissenschaftlichen Bereichen Einzug gehalten, speziell in der Betriebswirtschaftslehre aber gibt es vergleichsweise wenige Ansätze zu diesem Thema. Wir wollen in diesem Abschnitt daher der Frage nachgehen, ob eine Anwendung der Chaostheorie in der Betriebswirtschaftslehre überhaupt angezeigt ist, und Erkenntnisse und Auswirkungen welcher Art zu erwarten sind (hier sei auch insbesondere hingewiesen auf Feichtinger und Kopel, 1994).

Zunächst zum ersten Themenkreis, ob die Chaostheorie auf betriebswirtschaftliche Fragestellungen überhaupt sinnvoll angewendet werden kann. Dazu wollen wir jene Mechanismen zusammenfassen, die einerseits in der Betriebswirtschaftslehre zum Standard gehören, andererseits aber auch in Modellen der Chaostheorie eingesetzt werden. Wenn es uns gelingt, genug solcher Parallelen aufzudecken, rechtfertigt sich ein Einsatz von selbst.

---

[6] Den Raum, den die Zustandsvariablen eines höherdimensionalen dynamischen Systems aufspannen, nennen wir *Phasenraum* oder *Zustandsraum*, vgl. Wiggins (1990).

- Nichtlinearität

Die Nichtlinearität der Beziehungen der betrieblich relevanten Größen wird schon von Gutenberg betont (Gutenberg, 1988, S. 155). Aufgrund der Komplexität der Strukturen innerhalb einer Unternehmung sowie einer Unternehmung zu ihrem Umfeld, scheint einzig eine nichtlineare Modellierung der Forderung nach Realitätsnähe gerecht zu werden. Durch die in Unternehmen ebenfalls auftretenden sozialen Strukturen, wird die Nichtlinearität der Beziehungen offenbar, denn die Sozialwissenschaften waren immer schon ein Teil der Wissenschaft, die sich mit komplexen nichtlinearen (und dynamischen) Systemen beschäftigten (Troitzsch, 1992). In vielen Bereichen der Betriebswirtschaftslehre werden seit geraumer Zeit nichtlineare Modelle eingesetzt. So wird beispielsweise für die Erklärung des Käuferverhalten eine nichtlineare Preis-Absatz-Funktion (vgl. Abschnitt 2.1), für die Abhängigkeit des Unternehmensabsatzes von den Werbeanstrengungen ein s-förmiger Zusammenhang (Lilien und Kotler, 1983), und für die Beziehung zwischen Input und Output im Rahmen der Produktionstheorie und zwischen Kosten und Output im Rahmen der Kostentheorie ebenfalls ein s-förmiger Verlauf (Busse v. Colbe und Laßmann, 1988) angenommen. Die Nichtlinearität der Beziehungen ist dabei für chaotisches Verhalten eine notwendige, aber keine hinreichende Bedingung. Das heißt, daß in betriebswirtschaftlichen Modellen chaotisches Verhalten (aufgrund der Komplexität der Zusammenhänge) zwar erwartet werden kann, aber nicht auftreten muß.

- Zeitverzögerte ("dynamische") Effekte

Der in betriebswirtschaftlichen Zusammenhängen oft eintretende Fall, daß eine Aktion zeitverzögert Wirkung zeigt, ist wie die Nichtlinearität der Beziehungen eine der Voraussetzungen für komplexes Verhalten. Zu den bekanntesten dynamischen Effekten zählen wohl die *Carry-Over Effekte* der Werbung. Sie bedeuten entweder, daß Marketingaktivitäten nicht sofort in der aktuellen Periode, sondern erst später, oder nicht nur sofort, sondern auch noch später wirksam werden, und den Absatz erhöhen. Werbemaßnahmen werden dabei als Investition in einen Werbekapitalstock, den Goodwill angesehen. Nun kann zwischen direktem und indirektem Goodwill-Transfer unterschieden werden (vgl. Ostrusska, 1992). Der direkte Goodwill wird dadurch begründet, daß Marketingmaßnahmen vorerst nur das Interesse für ein Produkt wecken bzw. die Meinung über ein Produkt ändern, die Kaufentscheidung aber in späteren

Perioden gefällt wird. Dem indirekten Goodwill-Transfer liegt die Überlegung zugrunde, daß durch die unpersönlichen Werbeaktivitäten der Unternehmung vorerst nur die sogenannten Innovatoren zum Kauf angeregt werden. Weitere Käufer werden durch persönliche Mund-zu-Mund-Werbung zum Kauf animiert (Immitatoren). Derartige (nichtlineare) Marktreaktionsmodelle wurden hinsichtlich ihrer dynamischen Eigenschaften studiert, wobei sowohl zyklisches als auch chaotisches Verhalten gefunden werden konnte (Ostrusska, 1992). Für die Bereitstellung von Geld für Forschungs- und Entwicklungszwecke ist ebenfalls ein Verzögerungseffekt zu erwarten. Die Einführung von Neuprodukten hat eine lange Vorlaufphase, in der die Neuprodukte entwickelt und getestet werden. Investierte Mittel in F&E machen sich daher erst in Folgeperioden bezahlt, und resultieren in höheren Umsätzen. In der Betriebswirtschaftslehre wird vor allem im Bereich der Absatztheorie zur Erklärung der Realität vermehrt auf solche dynamischen Modelle zurückgegriffen. So wird für die Diffusion eines Neuprodukts ein glockenförmiger Verlauf (Busse v. Colbe et al., 1985), und für die Entwicklung des Absatzes im Zeitablauf ein s-förmiger Zusammenhang (Produktlebenszyklus) unterstellt.

- Sättigungseffekte und Schwellenwerte

Beide Instrumente werden sehr häufig in betriebswirtschaftlichen Modellen zur Erklärung realer Phänomene eingesetzt. Bei der Entwicklung von Marktreaktionsfunktionen wird zumeist von der Existenz von Sättigungseffekten und Schwellenwerten von Marketinginstrumenten ausgegangen. Als Beispiel sei das *Sättigungsmodell mit abnehmenden Absätzen* der Form $Q = a_0 - a_1 x^{-\beta}$, mit $\beta > 0$ angeführt. Der Parameter a_0 repräsentiert das Marktpotential, jenen Wert zu dem der Absatz Q strebt wenn das Niveau der Marketingaktivitäten hoch wird. Je größer der Wert des Parameters β, umso schneller ist der Markt gesättigt. Gleichermaßen werden auch s-förmige Verläufe unterstellt, die nach oben und nach unten beschränkende Effekte berücksichtigen (vgl. dazu Abschnitt 2.1). Durch derartige Modelle können die speziellen Ausprägungen des betrachteten Marktes berücksichtigt werden. Auch für technische Anlagen sind solche Verläufe, die beispielsweise den Zusammenhang zwischen Leistung und Output darstellen, denkbar. Im optimalen Leistungsbereich sind die Grenzerträge der Maschine recht hoch; Im unteren und im oberen Leistungsbereich sind, z.B. aufgrund von erhöhtem Ausschuß die Outputzuwächse eher gering. Schwellenwerte werden auch in

Modellen der Entscheidungstheorie berücksichtigt. Das Verhalten von Individuen ändert sich oftmals bei Überschreiten einer gewissen (subjektiven) Schranke. So nehmen bei Vorgabe eine hohen Aspirationsniveaus, das es zu erreichen gilt, die Probanden in experimentellen Situationen oftmals Risiken auf sich, die sie in "normalen" Situationen niemals auf sich genommen hätten (siehe z.B. Laughhunn et al., 1980 und Payne et al., 1981). Diese Erkenntnisse wurden in neueren Ansätzen der Entscheidungstheorie berücksichtigt (Kahnemann und Tversky, 1979). Durch Schwellenwerte kann auch das unterschiedliche Verhalten von Konsumenten in Abhängigkeit von der Höhe der Werbebudgets oder des Ausmaßes der Neuproduktentwicklungen modelliert werden. Die Einbindung solcher Schwellen wird in der Marketingforschung oftmals gefordert (Lilien und Kotler, 1983).

Granovetter und Soong (1983, 1986) modellieren den Diffusionsprozeß (beispielsweise eines Neuprodukts) mit Hilfe von Schwellenmodellen. Diese Modelle berücksichtigen den Effekt, daß das Verhalten von Individuen vom Verhalten der anderen abhängt, wie dies bei vielen Diffusionsprozessen der Fall ist. Als Beispiel möge die Einführung eines Neuprodukts am Markt dienen. Je nach Risikobereitschaft werden manche Individuen sehr früh zum Kauf bereit sein, andere mit dem Kauf warten, bis eine genügend große Anzahl von Personen das Produkt "getestet" hat, die Kaufentscheidung also besser abgesichert ist. Formal lassen sich solche Schwellen von Individuen folgendermaßen erfassen (in Anlehnung an Granovetter und Soong, 1983): Jedes Individuum wird durch einen Schwellenwert charakterisiert, der jenen Anteil einer Gruppe von N Personen repräsentiert, welcher sich zum Kauf entschlossen hat, bevor es selbst nachzieht. Hat keines der Individuen einen Schwellenwert von Null, so kauft keine der Personen das Produkt, und das System befindet sich im Gleichgewicht. (Als Gleichgewicht wird hier jener Zustand verstanden, in dem sich letzlich alle Personen für eine der beiden Alternativen Kauf oder Nichtkauf entschieden haben). Haben k Personen einen Schwellenwert von 0, so entschließen sich diese zum Kauf zum Zeitpunkt t=1. Gibt es nun m Personen mit einem Schwellenwert kleiner oder gleich k/N, so werden diese zum Kauf angeregt, und folgen der innovatioven Gruppe in t=2. Die Gruppe der Käufer umfaßt nun k+m Personen und "infiziert" weitere Mitglieder der Gruppe. Klarerweise führt eine Rekursion solcher Art auf ein Gleichgewicht kleiner oder gleich 1. Das Hauptinteresse bei Modellen solcher Art liegt aber in der komplexen Relation zwischen individuellen Präferenzen und dem aggregierten Ergebnis. Gehen wir beispielsweise von einer Gruppe von 100 Personen aus, deren Schwellen gleichverteilt zwischen 0 und 99 sind.

Das Individuum mit der Schwelle 0 ("Innovator") regt den Kaufprozeß und damit die Person mit Schwelle 1, diese gemeinsam das Individuum mit Schwelle 3, usw. an. Alle Personen würden letzlich das Produkt kaufen (Gleichgewicht = 100). Ersetzen wir das Individuum mit Schwelle 1 durch eines mit Schwelle 2, so würde der Innovator keine weiteren Käufe auslösen; das Gleichgewicht würde bei 1 liegen. Das Bemerkenswerte dabei ist, daß diese Änderung in der Verteilung der Schwellwerte doch erhebliche Auswirkungen hat. Wie bei chaotischen Systemen gilt auch hier, "..., very small changes in such distributions may result in very large changes in outcome." (Granovetter und Soong, 1983, S. 167).

Ein weiterer Effekt kann durch eine Modellerweiterung berücksichtigt werden. Angenommen das erworbene Produkt entspricht nicht den Erwartungen des Käufers, so wird er wieder in die Gruppe der Nichtkäufer abwandern. Durch Mund-zu-Mund-Propaganda werden andere Leute gewarnt bzw. überzeugt, und es kann zu einem systematischen Abwanderungsprozeß kommen.

In einer Modellerweiterung führen Granovetter und Soong (1983) zwei Schwellwerte ein, einen minimalen Anteil ab der Personen zum Kauf bereit sind, und einen maximalen, ab der die Leute vom Kauf wieder Abstand nehmen, beispielsweise weil schon so viele Personen das Produkt besitzen, und damit keine Ausnahmestellung mehr verbunden ist (Snob-Effekt). Formal läßt sich ein Modell ableiten, daß einen unimodalen Zusammenhang zwischen dem Anteil der Adopter (Käufer) zum Zeitpunkt t+1 und dem Anteil der Adopter zum Zeitpunkt t gleich der logistischen Differenzengleichung (vgl. Abschnitt 2.1) gibt.

"In sociology, linear models have dominated not only because they are tractable in execution, but more importantly, because they correspond to a basic sociological intuition that the size of effects must invariably be proportional to the size of causes. If threshold models do no more than shake sociology out of this unreasonable assumption, which rules out the possibility of surprises in social life - even though surprises are always confounding our expectations - they will have served a useful purpose." (Granovetter und Soong, 1983, S. 177).

Weitere Anwendungen finden die Schwellwerte in Modellen des Unternehmenswachstums. Sie beinhalten oft Wachstumsschranken in Form von maximalen Umstellungsraten der Organisation, Kapazitätsgrenzen für die Produktplanung, Einhaltung des finanziellen Gleichgewichts und ähnlichem.

Damit sind Obergrenzen des Wachstums gekennzeichnet. Als Untergrenze wäre eine gewünschte Umsatzänderung denkbar (kritische oder befriedigende Wachstumsrate). Ein Unterschreiten der kritischen Wachstumsrate löst Produkteinführungen aus. Das Wachstum zwischen den Schranken wird als kontrolliertes Wachstum bezeichnet (Brockhoff, 1974). Überhaupt bauen die Konzepte zur Erklärung des diskontinuierlichen Unternehmenswachstums auf der Wirkung von Schwellen, Schranken oder Barrieren auf (Brockhoff, 1980).

In Modellen der Chaostheorie finden s-förmige Verläufe recht häufig Anwendung, und sind oftmals der chaosgenerierende Mechanismus (Day, 1982; Feichtinger et al., 1992; Hommes, 1991; Prskawetz, 1992; Rasmussen und Mosekilde, 1988). Weiters können auch Schwellen oder Schranken als einer der chaoserzeugenden Ursachen identifiziert werden (z.B. Feichtinger et al., 1992; Feichtinger und Kopel, 1993).

So können auch schon in den beiden Beispielen aus Abschnitt 2.1 derartige Sättigungs- und Schwelleneffekte herausgefunden werden. Betrachten wir für Beispiel 1 insbesondere jene Situation die in Abbildung 2.9 dargestellt ist: Liegt die Produktionsmenge der aktuellen Periode links vom Schnittpunkt der Funktion $f(x)$ mit der Geraden $x_t = x_{t+1}$ (also vom Fixpunkt), so wird die Produktionsmenge der nächsten Periode größer ausfallen, liegt sie rechts vom Fixpunkt wird sie dagegen kleiner ausfallen. Je nachdem, ob die Schwelle (der Fixpunkt) über- oder unterschritten wird, ändert sich das Angebotsverhalten der Unternehmung bzw. das Nachfrageverhalten der Abnehmer. Die Änderungsraten der Produktionsmengen sind dabei sehr klein, wenn die aktuelle Produktionsmenge nahe beim Wert $x^c=4$ liegt. Die Größe $\frac{a-c}{b}$ charakterisiert die maximal angebotene Produktionsmenge, und stellt eine obere Schranke dar. Weitere Anwendungen dieses Typs von Gleichung mit verschiedenen Interpretationen finden sich z.B. in Albach (1987), Türschmann (1990) und Day (1982, 1983).

- Diskrete versus kontinuierliche Modellierung

Im Rahmen der Betriebswirtschaftslehre bietet sich oft die Möglichkeit, eine zeitdiskrete Modellierung anstelle einer kontinuierlichen zu wählen. So wird beispielsweise die Zuteilung eines Budgets periodisch geschehen und die

Neueinführung von Produkten nicht laufend, sondern zu diskreten Zeitpunkten erfolgen. In anderen Situationen wird eine kontinuierliche Betrachtung angemessen sein, wie beispielsweise bei der Diffusion eines Neuprodukts oder bei gewissen sozialen Prozessen, bei denen die Grundgesamtheit so groß ist, daß beispielsweise von einem kontinuierlichen Informationsfluß ausgegangen werden kann. Die Wahl, ob eine diskrete Formulierung (mittels Differenzengleichungen) oder eine kontinuierliche Ausgestaltung (mittels Differentialgleichungen) sollte klarerweise problemadäquat getroffen werden, hat aber weitreichende Auswirkungen. Chaos kann nämlich in Differentialgleichungssystemen erst ab einer Ordnung drei eintreten, während, wie wir in Abschnitt 2.1 gesehen haben, schon eine einzige Differenzengleichung für erratische Fluktuationen sorgen kann (vgl. Lorenz, 1989). Wird also ein (Partial)Modell einer Unternehmung (oder eines Teilbereichs einer Unternehmung) mit Hilfe von Differentialgleichungen erstellt, so ist die Suche nach chaotischen Phänomenen erst ab drei Zustandsvariablen erforderlich. Wird eine diskrete Formulierung für ein Problem erkannt, so können auch in niedrigdimensionalen Modellen sämtliche dynamische Verhaltensmuster erkennbar werden.

Neben diesen Punkten lassen sich noch eine Reihe weiterer anführen, die für betriebswirtschaftliche Fragestellungen von Bedeutung sind. So haben im Wirtschaftsleben Faktoren wie exogene Einflüsse auf eine Unternehmung, kurzsichtiges Entscheidungsverhalten der Entscheidungsträger, oder unterschiedliche Anpassungsgeschwindigkeiten von wirtschaftlichen Prozessen enormen Einfluß und können komplexes Verhalten bewirken (vgl. Feichtinger und Kopel, 1994).

Wir wollen nun im weiteren der Frage nachgehen, welche Erkenntnisse die Chaostheorie der Betriebswirtschaftslehre bringt, und welche Auswirkungen offensichtlich sind. Ein Plan für die Vorgehensweise bei der Anwendung der Analysemethoden auf betriebswirtschaftliche Fragestellungen umfasst zumeist drei Schritte (vgl. Lorenz, 1992b):

1. Spezifikation des dynamischen Systems - Vorgaben einer Form für das Bewegungsgesetz, die die ökonomischen Überlegungen ausdrückt. Für die Parameter ist es wünschenswert, empirisch geschätzte Werte zu verwenden.
2. Lösen des Systems - dies geschieht in Systemen der Form $x_{t+1} = f(x_t)$ durch Iterieren der Gleichung(en).

3. Test auf Chaos - mit Hilfe von numerischen Methoden muß entschieden werden, ob das untersuchte System chaotisches Verhalten zeigen kann.

Zunächst müssen also die wesentlichen Größen identifiziert und die nichtlinearen Beziehungen des (Unternehmens)Modells herausgearbeitet werden. Durch diese Systemanalyse werden meist schon tiefere Einblicke in die Struktur des Problembereichs möglich. Die direkten Eingriffsmöglichkeiten der Entscheidungsträger werden durch Parameter, die variiert werden können, dargestellt. Die Auswirkungen einer Veränderung im Entscheidungsverhalten können so unmittelbar erfaßt werden. Da das System Unternehmung nicht isoliert, sondern in Wechselwirkung mit einer Fülle von anderen Systemen (Abnehmern, Konkurrenzunternehmen, usw.) gesehen werden muß, aber zumeist nicht alle Faktoren ins Modell aufgenommen werden können, werden neben den direkten Eingriffsmöglichkeiten Schnittstellen zum Modellumfeld durch exogen vorgegebene Parameter in das Modell eingeführt. Einflüsse dieser anderen Systeme können nun durch Schwankungen der exogen vorgegebenen Parameter berücksichtigt werden.

Entscheidungsträger werden durch diese Anforderungen dazu angehalten, ihre ohnehin vorhandenen geistigen (Simulations)Modelle in klarer Form wiederzugeben: "In effect, managers (like everyone else) use their information to build mental models of their world, which are implicit synthesized apprehensions of how their organizations and environments function. Then, whenever an action is contemplated, the manager can simulate the outcome using his implicit models." (Mintzberg, 1976, S. 54). Durch die intensive Beschäftigung können Problembereiche als solche erkannt werden, und außerdem ist es für Führungskräfte "... von besonderem Interesse, diejenigen Subsysteme ausfindig zu machen, die Nichtlinearitäten aufweisen und unter bestimmten Bedingungen chaotisches Verhalten annehmen können, sowie deren Wirkung auf das Gesamtsystem zu analysieren". (Pinkwart 1992, S. 22).

Durch die Analyse der erstellten nichtlinearen, dynamischen Unternehmensmodelle können für die Vorbereitung einer Entscheidung die wesentlichen Zusammenhänge besser verstanden, und mit Hilfe des Bifurkationsdiagramms Bereiche für die Parameter abgeleitet werden, für welche das System erratische Fluktuationen zeigt. Dabei hat die Anwendung numerischer Methoden den Vorteil, daß in relativ kurzer Zeit eine Vielzahl von Annahmen (Szenarien) und deren Auswirkungen im Modell untersucht und interpretiert werden können. Gleichwohl kann auch das dynamische Verhalten relativ einfach analysiert werden, wobei die wichtigsten und kritischen Größen herausgefiltert werden können. "In Kenntnis dieser Parameterkonstellationen und der dem chaotischen Verhalten zugrundeliegenden Nichlinearitäten können die Wirkungsweisen von Strategieänderungen zum Zwecke der Krisenabwehr diskutiert werden". (Pinkwart 1992, S. 21). Die kritischen Systemparameter können nun ständig kontrolliert werden, um ihr Abgleiten in das chaotische Regime zu verhindern. Befindet sich ein Unternehmen in einem chaotischen Bereich, so sind geeignete Schritte einzuleiten, die ein geordnetes Verlassen derartiger Zustände erlauben (vgl. Türschmann, 1991).

Die Nichtmonotonie des Systemverhaltens, wie es in einem Bifurkationsdiagramm ersichtlich wird (vgl. Abschnitt 2.1), ist für die Anwendungen von großer Bedeutung, und gleichzeitig eine Warnung Systeme der Realität nicht zu vereinfacht zu sehen. Im Bifurkationsdiagramm ist oft folgendes Systemverhalten zu erkennen: Regularität, Komplexität, Regularität, Komplexität, usw. Die Beherrschung und Steuerung eines (realen) Systems bedingt daher eine genaue Kenntnis der zugrundeliegenden nichtlinearen Beziehungen und der kritischen Parameterbereiche. Hier ist daher auch die Kritik an den Modellen passend, die die logistische Differenzengleichung einbauen, und damit eine Beschreibung des Realsystems erhoffen. In der logistischen Gleichung ist das vorgegebene Systemverhalten (abgesehen von den "Fenstern"): erst Regularität, dann Komplexität. So einfaches Verhalten wird wohl in der Realität nicht die Regel sein.

In seinem Zukunftsausblick über Entwicklungsrichtungen der Ökonomie gibt Boulding folgende Empfehlung: "Wir sollten uns weitmehr für das Sammeln von solchen Daten interessieren, die mehr Auskunft über die Wirtschaft geben können und diese in ein Informationssystem einspeisen, das uns eher auf Parameterwechsel aufmerksam macht." (Boulding, 1992, S. 46). Klarerweise ist die Information, daß ein Parameterwechsel stattgefunden hat, noch nicht sehr aufschlußreich, wenn kein unmittelbarer Zusammenhang zu einer dadurch ausgelösten qualitativen Änderung im Systemverhalten hergestellt werden kann. Außerdem ist dieser Parameterwechsel irrelevant, wenn sich das System in einem stabilen Bereich befindet. Problematisch wird die Situation dann, wenn ein Übergang in ein chaotisches Regime stattfindet, und daher ein qualitativer Wechsel des Systemverhaltens eintritt. Die Information, wo solche Wechsel im Parameterbereich vorkommen, kann jedoch mit Hilfe des Bifurkationsdiagramms gewonnen werden. Im Vergleich mit den aus Daten gewonnen Werten, kann so ein Frühwarnsystem aufgebaut werden.

Welche Schlüsse lassen sich aus der Theorie nichlinearer, dynamischer Systeme für konkrete Anwendungen beispielsweise auf dem Gebiet der Insolvenzforschung ziehen? Zeigt ein System chaotisches Verhalten, so ist eine Langzeitprognose unmöglich. Schon geringste Meßfehler können aufgrund der sensitiven Abhängigkeit von den Anfangsbedingungen erhebliche Differenzen zwischen dem Prognosewert und dem tatsächlichen Zustand des Systems bewirken. Dies bedeutet für das Management, daß die Routineentscheidungen versagen, und im chaotischen Bereich nur große Änderungen auf einen stabilen Pfad zurückführen. "Das Management muß das Unternehmen dann ohne Kompaß aus dem Chaos führen". (Pinkwart, 1992, S. 21). Als Indiz für die Nichtlinearität der Zusammenhänge und die Nichtgültigkeit des starken Kausalitätsprinzips (sensitive Abhängigkeit von den Anfangsbedingungen) kann im Rahmen der Unternehmensentwicklung die empirisch fundierte Tatsache gesehen werden, daß Zusammenbrüche von Unternehmen in vielen Fällen ihre Ursache in Fehlentwicklungen und -entscheidungen haben, die viele Jahre vor dem Zusammenbruch unbemerkt auftreten, sich dann aber im Zeitverlauf aufschaukeln und dann im Zusammenspiel mit anderen Systemkomponenten eine Unternehmenskrise auslösen. In diesem Zeitpunkt bleibt nur noch eine Sanierung der krisengeschüttelten Unternehmung, also eine Behebung der schon eingetretenen Krisensituation. Besser wäre es natürlich vorbeugende Maßnahmen zu treffen, denn Krisen, abgesehen von einem gewissen "Reinigungsprozeß", sind zumeist auch mit schmerzlichen Maßnahmen verbunden. "Unabdingbare Voraussetzung für die Einleitung derartiger Krisenvermeidungsstrategien ist dabei, daß die das chaotische Verhalten erzeugenden Nichtlinearitäten und die für das Systemverhalten ausschlaggebenden Parameterkonstellationen frühzeitig bekannt sind und chaotische Entwicklungen als solche identifiziert werden können. Nur in Kenntnis der genauen Zusammenhänge lassen sich die Wirkungsweisen von Strategieänderungen zum Zwecke der Krisenabwehr mit einiger Wahrscheinlichkeit auf kurze und mittlere Sicht abschätzen." (Pinkwart 1992, S. 163 f). So mag es sowohl für den Wirtschaftswissenschafter als auch für den Praktiker unter Umständen wichtig sein, "unter welchen Bedingungen Chaos *auf keinen Fall* auftreten kann." (Lorenz 1992b, S. 254; vgl. auch Abschnitt 2.1). Diese Information wird aber verfügbar mit Hilfe der Analysemethoden der Chaostheorie.

Der weitaus größte Teil der bisherigen ökonomischen Untersuchungen und Analysen im Rahmen der Chaostheorie außerhalb der Betriebswirtschaftslehre wurde an zwei- oder dreidimensionalen Modellen durchgeführt, da diese für das mathematische Werkzeug noch zugänglich sind. Nun ist für eine möglichst realitätsnahe Modellierung eines Unternehmens oder eines Teilbereichs einer

Unternehmung in den meisten Fällen kaum anzunehmen, daß die Anzahl der wesentlichen Größen auf zwei oder drei reduziert werden kann. Für höherdimensionale Systeme ist wohl die numerische Simulation und Untersuchung des Systems der einzig gangbare Weg, Aufschlüsse über das dynamische Verhalten des Systems zu erhalten,"..., und der Ökonom tut bestimmt gut daran, den sinnvollen Umgang mit diesem Hilfsmittel zu erlernen." (Chiarella, 1992, S. 82). So hat beispielsweise die Anwendung von numerischen Methoden in der Physik zu Erkenntnissen geführt, die mit den herkömmlichen Mitteln der Modellanalyse nicht möglich gewesen wären. Die rasche Weiterentwicklung im Hard- und Softwarebereich läßt dabei außerdem den Schluß zu, daß es bald auch möglich sein wird, das dynamische Verhalten von sehr großen Systemen zu untersuchen.

Auswirkungen der Erkenntnisse der Chaostheorie sind auf der strategischen Ebene zu erwarten. Eine strategische, und damit langfristig orientierte, Planung muß fehlschlagen, wenn sich die bestimmenden Parameter in chaotischen Bereichen befinden. "When an organization is in a stable environment...then the development of formal, systematic strategic plans...may be in order. But when the environment is unstable or the organization needs a creative strategy, then strategic planning may not be the best approach to strategy formulation,..." (Mintzberg, 1976, S. 58). So sieht Mintzberg in der Strategieformulierung entgegen der voherrschenden Meinung in der Literatur einen irregulären, diskontinuierlichen Prozeß, der einer ständigen Anpassung unterworfen ist. Perioden der Stabilität wechseln sich mit Perioden erratischen Verhaltens ab. Strategie ist, so Mintzberg, das Bindeglied zwischen einem dynamischen Umfeld und einem stabilen funktionierenden System. "Strategy is the organization´s conception of how to deal with its environment for a while." (Mintzberg, 1976, S. 56). Im chaotischen Bereich reagieren die wesentlichen Größen sensitiv auf eine Änderung der Anfangswerte, kleine Fehler wirken sich stark aus. "For example, the environment does not run on planner´s five-year schedules; it may be stable for thirteen years, and then blow all to hell in the fourteenth." (Mintzberg, 1976, S. 56). Er fordert daher, vor allem in der Ausbildung mehr auf Techniken einzugehen, mit denen solche Sachverhalte berücksichtigt werden können. "In particular, greater use should be made of the powerful new skill-development techniques which are experiental and creative in nature, such role playing, the use of video-tape, behaviour laboratories, and so on. Educators need to put students into situations, wether in the field or in the simulated experience of the laboratory, where they can practice managerial skills, not only interpersonal but also informational and decisional." (Mintzberg, 1976, S. 58).

Die Ausführungen dieses Abschnitts sollten deutlich gemacht haben, daß die Betriebswirtschaftslehre von den Erkenntnissen der Chaostheorie nur profitieren kann. Es scheint daher für alle auf diesem Gebiet Tätigen angezeigt, zu überprüfen ob diese Erkenntnisse im Rahmen ihres Betätigungsfeldes nicht doch sinnvoll eingesetzt werden können, und neue Einblicke erlauben. So wollen wir diesen Abschnitt mit den Worten Medios abschließen: ".., in order to maximize their fruitfulness for economics, the new analytical as well as numerical methods of nonlinear dynamics must become part of the standard tool-box of economic theorists. This will permit economists to pursue a greater degree of independence from mathematicians and the physical scientists, creatively adapting mathematical tools to their models rather than vice versa." (Medio, 1992, S. 24).

3. Eine betriebswirtschaftliche Chaos- Fallstudie

Die Ausführungen des vorigen Kapitels, insbesondere des letzten Abschnitts haben klar gemacht, daß eine Anwendung der Chaostheorie auf betriebswirtschaftliche Fragestellungen, alleine aufgrund der aufgezeigten Parallelitäten angezeigt ist. Die Investition, die wohl jeder Betriebswirt tätigen müßte, um mit dem Vokabular und den Methoden vertraut zu werden, könnte sich demnach lohnen. In diesem Kapitel wollen wir unser bisheriges Wissen noch etwas erweitern, und anhand eines Modells, das den Charakter einer Fallstudie hat, eine Anwendung der Chaostheorie auf eine konkrete betriebswirtschaftliche Fragestellung zeigen. Dieses Modell soll

- die Entwicklung einer Unternehmung im Zeitablauf wiedergeben,
- wobei besonders auf die Forschungs- und Entwicklungsaktivität
- und auf den Einfluß der Entscheidungsträger aufgrund des tatsächlichen Entscheidungsverhaltens Bezug genommen werden soll.

Wie noch auszuführen sein wird, haben sowohl die Aktivitäten der Unternehmung im F&E-Bereich als auch die Entscheidungen der Unternehmensleitung einen erheblichen Einfluß auf die Unternehmensentwicklung. Wir wollen versuchen, die bestimmenden Beziehungen mit Hilfe eines nichtlinearen, deterministischen Systems zu erfassen, um später das dynamische Verhalten dieses Systems einer Analyse zu unterziehen.

In den nachfolgenden Abschnitten wollen wir zuerst die betriebswirtschaftlichen Grundlagen erarbeiten, auf deren Basis das Modell erstellt wird. Dazu müssen wir zunächst klären, was unter Unternehmensentwicklung zu verstehen ist, wie die Entwicklung von Unternehmen (idealisiert) abläuft, welche Beziehungen zwischen Unternehmensentwicklung und F&E-Tätigkeit herrscht, und wie das Entscheidungsverhalten der Entscheidungsträger modellmäßig berücksichtigt werden kann.

3.1. Die Entwicklung von Unternehmen

Die Entwicklung einer Unternehmung ist ein dynamischer Prozeß. Unternehmen sind also nicht als statische Gebilde zu betrachten, sondern unterliegen einer ständigen Veränderung im Zeitablauf. Die Unternehmensentwicklung umfasst dabei langfristige positive und negative Größenänderungen von Unternehmen.

Die positiven Änderungen der Unternehmensgröße sind das Unternehmenswachstum, welches durch die langfristige positive Veränderung eines Präferenzmaßes gekennzeichnet wird (Brockhoff, 1980). Als Präferenz- oder Wachstumsmaß können dabei grundsätzlich Größen wie Umsatz, Anlagevermögen, Beschäftigtenzahl, Bilanzsumme, usw. in Frage kommen (Kieser, 1976), wobei der Umsatz als praktisches Wachstumsmaß vorherrscht (Brockhoff, 1974).

Bleibt, im Gegensatz zum Unternehmenswachstum, die die Unternehmensentwicklung beschreibende und ausgewählte Maßzahl gleich oder wird sie sogar kleiner, wird von Stagnation bzw. von Schrumpfung (dieser Maßzahl) gesprochen (Lücke, 1982).

Unternehmenswachstum ist kein zufälliger Prozeß, sondern wird von der Unternehmensleitung angestrebt, wobei sich für diese Zielsetzung zumindest folgende Motive unterscheiden lassen (siehe auch Bea, 1982):

- Gewinnsteigerung

- Erhöhung der Stabilität, weil die wachsenden Ansprüche relevanter Gruppen leichter befriedigt werden können, und so Konflikte vermieden werden.

- Höhere Überlebenschance der Unternehmung durch besseres Know-How, größere Erfahrung und besseren Zugang zu Finanzierungsquellen (v.a. Banken).

Ob nun als Strategie das Wachstum durch Eigenaktivitäten der Unternehmung, Wachstum durch Fremdbezug (z.B. Kauf von Lizenzen), Wachstum durch Kooperation mit anderen Unternehmen, oder die Strategie des externen Wachstums (ein bestehendes oder ein anderes selbständiges Unternehmen wird angegliedert) gewählt wird, hängt von den jeweiligen Gegebenheiten (gesamtwirtschaftliche Daten, Rechtsordnung, Marktpartner, betriebsindividuelle Begrenzungen, insbesondere den Finanzierungsmöglichkeiten) ab. In neuerer Zeit wird es für große Unternehmen, verstanden als gereifte und teilweise unflexible Unternehmen immer interessanter, eine Wachstums- und Diversifikationsstrategie zum Eintritt in neue Märkte zu verfolgen, indem sie Minderheitsbeteiligungen an oft noch jüngeren, in jedem Fall aber innovativen Unternehmen erwerben. Diese Strategie der Unternehmensentwicklung in den innovativen Bereich wird als Venture Management, genauer externes Venture Management, bezeichnet (Roski und Dietz, 1988). Unter den internen Wachstumsstrategien nimmt die *horizontale Diversifikation* aufgrund eigener F&E-Tätigkeit der Unternehmen eine zentrale Stellung ein. Als Begründung hiefür möge gelten, daß dieses Instrument eine Möglichkeit bietet, die sicher auftretende Marktsättigung zu überwinden. Die Sättigung der Märkte wird sich irgendwann aufgrund des Wandels der Bedürfnisse einstellen und schließlich keinen Absatz mehr ermöglichen (vgl. auch Brockhoff, 1974). So ist auch die dominierende Strategievariable der meisten Simulationsmodelle des Wachstums die Produktinnovation, bzw. die der Innovation vorgelagerte Forschung und Entwicklung (vgl. Kieser, 1976). Ein oft geäußerter Kritikpunkt an den Simulationsmodellen ist, daß die Zusammenhänge im Modell nicht empirisch belegt sind.

In den Modellen der Ermittlung der optimalen Betriebsgröße, die Partialmodelle des Unternehmenswachstums sind, wird die tendenziell gegebene (Stück-)Kostendegression im Zusammenhang mit Einflüssen von anderen Unternehmensbereichen gesehen. Dabei zählen zu den economies of scale:

- Im Beschaffungsbereich wirkt sich Unternehmenswachstum durch die stärkere Machtposition des Unternehmens positiv aus, und resultiert in Preisvorteilen durch bessere Konditionen und Rabatte.

- Im Absatzbereich ergeben sich Vorteile bei den Distributions- und den Werbekosten, sowie durch eine Streuung des Unternehmensrisikos.

- Im Finanzbereich ergeben sich Vorteile bei der Finanzmittelbeschaffung aufgrund des höheren Vertrauens der Banken und Eigenkapitalgeber in Großunternehmen. Außerdem stehen ihnen weitere Finanzierungsformen, wie z.B. Aktienemmisionen, zur Verfügung.

- Im Organisationsbereich ergeben sich Vorteile durch einen höheren Spezialisierungsgrad.

Jedoch ergeben sich bei wachsenden Unternehmen auch kostenerhöhende Faktoren in den verschiedenen Bereichen (diseconomies of scale):

- Im Beschaffungsbereich steigende Personalkosten (etwa bei mitbestimmungspflichtigen Unternehmen).

- Im Absatzbereich durch steigende Marktwiderstände.

- Vor allem im Organisationbereich durch "mangelnde Führungskapazitäten und Schwierigkeiten des Managements bei der Bewältigung der im Zuge des Unternehmenswachstums steigenden Anforderungen (hinsichtlich der Delegation von Managementaufgaben, der Informationsverarbeitung, insbesondere bei der Koordination der Unternehmensbereiche, sowie der Effizienzkontrolle der Organisation)...", (Bea 1982, S. 453).

Aus dieser gegenläufigen Entwicklung ergibt sich nun ein u-förmiger Durchschnittskostenverlauf, wobei im Minimum die optimale Betriebsgröße zu finden ist. Diese Hypothese konnte jedoch durch empirische Untersuchungen bisher nicht belegt werden (Bea, 1982).

Im Gegensatz zum biologischen Wachstum, das einem Wachstumsgesetz folgt, ist das Unternehmenswachstum dispositionsbestimmt, d.h. nur die Aktivitäten der Geschäftsleitung können Wachstum auslösen. Damit wird klar, "..daß der Prozeß der Unternehmensentwicklung wesentlich durch die Entscheidungen der Unternehmensführung beeinflußt wird. In diesem Sinn entscheidet letztendlich auch die Kapazität des Managements (...) über den Ausgang von Unternehmenskrisen." (Pinkwart, 1992, S. 15 f, vgl. auch Krystek, 1987). In einer empirischen Untersuchung (50 Erfolg- und Mißerfolgsfälle in den 80er Jahren) findet Krüger (1988) als Mißerfolgskomponente personelle Mängel im Managementbereich bei fast der Hälfte aller untersuchten Unternehmen. Hier wird schon der erste Zusammenhang, nämlich der Einfluß der Entscheidungsträger auf die Entwicklung der Unternehmung deutlich, der im Modell berücksichtigt werden soll.

Wachstumshemmnisse können entstehen, wenn bestimmte Einflußgrößen nicht mitwachsen. Kann beispielsweise der zur Verfügung stehende Platz in den Produktionshallen nicht gesteigert werden, ist bei vollständig ausgenutzten Platzverhältnissen die multiple Erweiterung der Aggregate unmöglich und das Wachstum der Produktionsmenge bricht bei einer bestimmten Kapazität ab. Genauso kann eine geringere Absatzerwartung, die Bereitschaft des Managements zur

Risikotragung, und eine zu geringe Eigenkapitalausstattung das Wachstum (des betrachteten Bereichs) bremsen. Unternehmensintern oder im Umfeld der Unternehmung werden also solche Wachstumsschranken wirksam (Brockhoff, 1980). Dabei läßt sich eine Wachstumsschranke oder -schwelle charakterisieren als Datenkonstellation, "...in der Wachstum auslösende Strukturentscheidungen erforderlich sind. Sind grundlegende Strukturentscheidungen notwendig, so wird die Wachstumsschwelle als kritisch bezeichnet." (Szyperski, 1976, S. 368). Grundsätzlich können solche Wachstumsschranken aber überwunden werden. So kann beispielsweise eine unternehmensextern existierende Nachfrageschranke durch den Einsatz absatzpolitischer Instrumente verändert werden (Brockhoff, 1980).

Die Existenz dieser Wachstumsschwellen läßt erkennen, warum für die Unternehmen kein kontinuierliches, sondern ein schubweises Wachstum auftritt. Einmal an einer Wachstumsschwelle angelangt, gerät die Unternehmung in eine Wachstumskrise. "Wachstumskrisen sind gekennzeichnet durch ein deutlich niedrigeres Wachstum der Unternehmen, das heißt ein Absinken der bisherigen Wachstumsrate in Verbindung mit einer verschlechterten Erfolgssituation." (Albach et al., 1984, S. 779). Nun liegt es an der Unternehmensleitung, Strukturveränderungen anzustreben oder spezielle Wachstumsinstrumente einzusetzen, um die Wachstumsschwelle zu überwinden. Beispielsweise läßt sich eine Nachfrageschranke durch Einführung neuer Produkte überwinden, die das Ergebnis der unternehmenseigenen Forschungs- und Entwicklungsabteilung sind. Damit ist auch der zweite Zusammenhang des Modells zwischen der Forschungs- und Entwicklungsaktivität einer Unternehmung und der Unternehmensentwicklung hergestellt. Die Forschung und Entwicklung von Unternehmen ist ein Instrument der unternehmerischen Wachstumspolitik und kann Strukturwandlungen auslösen. Weiters kommt ihr hervorragende Bedeutung für eine entsprechende Marktversorgung als Instrument der Wettbewerbspolitik zu. Damit wird über die Möglichkeit des unternehmerischen Überlebens entschieden. Klarerweise ist bei der Neueinführung von Produkten bzw. bei der Überwindung der Nachfrageschranken zu berücksichtigen, ob auf höherem Wachstumsniveau andere Schranken restriktiv werden können (beispielsweise Liquiditätsschranken).

Albach et al. (1984) identifizieren als Unternehmen in der Wachstumskrise, welche durch eine kritische Wachstumsschwelle ausgelöst wird, solche mit hohem Wachstumspotential und mit akut verschlechterter Wachstums- und Rentabilitätsposition. Wächst die Unternehmung, so gilt es Anpassungen des Führungsstils, der Organisation und der Finanzierung durchzuführen. Werden

Änderungen wie Anpassung der Organisationsstruktur, die Entwicklung neuer Produkte und die Verbesserung der Kapitalstruktur unterlassen, so ergeben sich strukturelle Schwierigkeiten und ein neuer Wachstumspfad kann nicht erreicht werden (Albach et al., 1984).

Änderungen im Führungsstil und in der Organisationsstruktur sind notwendig, da bei wachsenden Unternehmen die Komplexität der Führungsaufgabe zunimmt, und eine "Ein-Mann-Herrschaft" aufgrund der Überlastung des Unternehmers zu Führungsfehlern führt. Die personale Führung muß durch eine formale ersetzt werden, die Kommunikation an hierarchischen Systemen ausgerichtet werden, und die Unterstützung durch Planungs- und Kontrollsysteme gewährleistet sein. Gelingt dieser Übergang, so nimmt (leider) oft aufgrund dieses Trends die Spontaneität ab, das wirtschaftsbürokratische Verhalten wächst, und wird begleitet durch Risikoscheu und abnehmendes individuelles Engagement, was zu weiteren Problemen der Unternehmung führen kann. Dem Zusammenhang von Unternehmensentwicklung, Organisationsstruktur und Entscheidungsverhalten soll später noch genauer nachgegangen werden.

3.2. Forschungs- und Entwicklungsaktivität und Innovation

Unter dem Begriff *Forschung und Entwicklung* (F&E) sind Aktivitäten zu verstehen, die darauf gerichtet sind, neue wissenschaftliche und technische Erkenntnisse zu gewinnen und diese Erkenntnisse in neuartige Anwendungen umzusetzen. Wir wollen hier diesen Begriff nur für jene Tätigkeiten gebrauchen, die auf die Gewinnung neuer Erkenntnisse und deren Umsetzung in neue Produkte oder Verfahren als auch deren wirtschaftliche Nutzung gerichtet ist.

Forschung und Entwicklung ist für viele Unternehmen der heutigen Zeit ein zentraler Bestandteil ihrer Wettbewerbspolitik geworden. So ist in vielen Branchen "... die laufende Entwicklung und Einführung neuer Produkte Voraussetzung für die langfristige Markt- und Unternehmenssicherung." (Scheuch und Holzmüller, 1983, S. 225 f). Die Ursachen dafür sind vor allem in den immer kürzer werdenden Produktlebenszyklen und im steigenden ökologischen Bewußtsein der Konsumenten zu suchen. Vieles deutet darauf hin, daß dieser Trend auch in Zukunft anhalten wird. Die Aktivität einer Unternehmung im Forschungs- und Entwicklungsbereich ist daher zu einem zentralen Erfolgsfaktor geworden, weil hier die Nutzen- bzw. Erfolgspotentiale der Zukunft geschaffen werden, wobei diese Entwicklung durch ständig steigende F&E-Ausgaben der Unternehmen noch unterstrichen wird. Die zunehmende Bedeutung der F&E läßt sich auch an den Produktionsprogrammen erkennen, deren Neuproduktanteil stetig zunimmt. Dies gilt insbesondere für die Wirtschaftsbereiche Elektroindustrie, Kommunikationsindustrie, chemische Industrie, Spezialmaschinenbau und Fahrzeugbau (vgl. Arbeitskreis Unternehmensplanung, 1986).

In Verbindung mit der enormen Bedeutung der F&E-Tätigkeit einer Unternehmung ist aber auch das inhärente Erfolgsrisiko zu sehen. Dieses Risiko ist technischer Natur (keine erfolgreiche technische Neuentwicklung gelingt) und/oder wirtschaftlicher Natur (es gelingt zwar die technische Realisation, diese findet aber aufgrund des fehlenden Bedarfs keine Abnehmer), wobei das Marktrisiko wesentlich höher ist (Stockbauer, 1989). Nur ein ganz geringer Prozentsatz der entwickelten Produkte führt tatsächlich zu erfolgreichen Produkten auf dem Markt (siehe z.B. Meffert, 1986). Aus betriebswirtschaftlicher Sicht ist eine Neueinführung erst dann erfolgreich, wenn es der Unternehmung gelingt, die neue Technologie oder das neue Produkt am Markt durchzusetzen. Die Bedeutung einer engen Zusammenarbeit zwischen F&E und Marketing bei der Innovationsdurchsetzung wird hier deutlich. Unterstrichen wird dies noch zusätzlich dadurch, daß etwa 60-80% der Innovationsideen von den Kunden, also vom Markt her, kommen (Sommerlatte, 1988). An der Schnittstelle von Marketing und F&E kommt der klassische Gegensatz zwischen Technik und Betriebswirtschaftslehre am deutlichsten heraus, und hat bei Nichtbeachtung negative Folgen. Weder eine rein technische Ausrichtung, noch eine auschließliche Orientierung an den Gegebenheiten des Marktes (Kundenbedürfnisse und Kaufverhalten) wird der Forderung nach einer innovativen Unternehmensführung gerecht. Beide Bereiche sollen integrativ zur Sicherung des langfristigen Innovationspotentials beitragen. Das Marketing soll dabei Information über die Bedürfnisse der Kunden an die F&E-Abteilung weiterleiten, andererseits muß auch laufend überprüft werden, ob die Ergebnisse der F&E-Abteilung den Kundenwünschen entsprechen.

Die Intensität mit der F&E in verschiedenen Unternehmen und Branchen betrieben wird, ist sehr unterschiedlich. So betragen in manchen Unternehmen die F&E-Aufwendungen mehr als 10% des Umsatzes, während andere Unternehmen selbst keine F&E betreiben. Auch zwischen den Industriezweigen sind die Unterschiede erheblich. So gibt es Branchen, die so außerordentlich F&E-intensiv sind, daß hier Zusammenschlüsse zu F&E-Gemeinschaften gebildet werden, um die notwendigen finanziellen Mittel bereitstellen zu können (vgl. Strebel, 1983).

Die Schaffung von Erfolgspotentialen durch F&E stellt eine Vorsteuergröße für den Gewinn dar (so wie der Gewinn für die Liquidität). Sie schafft also beste Voraussetzung, aber ist keinesfalls Garantie für eine Gewinnerzielung. Die Erzielung von Gewinnen schafft aber die besten Voraussetzungen, um den Fortbestand des Unternehmens nicht zu gefährden. Kapitalgesellschaften werden nicht wegen Überschuldung in den Konkurs geführt und außerdem wird das Risiko der Zahlungsunfähigkeit minimiert.

Die Schaffung von Erfolgspotentialen nimmt aber einige Zeit in Anspruch, sodaß eine Reaktion auf schlechte Ergebnisse meist zu spät erfolgt. Die Schlüsselrolle um Probleme solcher Art zu lösen, wird in strategischen Entscheidungen gesehen. Durch sie sollen Erfolgspotentiale (d.h. Erfolgschancen) geschaffen werden, die durch operative Entscheidungen bestmöglich genutzt werden. Erst die operative Umsetzung der in der strategischen Planung festgelegten Richtlinien bringt den Erfolg. Hier ist aber auch eine gewisse Polarität zwischen strategischen und operativen Entscheidungen zu beachten, denn strategische Entscheidungen (Schaffung von Potentialen) binden Geldmittel in der Gegenwart, die den operativen Maßnahmen (Gewinnabschöpfung) dann nicht zur Verfügung stehen. Demgemäß bedeuten erstgenannte Aktivitäten einen bewußten Verzicht auf gegenwärtig erzielbare Gewinne, und sind als Opportunitätskosten zu werten. Diese Opportunitätskosten müssen durch die zukünftigen Gewinne der in der Gegenwart vorbereiteten Erfolgschancen übertroffen werden. Letzendlich dürfen aber Potentiale auch nicht durch kurzfristig ausgelegte Gewinnpolitik "ausgehöhlt" werden.

Eine üblicherweise gebrauchte Unterscheidung der F&E-Aktivitäten ist die folgende:

- Grundlagenforschung
- Angewandte Forschung
- Entwicklung.

Der Prozeßcharakter kommt in gewisser Weise darin zum Ausdruck, daß idealtypisch die Ergebnisse des einen Bereichs den Ausgangspunkt für die Aktivität im nächsten bilden (können). Zwischen den einzelnen Phasen wird in der Praxis jedoch nur selten unterschieden und undifferenziert von "Forschung und Entwicklung" gesprochen (Stockbauer, 1989).

Eng verknüpft mit dem Begriff der F&E ist der der Innovation. Ziel der F&E-Tätigkeit als Teil des Innovationsprozesses ist das Hervorbringen einer Innovation, deren Nutzung zum Erreichen der Unternehmensziele beiträgt, und damit hier auf unternehmerische Sachverhalte eingegrenzt wird, wobei die Neuheit aus der Sicht der Unternehmung hier im Vordergrund steht. Innovation bedeutet Neuerung, d.h. daß nicht auf Erfahrungen zurückgegriffen werden kann und somit ein gewisses Risiko in Kauf genommen werden muß. Innovationen können auch extern durchgeführt werden. Externe Innovationen entstehen außerhalb der Unternehmung (erste Entwicklungsschritte bis zur Prototyperstellung), werden aber in der Unternehmung aufgegriffen, weiterentwickelt und am Markt eingeführt. Eine Schwierigkeit die mit einer solchen Vorgehensweise verbunden ist, ist der *Not-Invented-Here-Effekt*. Dieser Effekt bewirkt, daß sich die Entwicklungsabteilungen oft gegen die Übernahme fremder Ergebnisse sträuben und erst überzeugt werden müssen, was Zeit und Geld kostet (Albach et al., 1991).

Eine Innovation kann als Produktinnovation, Prozeßinnovation, oder Sozialinnovation auftreten. Unter Produktinnovation sind neue (oder verbesserte) Produkte oder Dienstleistungen zu verstehen. Mit Prozeßinnovation wird eine Änderung im Prozeß der Leistungserstellung, d.s. geänderte Produktionsverfahren, Planungsverfahren, Qualitätskontrollen, usw. bezeichnet. Die Sozialinnovation betrifft Neuerungen im Humanbereich von Unternehmen, d.s. geänderte Anreizsysteme, Führungskonzeptionen, usw. Die einzelnen Innovationsarten sind jedoch keineswegs unabhängig, sondern häufig ist das Auftreten zweier Arten miteinander verbunden (siehe Stockbauer, 1989).

Nach der Intensität der Abweichung von den bisher gebräuchlichen Produkten und Verfahren lassen sich grob Basisinnovationen und Verbesserungsinnovationen unterscheiden. Basisinnovationen stellen weitreichende Neuerungen dar, Verbesserungsinnovationen hingegen nur Weiterentwicklungen von bestehenden, bereits vorhandenen Produkten und Verfahren.

Die Aktivitäten im F&E-Bereich werden erst dann zu Innovationen, wenn sie innerhalb (Verfahrens- oder Sozialinnovation) oder außerhalb (Produktinnovation) der Unternehmung genutzt werden. So macht erst das Zusammentreffen einer latenten Nachfrage und einer bedeutsamen Neuerung auf dem Produktsektor eine Neuentdeckung für das Unternehmen wertvoll. An die Anstrengungen im F&E-Bereich reihen sich somit Maßnahmen im Marketing- und Produktionsbereich. Dabei besteht die betriebswirtschaftliche Aufgabe nicht darin, einen sequentiell ablaufenden Prozeß (erst F&E, dann Produktion, dann Vertrieb), sondern vielmehr einen vielfach vernetzten Ablauf zu steuern. Eine unbedingte Forderung an die F&E-Abteilung ist, sowohl die Produktion, als auch Marketing und Vertrieb rechtzeitig auf Neuprodukte aufmerksam zu machen, um den Abteilungen die Gelegenheit zu geben, die Markteinführung vorzubereiten (vgl. Sommerlatte, 1988).

Unbestritten ist die Bedeutung der F&E-Aktivität zur Sicherung und Verbesserung der Marktposition. Angemerkt werden muß jedoch, daß F&E und zugewiesene Mittel zwar notwendige (im Sinne von günstige Vorraussetzungen schaffende) Bedingungen liefern, jedoch keineswegs hinreichende. Auch hohe zugewiesene Mittel in den F&E-Bereich führen nur zu zählbaren Ergebnissen, wenn im wirtschaftlichen Sinn erfolgreiche Potentiale geschaffen werden. Außerdem spielt der Faktor Zeit bei den immer kürzer werdenden Produktlebenszyklen eine entscheidende Rolle. Auftretende Verzögerungen bei der Durchführung von F&E-Projekten, und damit bei deren Vermarktung haben negative Auswirkungen auf die Innovationsfähigkeit, und damit auf die Unternehmensentwicklung. Der Grund ist darin zu suchen, daß bei kürzer werdenden Lebenszyklen der Produkte die Zeit in der F&E-Aufwendungen amortisiert werden können abnimmt. Kommt es nun noch zu Verzögerungen bei deren Einführung am Markt, so erhöhen sich nicht nur die F&E-Aufwendungen, sondern zusätzlich verkürzt sich auch die Zeitspanne der Amortisation. Insbesondere sinkt das Ertragspotential, wenn sich aufgrund immer größer werdender Konkurrenz ein Preiskampf entwickelt.

Fehlgeschlagene F&E-Projekte wirken aber einerseits aufgrund der verlorengegangenen investierten Mittel und andererseits aufgrund der fehlenden Erfolgspotentiale in der Zukunft negativ auf die Unternehmensentwicklung ein. Die Ursachen für das Fehlschlagen sind zum Teil bei den, dem F&E-Prozeß immanenten Quellen, aber auch beim Management zu suchen (Stockbauer, 1989). Die letztgenannte Ursache für das Scheitern einer Innovation besteht darin, die betriebswirtschaftliche Seite des Innovationsprozesses zu wenig zu beachten. Grundsätzlich wäre dieses Risiko aber beherrschbar, was dazu führt für den F&E-Bereich eigene Controlling-Stellen einzurichten (siehe z.B. Stockbauer, 1989). Das Risiko der fehlenden Erfolgspotentiale kommt dadurch zum Ausdruck, daß sich aufgrund einer hohen Mißerfolgsrate bei der Neuentwicklung eine Überalterung in der Sortimentsstruktur ergibt, die sich aber erst zeitversetzt auf die Unternehmensentwicklung auswirkt, und deshalb in der Praxis wohl kaum beachtet wird. Strategische Überlegungen werden hier wohl meist durch das operative Geschäft überlagert, obwohl Fehler dieser Art wohl kaum, zumindest kurzfristig zu lösen sind, und zu schwerwiegenden Unternehmenskrisen führen können. Vor allem bei

Kleinbetrieben, bei denen ein natürlicher Risikoausgleich aufgrund einer Vielzahl von Projekten gegeben ist, wirkt sich ein Fehlschlagen fatal aus und kann die Existenz des Unternehmens in oben beschriebener Weise gefährden.

Wie zuvor angeführt, hat die F&E-Aktivität der Unternehmen einen erheblichen Einfluß auf die Unternehmensentwicklung. Wir wollen nun der Frage nachgehen, ob Unternehmen mit einer erhöhten F&E-Intensität, d.h. erhöhten F&E-Aufwendungen (bezogen auf den Umsatz), auch die erfolgreicheren sind. Erschwerend für eine genauere Analyse ist die Tatsache, daß F&E-Aufwendungen in den Jahresabschlüssen der Unternehmen nicht explizit ausgewiesen sind, sondern es sind Personalaufwendungen, Abschreibungen, Zinsen, und andere Aufwendungen aller Abteilungen nur saldiert wiedergegeben. Um eine gewisse Transparenz in die F&E-Aktivitäten der Unternehmen zu bringen, sind nach der Rechnungslegungsreform in Österreich ab dem Jahr 1992 Kapitalgesellschaften verpflichtet, im Lagebericht, der neben dem Jahresabschluß zu erstellen ist, insbesondere auf den Bereich Forschung und Entwicklung einzugehen (§ 243 Abs 2 HGB). Der Gesetzgeber scheint also Interesse am Ausweis dieser Größen zu haben, insbesondere um die Förderungswürdigkeit der Unternehmen prüfen zu können. Weiters werden Aufwendungen des F&E-Bereichs autonom durch die oberste Unternehmensleitung festgelegt, und erst zeitverschoben umsatz- und ergebniswirksam (siehe Arbeitskreis Unternehmensplanung, 1986). Um die Zusammenhänge transparent zu machen, seien nachfolgend einige empirische Untersuchungen angeführt.

In einer schon weiter zurückliegenden Studie geht Brockhoff (1964) der Frage nach, inwieweit die Höhe des Forschungsaufwandes den erzielten Erfolg beeinflußt. Zwei interessante Ergebnisse aus dieser Untersuchung seien angeführt.

So findet Brockhoff im untersuchten Zahlenmaterial Hinweise für einen quadratischen Zusammenhang zwischen den absoluten Änderungen des Umsatzes und den absoluten Änderungen in den Forschungsaufwendungen. Kleine Umsatzsteigerungen führen ebenso wie sehr große zu hohen Änderungen in den F&E-Ausgaben. Die Existenz einer solchen nichtlinearen Beziehung kann durch folgende Überlegung motiviert werden: Steigen die Umsätze nur wenig, so wird eventuell das Anspruchsniveau der Umsatzsteigerungen unterschritten und die F&E-Aufwendungen stark erhöht, um das Anspruchsniveau wieder zu erreichen. Ist der Umsatzzuwachs sehr groß, sind ausreichend Geldmittel vorhanden um die F&E zu forcieren, damit die einmal erreichte Umsatzhöhe nicht unterschritten wird (Brockhoff, 1964).

Bockhoff findet weiters durch das Zahlenmaterial Hinweise auf eine (lineare) Abhängigkeit des Forschungsbudgets von der Höhe des Umsatzes und nicht umgekehrt, die F&E-Aufwendungen als taktische Variable zur Erzielung eines gewünschten Umsatzes. Ganz offensichtlich ist jedoch ein positiver Zusammenhang zwischen den beiden Größen.

In der PIMS-Studie (Schoeffler et al., 1974) wird der Unternehmenserfolg anhand der Größe *Return on Investment* (ROI) gemessen. Die Studie ergab, daß entsprechende Aussagen nicht losgelöst vom Marktanteil der Unternehmung gemacht werden können. So erzielen Unternehmen mit einem hohen Marktanteil und gleichzeitig hohen F&E-Aufwendungen (mehr als 3% vom Umsatz) einen durchschnittlichen ROI von 26,3%, Unternehmen mit gleich hohen F&E-Ausgaben aber einem geringeren Marktanteil nur noch einen durchschnittlichen ROI von 4,9%. Für Unternehmen mit einem geringen Marktanteil wirken sich hohe F&E-Ausgaben negativ, bei hohem Marktanteil positiv aus. Da die Untersuchung auf Daten von Großunternehmen basiert, scheint die Übertragung auf Klein- und Mittelbetriebe problematisch (vgl. Stockbauer, 1989). Obige Ergebnisse werden insofern relativiert, als dieser Zusammenhang nur vorübergehend gegeben sein kann. Der belastende Effekt der F&E-Ausgaben könnte später, wenn es gelungen ist Neuprodukte einzuführen, kompensiert werden, die daraus resultierenden Marktanteilsgewinne würden dann eine Verbesserung des ROI bringen.

Nach einer Untersuchung von Poensgen und Hort (1983) sind der Unternehmenserfolg gemessen an der Gesamtkapitalrendite und die F&E-Intensität eindeutig positiv korreliert. Dieses Ergebnis gilt gleichermaßen für große und kleine Unternehmen und auch für wenig F&E-intensive Branchen, also unabhängig von Unternehmensgröße und Branchenzugehörigkeit. Weiters finden die Autoren im untersuchten Zahlenmaterial einen linearen Zusammenhang zwischen F&E-Aufwand und Umsatz. Wichtig erscheinen auch die Erkenntnisse dieser Untersuchung, die die Kausalitätsbeziehung zwischen Rendite und F&E-Intensität betreffen. So ist die Kausalitätsbeziehung der Art, daß hohe F&E-Aufwendungen die Chance mit sich bringen eine hohe Rendite zu erzielen, und nicht die umgekehrte Beziehung dominiert, daß sich nämlich gutgehende Unternehmen F&E leisten können. Die Kausalitätsrichtung F&E-Aufwand → Rendite wird daher für die dominierende erachtet.

Ein positiver Zusammenhang zwischen F&E-Aufwand und dem Unternehmenserfolg scheint nach den empirischen Untersuchungen gegeben zu sein. So sieht auch Zanger (1991) in der Sanierung des Produktionsprogramms ein zentrales Problem in vielen Unternehmen im Zusammenhang mit der krisenhaften Entwicklung. Die erfolgreiche Erneuerung des Produktprogramms ist als ein wichtiger Faktor für einen positiven Verlauf der Unternehmenskrise zu sehen: "... es kann auf längere Sicht einen echten Sanierungerfolg für das Unternehmen nur geben, wenn die notwendigen strategischen Erfolgspotentiale im Unternehmen geschaffen werden, d.h. Innovationsentscheidungen getroffen werden." (Zanger 1991, S. 995).

Produkte sind als Ergebnis der Tätigkeit des gesamten Unternehmens zu betrachten, beginnend mit F&E, über die Produktion bis zum Vertrieb (Marketing) und zum Management. Typische Probleme des Produktionsbereichs in einer Krise sind ein überaltertes Produktionsprogramm (eklatanter Mangel an neuen Podukten und F&E-Potential), ein fehlendes Konzept durch wenig Marktinformation, und zu geringe finanzielle Mittel, um in Zeiten kürzerer Lebenszyklen für die Erneuerung des Produktionsprogramms zu sorgen. "Betrachtet man nun am Markt besonders erfolgreiche Unternehmen und versucht, hinter das Geheimnis ihres Erfolgs zu kommen, so liegt die Ursache recht oft in ihrer Produktpolitik begründet." (Zanger, 1991, S. 990).

3.3. Das Lebenszykluskonzept

Der Lebenszyklus beschreibt die qualitativen und quantitativen Veränderungen eines Objekts (Mensch, Produkt, Technologie, Unternehmen) im Zeitablauf, wobei mehrere Lebensphasen durchlaufen werden. So können beim Menschen beispielsweise Embryonal-, Säuglings-, Kindheits-, Jugend-, Erwachsenen- und Altersstadium identifiziert werden. Der Entwicklungsprozeß des Organismus wird dabei von außen, aber auch von Kräften innerhalb des Organismus beeinflußt.

3.3.1. Der Produktlebenszyklus

Eine der wohl bekanntesten Anwendungen des obigen Prinzips ist der Produktlebenszyklus. Er stellt eine zeitbezogene Marktreaktionsfunktion dar, und schafft eine Verbindung zwischen der F&E-Tätigkeit der Unternehmung und der Wettbewerbsseite. In diesem Konzept wird ein Entstehungszyklus und ein

Marktzyklus unterschieden, wobei hier nur auf letzteren eingegangen werden soll. Für eine Ausführung zum Entstehungszyklus sei verwiesen auf Höft (1992).

Der Produktlebenszyklus beschreibt den Prozeß des Werden und Vergehens eines Produkts, wobei idealtypisch im Zeitablauf die Einführungsphase, die Wachstumsphase, die Reifephase, die Sättigungsphase und die Degenerationsphase durchlaufen werden. Den Verlauf der Größen Umsatz[7] und Gewinn im Zeitablauf in diesen Phasen zeigt Abbildung 3.1.

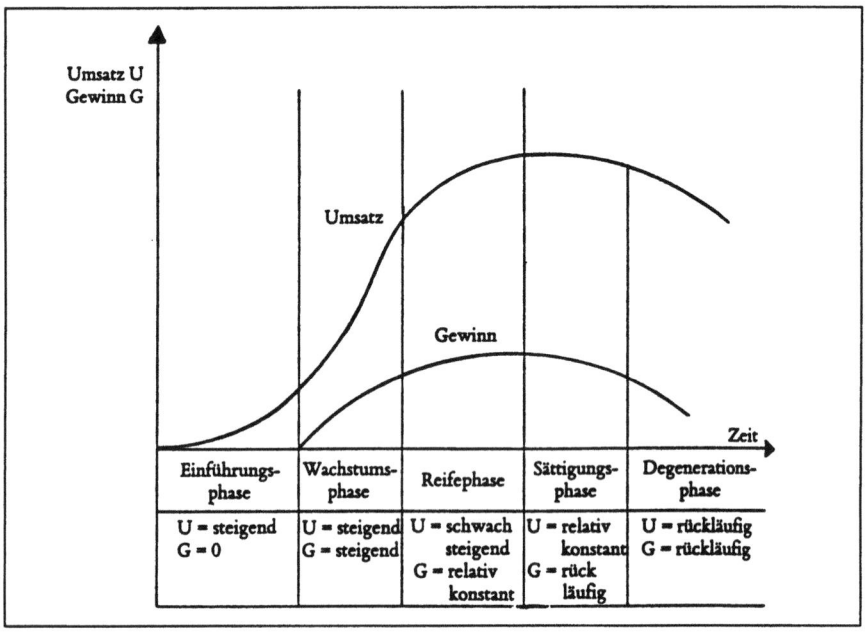

Abb. 3.1: Produktlebenszyklus, entnommen aus Wöhe (1984)

In der Einführungsphase muß versucht werden, die latente Nachfrage durch optimalen Einsatz werbepolitischer Maßnahmen zu aktivieren. Der Umsatz steigt in dieser Phase nur langsam, aufgrund eines Überhangs des Vertriebsaufwands resultiert zumeist ein Verlust. Preispolitisch bieten sich zwei Strategien an, die

---

[7] Anstelle des (wertmäßigen) Umsatzes wird oft der (mengenmäßige) Absatz als Maßzahl gewählt. Dies ist insofern von Bedeutung, als der Umsatz durch preispolitische Maßnahmen die tatsächliche Entwicklung oft nur verzerrt wiedergeben kann.

Politik der *Penetrations-* und die der *Skimmingpreise*. Bei ersterer werden stabile Niedrigpreise angesetzt, um einen Massenmarkt zu schaffen und potentielle Konkurrenten durch niedrige Gewinnspannen zu entmutigen (Wöhe, 1984). Bei der zweitgenannten Politik, werden zunächst hohe Einführungspreise angesetzt, diese im Zeitablauf aber stufenweise reduziert. Diese Politik hat eine rasche Amortisation des eingesetzten Kapitals zur Folge, durch hohe Gewinnspannen werden aber auch potentielle Konkurrenten angelockt.

In der Wachstumsphase expandiert der Markt aufgrund der Einführungsanstrengungen sehr stark, ein hoher Umsatz ist die Folge. Wettbewerb wird über Preise und Konditionen ausgetragen. Von großer Bedeutung ist es, schon jetzt an die Einführung neuer Produkte zu denken, denn "nur mit einem sorgfältig geplanten Markterneuerungsprogramm läßt sich eine kontinuierliche Entwicklung von Gewinnen sicherstellen" (Wöhe, 1984, S. 627).

Die Reifephase ist gekennzeichnet durch weitere Expansion des Marktes bei sinkender Umsatzzuwachsrate und bei hohen Gewinnen. Der Wettbewerb ist in dieser Phase meist sehr hoch. Spätestens jetzt muß die Kontinuität der Gewinne durch Einführung eines Neuprodukts gesichert werden.

Charakteristisch für die Sättigungsphase ist die Ausschöpfung des Marktpotentials, aufgrund der zurückhaltenden Ersatznachfrage aber ein (leichter) Rückgang des Umsatzes. Stärkere Einbußen müssen nun schon bei den Gewinnspannen in Kauf genommen werden.

Die Degenerationsphase beschließt die Lebenszeit eines Produktes. Massive Einbrüche bei Umsatz und Gewinn sind verzeichnen, das Produkt muß aufgegeben werden. Es ist nun möglich, das Bedürfnis, auf dessen Befriedigung das Produkt abzielte, nun durch andere Produkte besser und billiger zu befriedigen.

Die Gründe für die Alterung eines Produktes können technischer Natur (technischer Fortschritt), wirtschaftlicher Natur (zu teure Produktionsverfahren und Materialien) oder rechtlicher Natur (Änderung der gesetzlichen Rahmenbedingungen) sein. Ebenso können veränderte Konsumgewohnheiten (z.B. Modeerscheinungen) und Änderungen im Bewußtsein der Konsumenten (z.B. gestiegenes Umweltbewußtsein) zu einer Überalterung von Produkten führen. Dabei kann die S-Form des Produkt-Lebenszyklus auch durch die anfängliche Skepsis der Abnehmer gegenüber Innovationen, und damit einer eher zögerlichen, aber im Zeitablauf immer größer werdenden Akzeptanz begründet werden. Dies führt auf ein aus der Diffusionstheorie bekanntes Resultat, nach dem die Abnehmer nach dem Zeitpunkt ihres Erstkaufes in fünf Adaptorenkategorien eingeteilt werden können: in die risikofreudigen *Innovatoren*, in die aufmerksamen *frühen Adaptoren*, in die überlegt handelnde *frühe Mehrheit*, in die skeptische *späte Mehrheit* und die konservativ eingestellten *Nachzügler* (vgl. Busse von Colbe et al., 1985). Starkes Umsatzwachstum läßt sich erzielen, wenn durch Werbung und Mund-zu-Mund-Propaganda breite Käuferschichten (über die beiden ersten Kategorien hinaus) erreicht und zum Kauf angeregt werden. Ist das Nachfragepotential erschöpft, so führt dies zum Umsatzrückgang.

In Ansätzen zur Erklärung der Unternehmensentwicklung kann (wie in Abschnitt 3.1) von den Kosten als wachstumsauslösenden Faktor ausgegangen werden. Solche eindimensionalen Erklärungsmodelle lassen sich auch im Absatzbereich finden. So kann beispielsweise aus dem Produktlebenszyklus auf die Gesamtentwicklung des Unternehmens geschlossen werden, "wenn es dem Management nicht gelingt, die Absatzstagnation (in der Sättigungsphase) durch geeignete Strategien (Produktentwicklung oder Erweiterung des Absatzprogramms durch Fremdbezug) zuvorzukommen." (Bea, 1982, S. 454). So muß sich der Umsatz, um Ertragseinbußen und finanzielle Engpässe zu vermeiden, in einem bestimmten Verhältnis auf die Phasen des Lebenszyklus verteilen. Ein ideal strukturiertes Produktionsprogramm sollte vom Umsatzbeitrag her betrachtet, wenn die Produkte nach ihrer Lebenserwartung geordnet werden, dem Verlauf des Lebenszyklus entsprechen (Meffert, 1986, S. 375 f). Die Bedeutung der F&E-Tätigkeit für die Unternehmensentwicklung wird auch deutlich, wenn der zeitliche Aspekt mitberücksichtigt wird: "Bietet ein Betrieb in einer bestimmten Planungsperiode eine bestimmte Anzahl von Produkten an und erzielt er den geplanten Gewinn, so würde sich dieser Gewinn in einer evolutorischen Wirtschaft mit Sicherheit im Zeitablauf stark reduzieren, wenn der Betrieb seine Produktarten technisch und ausstattungsmäßig über lange Zeiträume unverändert anbieten würde" (Wöhe, 1984, S. 627).

Daher ist eine permanente F&E-Tätigkeit die wichtigste Voraussetzung für ein langfristig ausgewogenes Produktionsprogramm, denn durch F&E werden die aus dem Produktionsprogramm aufgrund von Überalterung ausscheidenden Produkte durch Neuprodukte ersetzt. Um die Wettbewerbssituation eines Unternehmens zu beurteilen, ist damit auch die Betrachtung des Entstehungszyklus von Bedeutung (siehe Stockbauer, 1989).

3.3.2. Der Unternehmenslebenszyklus

Das Konzept des Lebenszyklus kann auch auf die zeitliche Entwicklung von Unternehmen übertragen werden. Dabei kann "ein besseres Verständnis der - im allgemeinen nicht-linear verlaufenden - Entwicklung von Unternehmen" erreicht, sowie "Hinweise auf eine unternehmerische Bewältigung prognostizierbarer Phasen, der Übergänge zwischen diesen Phasen und von in der Entwicklung begründeten Krisen" gewonnen werden (Pümpin und Prange, 1991). Jedoch stellt dieses Konzept für die Analyse der Entwicklung von Unternehmen aus verschiedenen Gründen kein allgemeingültiges Rezept dar:

- Für Unternehmen stellt der Tod kein vorbestimmtes Schicksal dar. Die Unternehmensleitung soll vielmehr das Eintreten dieser Alternative durch geschicktes Manövrieren verhindern.
- Die Entwicklung von Unternehmen ist reversibel in dem Sinne, daß es Aufgabe des Managements ist, das Unternehmen von Zeit zu Zeit zu revitalisieren.
- Unternehmen beeinflussen in höchstem Maße ihre Umwelt, sei es durch Wahl der Absatzmärkte, durch Wahl der Technologie oder über Innovationen.

Im Gegensatz zur vorherbestimmten Entwicklung von biologischen Organismen, ist die Entwicklung von Unternehmen gesteuert durch Entscheidungen der Unternehmensleitung. "Jede Form des Determinismus (wie er in biologischen Systemen auftritt, Anm. des Verf.) würde unserem Grundverständnis vom Unternehmen als einem auf vielfältige Weise im Inneren und mit der Umwelt vernetzten, dynamischen System widersprechen, in welchem dem Management die Aufgabe einer steten Anpassung an Veränderungen zukommt." (Pümpin und Prange, 1991, S. 43). Trotzdem lassen sich, basierend auf Beobachtungen in der Praxis, typische Entwicklungsphasen von Unternehmen identifizieren.

In der betriebswirtschaftlichen Literatur finden sich (unter anderen) zwei Richtungen in den Ansätzen zur Erklärung der Entwicklung von Unternehmen.

- Marktentwicklungsmodelle führen die Unternehmensentwicklung auf die Entwicklung der Absatzmärkte der Unternehmung zurück. Dabei orientieren sie sich vor allem daran, wie sich der Hauptmarkt der Unternehmung entwickelt. In der ersten Phase der Markteinführung wird ein teures Markteinführungsprogramm gefahren, welches Anlaufverluste bewirkt. In der Wachstumsphase steigt der Umsatz progressiv und das Unternehmen erwirtschaftet nun einen Gewinn. Dieser reicht für Expansionsbestrebungen nicht aus. In der Reifephase gehen die Wachstumsraten für Umsatz und Gewinn zurück. Jetzt befinden sich beide Größen auf dem höchsten Niveau. Das Unternehmen gerät dem Markt folgend in eine Phase der Stagnation, nach der zwei Entwicklungsrichtungen möglich sind: Erneuerung oder Niedergang. Aus der Addition der einzelnen Produkt-Lebenszyklen ergibt sich der Entwicklungsstand der Unternehmung.

- Verhaltensänderungsmodelle leiten aus bestimmten Verhaltensweisen des Managements den Entwicklungsstand des Unternehmens her. Dabei spielen der Führungstil und das Innovationsverhalten im Unternehmen die entscheidende Rolle. Quintessenz dieser Modelle ist die Zuordnung typischen Führungsverhaltens zu bestimmten Entwicklungsphasen der Unternehmung.

Wir werden versuchen, beide Richtungen in unserem Modell zu berücksichtigen.

Aus den in der Literatur angeführten behandelten Modellen der Unternehmensentwicklung können nach Pümpin und Prange (1991) folgende Kernaussagen herauskristallisiert werden:

- Die Entwicklung des Unternehmens verläuft diskontinuierlich
  Die Entwicklung von Unternehmen ist zum eine durch stabile Phasen (konstante Wachstumsraten), zum anderen durch tiefgreifende Krisen mit Strukturänderungen (Reorganisation, Absterben des Unternehmens) gekennzeichnet. Die Interpretation dieses Verlaufs mit Hilfe der Verhaltensänderungsmodelle scheint doch interessant. Es gibt im Entscheidungsverhalten der Unternehmensführung Beharrungstendenzen, den alten Weg weiter zu verfolgen und nicht neuen Prinzipien zu folgen (was ja einem Eingeständnis von Fehlern in der Vergangenheit gleichkommt). Erst wenn die kritische Veränderungsmasse so groß ist, daß "nichts mehr geht", kommt es zur Neustrukturierung.

- Krisen als Zwischen- und Endzeitpunkte der Unternehmensentwicklung
  Zu betonen ist, daß Krisen auch ein positives Potential freisetzen können. Zum Beispiel werden durch solche einschneidenden Erlebnisse die Beteiligten wachgerüttelt, und qualitative Veränderungen im Unternehmen (Restrukturierung, Änderung der Führungssysteme und des Führungsstils) beschleunigt, und bieten somit die Gelegenheit durch Beharrung aufgebaute Schwellen zu überwinden. Ist das Management nicht flexibel genug, um auf solche Änderungen zu reagieren, so kann eine mögliche Folge der Tod der

Unternehmung sein. Daher richten sich solche Überlegungen auch an die Unternehmensführung, zu "erkennen, daß ihr eigener Führungsstil und ihre bevorzugt eingesetzten Führungsinstrumente - und damit letztlich sie selbst - inzwischen zum Problem geworden sind." (Pümpin und Prange, 1991, S. 81).

- Unternehmen reifen.
Hier scheint vor allem die Bemerkung von Bedeutung, daß Unternehmen eine Reifephase durchlaufen, in der die Innovationsbestrebungen zurückgehen oder unterdrückt werden, die gute Finanzlage die Unternehmensmitglieder träge macht und die Produkte auf gesättigten Märkten etabliert sind.

- Die Möglichkeit zum Rücksprung auf eine frühere Entwicklungsstufe
Hier wird bemerkt, daß die meisten behandelten Modelle eine Rücksprung auf eine frühere Entwicklungsstufe nicht explizit vorsehen, aber auch nicht ausschließen. Einige Autoren besprechen die Schwierigkeiten, die mit dieser Neuorganisation verbunden ist.

Pümpin und Prange entwickeln auf der Basis der in der Literatur angeführten Modelle der Unternehmensentwicklung einen Unternehmenslebenszyklus mit den vier Grundtypen: das Pionier-Unternehmen, das Wachstums-Unternehmen, das Reife-Unternehmen sowie das Wende-Unternehmen. Diese vier Grundtypen sollen nachfolgend kurz beschrieben werden.

Pionier-Unternehmen

Dies sind typischerweise junge Unternehmen, die zumeist gegründet werden um ein Markt- oder Technologiepotential mittels einer innovativen Idee zu erschließen. Diese innovative Idee kann auch die Modifikation bereits bekannter Aktivitäten umfassen. Die Anzahl der Mitarbeiter ist überschaubar und der Umsatz niedrig. Das Produktionsprogramm ist schmal, die Anzahl der Kunden und Vertriebskanäle gering und damit die Führungsaufgabe recht einfach. Die Organisationsstruktur ist unkompliziert und unmittelbar auf den Unternehmer an der Führungsspitze ausgerichtet. Persönliche Konflikte werden durch den Teamgeist ausgeschaltet. Die Mitarbeiter wenden sich mit ihren Informationen meist direkt an den Unternehmer, der viele Entscheidungen intuitiv trifft. Der Führungsstil des Pionier-Unternehmers ist autoritär oder patriarchalisch. Er selbst trifft alle Entscheidungen, kaum eine Entscheidung wird delegiert. Die Rechtsformwahl fällt zumeist zugunsten einer Personengesellschaft aus. Die treibende Kraft im Pionier-Unternehmen ist der

Pionier, der viel Geld und Freizeit opfert, um seine Idee durchzusetzen. Er ist aufgrund der alleinigen Entscheidungsmacht auch in der Lage, auf neue Entwicklungen rasch zu reagieren. In dieser Phase wird das Unternehmen stark von der Vision des Unternehmers, von Ahnungen und Gefühlen getrieben. Für größere Analysen fehlt die Zeit und die Personalkapazität. Die Organisation im Unternehmen ist sehr förderlich für innovatives Verhalten, auch nicht-materielle Leistungsanreize haben in dieser Phase ihre Bedeutung. Die Gefahren für den Tod des Unternehmens in dieser Phase sind jedoch mannigfaltig. Eine unzureichende Ausstattung mit Finanzmitteln oder Personal, Fehlsteuerung des Unternehmens aufgrund mangelnder Kompetenz des Pioniers und mangelnde Risikodiversifikation durch Konzentration auf das Kerngeschäft können beim Auftreten von diskontinuierlichen Entwicklungen das Unternehmen in lebensgefährliche Situationen bringen.

Wachstums-Unternehmen

Das Wachstums-Unternehmen hat eine Reihe von rasch wachsenden Nutzenpotentialen gefunden, und kann daher hohe Wachstumsraten verzeichnen. Die Ausrichtung der Unternehmenstätigkeit verlagert sich somit von der Suche nach innovativen Nutzenpotentialen hin zur Ausnützung jener Potentiale, die sich im kleinen Maßstab bewährt haben. Dank eines rapide wachsenden Absatzmarktes vermag das Unternehmen seinen Umsatz kontinuierlich zu steigern. Bewußt werden zusätzliche Absatzmärkte für die Leistungen des Unternehmens erschlossen und Kostensenkungspotentiale ausgenutzt (Erfahrungskurve). Da das Geschäft auch regional ausgedehnt wird, kommt es zur Steigerung der Komplexität der Führungsaufgabe. Typischerweise weist das Unternehmen zu Beginn der Wachstumsphase funktionale Organisationsstruktur auf. Die Unternehmensspitze ist zusehends mit der Bearbeitung von operativen Fragestellungen überlastet, die funktionale Struktur für die regionalen Unterschiede im Tagesgeschäft nicht die passende Organisationsform. Damit wird eine Reorganisation notwendig, die eine Dezentralisation der Führungsaufgabe zum Ziel haben muß (Divisionalstruktur mit kleinen Einheiten vor Ort). Dadurch wird das Unternehmen als Ganzes flexibler und kann auch diskontinuierliche Entwicklungen besser verkraften. Die Unternehmensleitung kümmert sich dann mehr um längerfristige Fragestellungen und um die Lenkung der Stäbe und Zentralbereiche. Der dominante Inhaber-Unternehmer wird durch eine professionelle Führungsmannschaft abgelöst, die oft aus von außerhalb des Unternehmens rekrutierten Managern besteht. In der späten Wachstumsphase geht das Unternehmen zum System der strategischen Planung über. Außerdem bilden sich nun formale Managementsysteme und Strukturen im Unternehmen aus. Das Wachstums-Unternehmen kann den Nutzen für alle Bezugsgruppen steigern. Wichtig ist, hier anzumerken, daß der hohe Cash-Flow F&E-Investitionen in die weitere Verbesserung der Marktleistungen ermöglicht (nicht in die Erschließung neuer Nutzenpotentiale wird investiert!). Mögliche Gefahren lauern in der Überforderung des Managements durch die rasche Ausweitung der Geschäfte auf, der Unternehmensleitung noch unbekannte, Gebiete und in einer Nichtschaffung der finanziellen Voraussetzungen für eine massive Expansion.

Reife-Unternehmen

Die Nutzenpotentiale (Anfangsgeschäfte und neu aufgenommene Aktivitäten) des Unternehmens sind in die Reifephase eingetreten. Da viele externe Interessensgruppen an der ertragsstarken Unternehmung Interesse finden, nimmt die Unternehmensleitung, um das Unternehmensimage zu verbessern, viele geschäftsfremde Aktivitäten auf. Beispiele dafür sind Sport- und Öko-Sponsoring, karitative Anliegen und sonstige PR-Aktionen. Das Unternehmen weist nun typischerweise eine mehrdimensionale Organisationsstruktur auf (z.B. Matrixstruktur). Die eingeführten Managementsysteme werden weiter ausgebaut und perfektioniert, beispielsweise durch Einführung eines Systems des Managements by Objectives. Die strategischen Programme sind, im Unterschied zu den vorigen Entwicklungsstufen, Ergebnis eines systematischen und vielstufigen Planungsprozesses. Das Management bedient sich eines partizipativen Führungsstils um sich die Unterstützung durch die Mitarbeiter zu wahren. Vorteile des Reife-Unternehmens sind die gute Finanzposition aufgrund der starken Stellung auf den Absatz- und Beschaffungsmärkten und eine hohe Stabilität gegenüber Störungen. Weitere Vorteile sind der einfache Zugang zu weiteren Finanzmitteln, sowie der Risikoausgleich durch weit gestreute Geschäftsfelder. Die Nachteile beginnen sich in dieser Phase abzuzeichnen. Die Kenngrößen Umsatz, Cash-Flow und Reingewinn bewegen sich zwar (noch) auf hohem Niveau, tendieren aufgrund unternehmensinterner Schwächen aber schon zur Stagnation. Das Reife-Unternehmen stützt seine guten Ergebnisse auf Nutzenpotentiale in der Reifephase, und damit ist der Rückgang der Nutzenstiftung für alle Bezugsgruppen zu Ende der Reifephase schon vorgezeichnet. Ein Grund ist, daß sich das Management damit begnügt, die Früchte der Arbeit vergangener Jahre zu ernten. In der Reifephase "... verliert die aktive Förderung von Innovationen, um neue Umsatz- und Gewinnchancen in der Umwelt zu erschließen, an Bedeutung. Dies auch deshalb, weil Innovationen als risikobehaftete Vorhaben aus Sicherheitsgründen abgeblockt werden. Der (noch) gute Geschäftsgang belegt zudem, daß man auch ohne Innovationen Erfolg haben kann (Pümpin und Prange, 1991, S..113). Miller und Friesen (1984) wiesen in ihrer Studie nach, daß in Reife-Unternehmen konservatives und innovationsfeindliches Verhalten dominiert (siehe dazu Abschnitt 3.3.3). Durch eine Innen- und Vergangenheitsorientierung, gepaart mit einer gewissen Selbstzufriedenheit mit den erreichten Erfolgen wird auch die Aufmerksamkeit für Veränderungen im Unternehmensumfeld abgeschwächt. Durch "verkrustete" Strukturen werden Entscheidungen sehr langsam getroffen, innovative Ideen im vorhinein abgeblockt. In Reife-Unternehmen sind aufgrund der starren bürokratischen Regeln typische Unternehmereigenschaften wie Eigeninitiative, Innovationsbereitschaft und Flexibilität schwach ausgeprägt. Eine Problematik in solchen Unternehmen sei anhand eines Beispiels aufgezeigt (vgl. Pümpin und Prange, 1991). Die Forschungsabteilung reicht einen Projektantrag ein, der der Zustimmung der Unternehmensleitung bedarf. Der vielschichtige hierarchische Aufbau des Entscheidungssystems bedingt einen Zeit- und Informationsverlust, sodaß das Management, das den Kontakt zu den Kunden schon längst verloren hat und nicht zuletzt deshalb risikoavers ist, oftmals aufgrund rein finanzieller und kurzfristiger Kriterien wie Deckungsbeitrag und ROI die Entscheidung trifft. Rein qualitative Kriterien bleiben weitgehend unberücksichtigt. In den Managementetagen kommt es zu Machtkämpfen, die Managementkapazität binden und sogar den Untergang des Unternehmens bewirken können. Die Manager im Unternehmen werden zu Verwaltern des Bestehenden, wobei dieses Verhalten durch Versäumen von Gelegenheiten hohe Opportunitätskosten verursacht. Durch den Verlust der Innovationstätigkeit trägt das Reife-Unternehmen den Keim des Untergangs schon in sich.

Wende-Unternehmen

Beim Wende-Unternehmen kommt die starke Vergangenheits- und Inweltorientierung voll zum Durchbruch. Die Nutzenpotentiale (Markt- und Technologiepotentiale) befinden sich mehrheitlich in der Niedergangsphase. Weiters sind die inneren Entscheidungsstrukturen erstarrt. Dies bedingt eine Versäumnis des Managements ein zukunftsorientiertes Unternehmenskonzept zu entwerfen, und somit unterbleibt die Aufnahme innovativer Geschäftätigkeiten. Da das Unternehmen aufgrund des verschärften Wettbewerbs Preiskonzessionen eingehen muß, resultiert daraus auch eine verschlechterte Ertragslage. Angesichts der nunmehr verschlechterten Gewinnsituation werden Investitionen in

Innovationen immer schwieriger. Kommunikation zwischen den verschiedenen Hierarchien findet nur durch die formalen Kanäle statt. Eine Entfremdung der Mitarbeiter und eine gewisse Distanzierung vom Unternehmen läßt die fähigsten Mitarbeiter abwandern. Das Management richtet ihr Augenmerk auf die Umsatz-, Kosten- und Gewinnentwicklung, läßt die Konkurrenzaktivitäten und Kundenwünsche aber unberücksichtigt. Ein Ausweg aus dieser Lage wird von den Managern in einer staatlichen Unterstützung (z.B. Subventionszahlungen oder Kartellisierung der Märkte) gesehen, welche ihnen aufgrund der wirtschaftlichen Bedeutung (Arbeitsplätze) meist auch gewährt wird. Diese Lösung ist langfristig jedoch keinesfalls erfolgreich, soll sie die Restrukturierung doch nur erleichtern, jedoch keinesfalls verhindern. Wird vom Management in dieser Situation nichts unternommen, steuert das Unternehmen auf den Konkurs zu. Trotzdem ist in dieser Situation oft eine erschreckende Passivität der Unternehmensleitung zu bemerken: "Bei der Suche nach den Gründen für dieses negative Verhalten stossen wir vornehmlich auf die Persönlichkeitsmuster der Führungskräfte, auf die strukturelle Verkrustung und auf eine völlig unzureichende Informationsverarbeitung" (Pümpin und Prange, 1991, S. 127). Es ist dies die klassische Situation eines *Turnaround*, die Uhren für das Wende-Unternehmen stehen auf fünf vor zwölf. Dieser Turnaround könnte als Rücksprung in die Konstellation des Pionier- oder des Wachstums-Unternehmens interpretiert werden.

Eine Zusammenfassung der Eigenschaften einer Unternehmung in den einzelnen Phasen des Lebenszyklus gibt Tabelle 3.1.

Aus der Beschreibung der verschiedenen Phasen der Unternehmensentwicklung läßt sich nun ein Gesamtzyklus herleiten, welcher in Abbildung 3.2 zu sehen ist. Das der Tod nicht notwendigerweise nach Durchlaufen aller Phasen eintritt, sondern jeder Abschnitt seine spezifischen und oben beschriebenen Gefahren enthält, wird durch die strichlierten Linien angedeutet. Durch die Krisenpotentiale der einzelnen Phasen besteht jeweils die Möglichkeit des vorzeitigen Tods der Unternehmung. Eine Unternehmenskrise ist eine gefahrvolle Situation, die die Existenz des Gesamtsystems Unternehmung bedroht. Jedoch ist ein Charakteristikum der Krise, daß sowohl der Fortbestand der Unternehmung als auch der Untergang möglich sind. Mögliche Ursachen von Unternehmenskrisen sind zum einen exogener Natur, zum anderen endogener Natur. Zu den vom Management nicht direkt beeinflußbaren Ursachen (exogene Faktoren) zählen beispielsweise Lebenszyklen der Nutzenpotentiale, Aktivitäten der Konkurrenz, sowie Umweltveränderungen.

Tab. 3.1: Eigenschaften einer Unternehmung in den Phasen des Lebenszyklus

	Pionier	Wachstum	Reife	Wende
Produkt-Markt-Strategie	Nischenstrategie Produktinnovation	neue Absatzmärkte regionale Ausdehnung Verbesserungsinnovation	Konsolidierung weit gestreute Geschäftsfelder Imitation	keine spezifische Strategie
Wachstum	mäßig	hoch	stagnierend/sinkend	negativ
Umsatz	niedrig	stark steigend	stagnierend	sinkend
Produktionsprogramm	schmal	wachsend	umfassend	schmal
Organisationsstruktur	zentralisiert	funktional/später divisional	Matrixstruktur	formale bürokratische Struktur
Führungsstil	autoritär auf Eigentümer-Unternehmer gerichtet	professionelle Führung	partizipativ große Führungsmannschaft	passiv große Führungsmannschaft
Planungs- und Informationssysteme	noch nicht vorhanden	werden eingerichtet	systematisch und vielstufig	fehlen weitreichend
Führungsverhalten	sehr risikofreudig innovativ flexibel	risikofreudig innovativ	konservativ innovationsfeindlich risikoavers	konservativ innovationsfeindlich risikoavers
sonstige Eigenschaften	jung instabil	instabil	stabil innenorientiert	völlig innenorientiert konkursgefährdet instabil

Interne Krisenursachen (endogene Faktoren) sind in Managementfehlern, internen Machtkämpfen, Austritt von Persönlichkeiten, und Größenwachstum zu suchen. Die Lebensgeschichte von Unternehmen ist durch solche Krisen gekennzeichnet, die an bestimmten Punkten, z.B. an den Übergängen einer Phase zur anderen oder an bestimmten Größenschwellen, immer wieder auftreten. Sie unterbrechen dabei jedesmal eine kontinuierlich verlaufende Entwicklung.

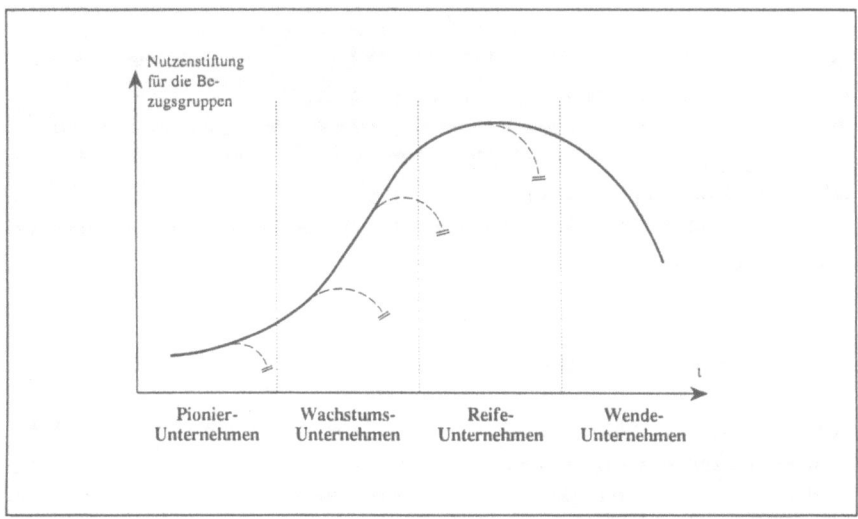

Abb. 3.2: Unternehmenslebenszyklus, entnommen aus Pümpin und Prange (1991)

Exemplarisch sei das Aufkommen einer solchen Krise beschrieben. Eine Krise des Wachstums-Unternehmens resultiert aus einem gewaltigen Nutzenpotential (market-pull), daß die Unternehmung zu schnell wachsen läßt. Das Wachstum der Ressourcen kann nicht mit dem enormen Wachstum des Umsatzes mithalten. Um doch eine adäquate Kapitalausstattung zu ermöglichen, muß Fremdkapital aufgenommen werden, welches jedoch hohe Zinsbelastungen (Fixkosten!) verursacht. Ein eventuell auftretender geschäftlicher Rückschlag wirkt sich nun wegen der hohen Fixkostenbelastung der Unternehmung viel gravierender aus. Kommt es im weiteren zu einem massiven Einbruch im Geschäft, so müssen trotzdem die nunmehr aufgebauten gesteigerten Kapazitäten ausgelastet werden. Dazu muß das Unternehmen zumeist Aufträge unter Vollkosten hereinnehmen, was klarerweise die Ertragslage verschlechtert.

Die eigentliche Kernursache einer Krise dürfte dabei vielerorts gerade im Top Management, seiner geistigen Inflexibilität und dem unbedingten Festhalten an bislang erfolgreichen Konzepten zu finden sein. Wichtig bei der Bewältigung einer Krise ist die selbstkritische Reflexion über die eigene Mitschuld an der Krise, die dann durchaus positive und lehrreiche Aspekte der Krise hervorkehrt. "Leider sind aber eingefahrene Denk- und Handlungsmuster oftmals zu stark und verhindern eine objektive Ursachenanalyse" (Pümpin und Prange, 1991, S. 230).

Krisen können dabei durchaus eine positive Entwicklung initiieren. Beispielsweise werden durch dieses schockartige Erkennen verkrustete Strukturen aufgebrochen, positive Entwicklungen beschleunigt und die Verantwortlichen wachgerüttelt. Die Bereitschaft für die Entwicklung innovativer und zukunftsorientierter Konzepte ist wieder gegeben, das Augenmerk wird wieder auf die essentiellen Informationen gelegt. Die Krise ist also nicht notwendigerweise mit dem Tod der Unternehmung gleichbedeutend, sondern kann vielmehr der Ausgangspunkt für eine positive Neuentwicklung sein.

3.3.3. Empirischer Befund zum Unternehmenslebenszyklus

Miller und Friesen (1984) richten in ihrer Studie das Augenmerk nicht auf statische Charakteristiken von Organisationen in verschiedenen Phasen des Lebenszyklus, sondern versuchen vielmehr die evolutionäre Komponente aufzudecken. Sie untersuchen die Abfolge der Lebenszyklusphasen und beschreiben die Ausprägungen der Strategie, der Struktur, des Umfeldes und des Entscheidungsverhaltens der Unternehmer innerhalb der einzelnen Phasen. Anzumerken ist jedoch, daß im Lebenszyklusmodell, das Miller und Friesen verwenden, zwischen Reife- und Niedergangsphase noch eine *Wiederauflebens-Phase (revival phase)* beinhaltet ist. Das ist eine Phase der Diversifikation und Expansion des Marktangebots der Unternehmung. Die Organisationsstruktur ist divisional, um die komplexen und heterogenen Märkte besser betreuen zu können. Kontroll- und Planungssysteme sind ausgearbeitet und etabliert.

Die Ergebnisse der Studie von Miller und Friesen belegen die Aussagen des Lebenszykluskonzepts hinsichtlich Strategie, Struktur, Umfeld und Entscheidungsverhalten der Unternehmer. In der Pionierphase und der Wachstumsphase (und der revival phase) sind die Unternehmer risikofreudig, d.h. sie führen Innovationen durch, während sie sich in der Reife- und Niedergangsphase risikoavers verhalten, d.h. wenig innovativ sind.

Im Verlauf der Entwicklung eines Unternehmens lassen sich Tendenzen in der Ausrichtung der Strategie, in der Struktur, in der Organisation und im Entscheidungsverhalten der Unternehmensleitung herausarbeiten.

- Im Zeitablauf wird die unternehmerische Aufgabe immer komplexer, beispielsweise durch die zunehmende Größe der Unternehmung oder durch die größer werdende Konkurrenz auf immer zahlreicher werdenden Marktplätzen. Der Einfluß der Kunden auf die Entscheidungen wird immer größer. Die Eigentümerstruktur wird zusehends komplexer.

- Diese Entwicklung führt zur Einführung von entscheidungsunterstützenden Systemen und einer komplexer werdenden Organisationsstruktur. Entscheidungen werden immer mehr delegiert.

- Die Unternehmung entwickelt sich von einer hochinnovativen Phase hin zu einer konservativen, extrem innovationsarmen Phase. Während der ersten beiden Phasen werden noch Innovationen durchgeführt; hier stehen Strategien wie Produktinnovation, Diversifikation, vertikale Integration im Mittelpunkt. In den letzten beiden Phasen dominieren die effizienzsteigernden Abschöpfungsstrategien wie, Imitation, Werbung, und Preissenkung.

Die Studie belegt die Zuordnung der Eigenschaften und die Ausprägung der Kenngrößen in den einzelnen Phasen des Lebenszyklus.

In der Pionierphase kommen extensiv Produktinnovationen vor; die Unternehmen betreiben eine Nischenstrategie und verteidigen die Nischen mit Hilfe extensiver Innovationstätigkeit. Diese Produktinnovationen sind mit hohem Risiko verbunden, demgemäß verhalten sich die Entscheidungsträger risikofreudig. Die Unternehmen sind noch klein, auch im Verhältnis zu ihren Konkurrenten. Die gesuchten Marktnischen weisen keine große Konkurrenz auf. Eine Delegation von Aufgaben findet in dieser Phase kaum statt, die Macht liegt in der Hand des Eigentümer-Unternehmers. "Decision-making is, in other words, bold." (Miller und Friesen, 1984, S. 1170). Entscheidungen werden intuitiv und ohne große (Projekt-)Analyse getroffen.

In der Wachstumsphase werden weniger dramatische Produktinnovationen angestrebt, als vielmehr (die in der Pionier-Phase entwickelten) Produkte für neue Märkte "zurechtzuschneidern". Die Betonung liegt auf Wachstum und Diversifikation. Erweiterungen finden eher in Hinblick auf das Produktspektrum als bezüglich der Märkte statt. Die Marktnische wird verlassen, um in verschiedenen Marktsegmenten modifizierte Produkte anzubieten. Entscheidungen werden in dieser Phase von den Konsumenten beeinflußt. Die Unternehmung ist weniger zentralisiert als in der Pionierphase, und die Entwicklung von komplexen Produktstrategien bedarf einer Einbindung von mehreren Entscheidungsträgern. Um die heterogener werdenden Märkte besser betreuen zu können, wird auf Planung und Information größerer Wert gelegt. Das Entscheidungsverhalten der Unternehmensleitung ist weniger risikoreich. Die größer werdende Gruppe schränkt die Risikobereitschaft (einiger Mitglieder) ein. Das Entscheidungsverhalten ist zwar weniger risikoreich, aber nicht konservativ. Bei den Produkten werden eher inkrementale, denn große Verbesserungen angestrebt. Betont werden muß jedoch, daß das Verhalten der Unternehmer in dieser Phase keinesfalls als konservativ bezeichnet werden kann.

In der Reifephase sind die Unternehmen typischerweise konservativ. Produktinnovationen werden kaum durchgeführt. Die verfolgte Strategie ist die der Imitation. Ziel der Aktionen ist eine Effizienz- und Profitabilitätssteigerung. Ein etabliertes Produktprogramm wird auf traditionellen Märkten angeboten, die Anstrengungen werden auf die Erhaltung des Verkaufsvolumens und eine möglichst ökonomische Produktion gelegt. Effizienz scheint hier ein Substitut für Innovation geworden zu sein, was eine erhebliche Kontrolltätigkeit nach sich zieht. Die Unternehmen haben einen erheblichen Größenvorteil gegenüber ihren Konkurrenten. Die Eigentumsverhältnisse sind weit verstreut. Durch die Sättigung der Märkte ist die Konkurrenz nun sehr groß. Formale Kontrollen der Kosten-, Budget- und Leistungsgebarung werden durchgeführt. Im Entscheidungsverhalten wird konservatives Verhalten zur Norm. Die Entscheidungsträger sind risikoabgeneigter als in den beiden voherigen Phasen. Dem Marktverhalten wird in dieser Phase wenig Beachtung geschenkt, wodurch auch die "Performance" der Unternehmung gegenüber der Wachstumsphase sinkt.

In der Niedergangsphase wird die Erhaltung der Ressourcen versucht, die nach und nach aufgrund fehlender Innovation aufgezehrt werden. Die Firmen befinden sich hier in einem Kreislauf. Aufgrund fehlender Innovation ist ihr Produktprogramm unattraktiv, die Verkaufszahlen sind daher niedrig. Um die Verkaufszahlen zu erhöhen, werden die Preise gesenkt. Aufgrund der geringen Verkäufe ist der Gewinn zu niedrig um eine signifikante Verbesserung des Produktprogramms anzustreben; das Produktprogramm überaltet mehr und mehr. In dieser Phase wird keine spezielle Strategie verfolgt, "the firms just muddle through." (Miller und Friesen, 1984, S. 1174). Eine interne Orientierung auf die Wünsche der Eigner beginnt sich durchzusetzen, wohingegen die Kundenbedürfnisse kaum Beachtung finden. Das Marktspektrum ist nun sehr eng, und macht daher die Unternehmung gegenüber Änderungen des Marktes extrem verwundbar. In Hinblick auf den starken Wettkampf der auf den nunmehr betreuten Märkten herrscht, wiegt dieses Argument umso schwerer. "Shrinking markets can be extremly competitive and firms that rely totally upon them may find themselves in deep trouble." (Miller und Friesen, 1984, S. 1174). Strategische Überlegungen werden kaum angestellt, die operativen Entscheidungen überwiegen, und auch diese werden vom Top-Management getroffen. Am bemerkenswertesten ist aber das Fehlen eines gut entwickelten Informations- und Kontrollsystems in dieser Phase. Dem Unternehmensumfeld (Kunden und Konkurrenz) wird kaum Beachtung geschenkt. Zusätzlich funktioniert die Kommunikation zwischen den hierarchischen Ebenen der Unternehmung schlecht. So wird aufgrund dieser Gegebenheiten auf marktliche Änderungen zu spät oder gar nicht reagiert. Im Entscheidungsverhalten macht sich extremer Konservatismus breit. Keine Innovationstätigkeit und eine wahre Abscheu vor Risiko kennzeichnen das Verhalten der Entscheidungsträger. Die entscheidenden Faktoren für das Auslösen einer Krise sind aber das Nichtbeachten des Marktes, das Nichtvorhandensein einer klaren Produktstrategie und das Fehlen einer strategischen Planung. Manager sind in dieser Phase mit der Bewältigung der Krise zu beschäftigt, um diese Schlüsselfaktoren beachten zu können.

Während die Studie von Miller und Friesen die (theoretisch postulierten) Ausprägungen der Variablen Strategie, Struktur, Umfeld und Entscheidungsverhalten in den Phasen bestätigen konnte, war die Eindeutigkeit in der Abfolge der einzelnen Phasen (wie sie das Lebenszykluskonzept postuliert) empirisch nicht bei allen untersuchten Firmen gegeben. So konnten die Reihenfolgen Reife-Niedergang, Reife-Wachstum, Wachstum-Reife, Wachstum-Niedergang, usw. festgestellt werden (siehe Miller und Friesen, 1984). So kann das Lebenszykluskonzept nur als grobe Tendenz, denn als zwingende evolutionäre Entwicklung gesehen werden. Das Konzept hat auch keine normative Aussagekraft (Meffert, 1986). Die Studie von Miller und Friesen belegt aber, daß jede Phase in vieler Hinsicht eindeutig ist.

3.4. Das Modell von Pinkwart

Einer der ersten Autoren, der die Theorie nichtlinearer, dynamischer Systeme auf betriebswirtschaftliche Fragestellungen angewendet hat, war Albach (1987). Mit Hilfe seines Modells versucht Albach, die Bedingungen erratischer Unternehmensentwicklung unter Vernachlässigung von Unsicherheiten zu analysieren. Dabei wird das Wachstum und der Tod von Unternehmen sowohl aus dem Verhalten der Unternehmensleitung als auch aus der Höhe der Forschungsausgaben erklärt.

In Anlehnung an die chaostheoretische Version des dynamischen Unternehmensmodells von Albach wird in der Untersuchung von Pinkwart (1992) mit Hilfe der Simulation eines marktorientierten Wachstumsmodells die Auswirkung von erratischen Fluktuationen auf die Unternehmensentwicklung analysiert. Dabei werden die Forschungs- und Entwicklungsaufwendungen in Abhängigkeit von den Marktergebnissen festgelegt, welche wieder über die Schaffung neuer Produkte die Entwicklung des Ergebnisses beeinflussen. Die Vielzahl von Zusammenhängen im Unternehmen wird also reduziert auf eine grundlegende Interdependenz: die wechselseitige Abhängigkeit des Umsatzes und des Gewinns von der Höhe der Forschungsaufwendungen.

Im Modell von Pinkwart wird von einer Unternehmung ausgegangen, die eine große Anzahl am Markt bereits eingeführter Produkte besitzt, die alle den typischen Produktlebenszyklus aufweisen. Durch ausscheidende Produkte flacht die Umsatzkurve ab, werden nicht rechtzeitig neu entwickelte Produkte am Markt eingeführt. Um Wachstum des Unternehmens zu erreichen, sind darüber hinausgehende Produkteinführungsanstrengungen notwendig. Eine minimale Forschungsquote wird in das Modell eingeführt, wobei zur Aufrechterhaltung des Umsatzes dieses Mindestmaß an F&E-Tätigkeit von der Unternehmung erreicht werden muß. Eine Umsatzsteigerung wird erst möglich, wenn die Aufwendungen in F&E die minimale Forschungsintensität überschreiten.

Der Zusammenhang zwischen Forschungsintensität und Umsatzentwicklung wird als Differenzengleichung formuliert,

$$E_t = (1 + v_{t-1}^{\alpha} - v_u^{\alpha})E_{t-1}. \tag{3.1}$$

Die Forschungsquote $v_{t-1}=F_{t-1}/E_{t-1}$ stellt den Anteil der Forschungsausgaben F_{t-1} am Umsatz E_{t-1} in der Periode t-1 dar. Der Parameter v_u kennzeichnet die minimale Forschungsquote, ab der Unternehmenswachstum möglich ist. Der Wertebereich des Parameters α ist $0<\alpha<1$.

Um den Einfluß des Managements, das ja letztlich die entscheidende Größe bei der Krisenbewältigung darstellt, abzubilden wird in das Modell ein von der Unternehmensleitung festzulegender strategischer Parameter, das ist die Forschungsrate σ, aufgenommen. Die Forschungsrate drückt dabei aus, welcher Anteil des Bruttogewinns in der jeweiligen Periode in Forschung und Entwicklung fließen soll. Der Bruttogewinn wird durch Vorgabe einer Umsatzrenditefunktion *g(.)* und dem Umsatz ermittelt, wodurch sich die Forschungsausgaben der Periode t schreiben lassen als

$$F_t = \sigma g(v_{t-1})E_t. \tag{3.2}$$

Für die Umsatzrenditefunktion wird ein eingipfeliger Verlauf angenommen (für die empirische Relevanz eines solchen Verlaufs siehe Pinkwart, 1992)

$$g(v_{t-1}) = bv_{t-1}^\beta (m - v_{t-1})^\tau \tag{3.3}$$

mit $0<m<1$, $0 \leq \beta \leq 1$, und $0 \leq \tau \leq 1$. m bezeichnet die maximale Forschungsquote, b, β und τ sind Systemparameter. Durch diese Systemparameter können die in der Realität von Unternehmen zu Unternehmen sehr unterschiedlichen Ausprägungen der Zusammenhänge zwischen Forschungsquote und Umsatzrendite berücksichtigt werden.

Die Gesamtkosten A_t setzen sich im Modell zusammen aus den laufenden Gesamtkosten, den F&E-Aufwendungen und den Leerkosten. Letztere fallen in dem Ausmaß an, in dem die am Umsatz der Vorperiode ausgerichtete Produktionskapazität für die Produktion des laufenden Jahres nicht genutzt wird

$$A_t = (1 - g(v_{t-1}))E_t + F_t + c(E_{t-1} - E_t) \tag{3.4}$$

wobei c einen konstanten Parameter mit $c = \begin{cases} 0.5 \text{ für } E_{t-1} > E_t \\ 0 \text{ sonst} \end{cases}$ bezeichnet.

Der Nettogewinn G_t ergibt sich dann aus

$$G_t = E_t - A_t. \qquad (3.5)$$

Der Tod des Unternehmens tritt bei Illiquidität ein. Um eine Krisensituation zu vermeiden muß also das finanzielle Gleichgewicht der Unternehmung gewahrt sein, d.h. die Auszahlungen dürfen die Einzahlungen nicht übersteigen, $A_t \leq E_t$.

Der endgültige Unternehmenszusammenbruch tritt jedoch erst dann ein, wenn der Verlust der aktuellen Periode die thesaurierten Gewinne der Vorperioden übersteigt, und damit das Unternehmen illiquide geworden ist. Mit dieser Bedingung wird einerseits der finanzielle Bereich der Unternehmung berücksichtigt und andererseits der empirisch belegten Tatsache Rechnung getragen, daß mit zunehmenden Unternehmensalter auch die Überlebenswahrscheinlichkeit zunimmt (siehe Albach, 1987). Wird die Ausschüttungsquote mit d bezeichnet, so läßt sich der thesaurierte Gewinn schreiben als

$$G_t^* = (1-d)G_t,$$

$$\text{mit } d = \begin{cases} 0.5 \text{ für } G_t > 0 \\ 0 \text{ sonst} \end{cases}.$$

Durch Substitution der Gleichung (3.3) in Gleichung (3.2) und geeigneter Umformung kann für die Forschungsquote eine nichtlineare Differenzengleichung erster Ordnung hergeleitet werden:

$$v_t = a v_{t-1}^\beta (m - v_{t-1})^\tau \qquad (3.6)$$

mit $a = \sigma b$. Für $m = 1$, $\beta = \tau = 1$ und $0 \leq v_t \leq 1$ ergibt sich daraus die wohlbekannte logistische Differenzengleichung (siehe dazu Abschnitt 2.1), die für gewisse Parameterwerte chaotisches Verhalten aufweist und für die Analysen im Pinkwart-Modell herangezogen wird. Das Modell wird nun dazu benutzt, um die Abhängigkeit der Unternehmensentwicklung von der gewählten Forschungsstrategie zu untersuchen. Dazu wird die Forschungsrate, d.h. jener Anteil des Bruttogewinns, welcher dem F&E-Sektor zugeteilt wird, variiert. Zusammenfassend lassen sich die Simulationsergebnisse gemäß Tabelle 3.2 darstellen (Pinkwart, 1992):

Untergrenze	Obergrenze	Unternehmensentwicklung (Verlauf der Wachstumsrate)
0	0.25	Schrumpfung (steigende negative W.-rate)
0.25	0.5	verhaltenes Wachstum (konstante W.-rate)
0.5	0.75	mittlerer Wachstumspfad (konstante W.-rate)
0.75	0.8925	starkes Wachstum (periodisch schwingend)
0.8925	1.0	irreguläre Entwicklung (chaotischer Verlauf)

Tab. 3.2: Unternehmensentwicklung in Abhängigkeit von der Forschungsrate σ (Quelle: Pinkwart 1992)

Im chaotischen Bereich wirken sich kleine Unterschiede in der Anfangsausstattung erheblich aus. Die durch diese Eigenschaft bedingte eingeschränkte Vorhersagbarkeit künftiger Entwicklungen, stellt das Management vor das schwerwiegende Problem, rechtzeitig geeignete Maßnahmen zur Krisenvermeidung einzuleiten. Dazu schreibt Pinkwart: "Bereits geringfügige Unterschiede der Anfangsbedingungen beeinflussen die Unternehmensentwicklung im stark chaotischen Bereich in existenzbedrohender Weise und haben fast völlig zufälligen Charakter. Aus diesem Resultat wird deutlich, daß trotz der auch bei chaotischer Entwicklung gegebenen und zuvor nachgewiesenen Überlebenschancen nicht ein Kurieren der Symptome überlebenskritische Krisen vermeiden und bewältigen hilft, sondern daß vielmehr eine grundsätzliche Auseinandersetzung mit den tieferliegenden Ursachen und Wechselwirkungen notwendig ist." (Pinkwart 1992, S. 95 f).

Das obige Modell stellt die Realität nur sehr vereinfacht dar, und daher sind einige Einschränkungen der Modellgültigkeit zu machen (vgl. Pinkwart, 1992). Neben der bewußten Vernachlässigung exogener Einflüsse, sind sowohl die Annahmen einer über die Zeit konstanten Auschüttungsquote, als auch die alleinige Auswirkung einer Veränderung der Forschungsquote auf den Gewinn problematisch. Eine weitere Einschränkung ist in der Erfassung der Entscheidung des Managements in einer einzigen Gleichung zu sehen. Was die Verwendung einer einzigen Zustandsvariable zur Beschreibung der Dynamik des Systems anbelangt, schreibt

Pinkwart: "... ist der Grund für die hier in Kauf genommene Simplifizierung auch darin zu sehen, daß in der angewandten Chaostheorie bisher fast ausschließlich eindimensionale dynamische Systeme eingehender behandelt wurden. Häufig reicht dieses begrenzte Instrumentarium bereits zur Darstellung und Analyse irregulärer Systementwicklung aus, während ..., schon bei zweidimensionalen Systemen erhebliche Probleme beim Nachweis von Chaos und der Bestimmung des Wertebereiches für die chaotischen Parameterkonstellationen auftreten." (Pinkwart 1992, S. 79).

Das Modell erscheint daher aus mehreren Gründen verbesserbar:

1. Das Management wird sein Verhalten im Zeitablauf im Hinblick auf die Ertragssituation des Unternehmens verändern. Es sollte daher versucht werden, das tatsächliche Entscheidungsverhalten des Managements in verschiedenen (Ertrags-)Situationen abzubilden.
2. Entscheidungsregeln die ein Etat als festen Prozentsatz einer Bezugsgröße festlegen, sind immer prozyklisch, da in Zeiten der Hochkonjunktur bei voll ausgelasteten Kapazitäten ein hoher Betrag für die Forschung ausgegeben wird, in der Rezession der Forschungsaufwand aber geschmälert wird. Gerade in der Phase der Rezession würde sich ein erhöhtes Etat positiv auswirken (Meffert, 1986).
3. Besonders auf den letzten Punkt, der Anzahl der Zustandsvariablen, ist einiges zu erwidern. In den bisher vorliegenden Arbeiten zur Erklärung betriebswirtschaftlicher Phänomene mit Hilfe der Chaostheorie wurde chaotisches Verhalten mit Hilfe der logistischen Differenzengleichung erzeugt. Dies erscheint jedoch als ad hoc-Ansatz und ist wohl auch nicht zielführend (siehe dazu auch Medio, 1992). Viel interessanter erscheint die Analyse der Zusammenhänge von mehreren Zustandsvariablen, die die tatsächlich vermuteten Zusammenhänge, wennn auch vereinfacht, wiedergeben. Die Untersuchung von nichtlinearen, dynamischen Systemen höherer Ordnung gestaltet sich zwar vom analytischen Standpunkt aus als äußerst schwierig. Durch die rasche Entwicklung der Computertechnologie ist es jedoch möglich, durch numerische Analysen das dynamisches Verhalten des Systems zu studieren. Weiters wurden in der Theorie nichtlinearer Systeme zahlreiche Methoden entwickelt, die in den heute verfügbaren Software-Packeten zur Untersuchung nichlinearer Systeme enthalten sind. Mit Hilfe dieser Methoden lassen sich Hinweise auf chaotisches Verhalten der zu untersuchenden Systemgleichungen finden. Aus dieser Sicht erscheint es also durchaus angebracht, auf eine unnotwendige, weil nicht vertretbare, Reduktion der

Anzahl der Systemvariablen zu verzichten, und zu versuchen die Variablen des Systems herauszufiltern, die die Systementwicklung am meisten charakterisieren.

Unser Modell soll ebenfalls den grundlegenden Zusammenhang zwischen Forschungs- und Entwicklungsausgaben und Umsatz beinhalten, jedoch soll zusätzlich das tatsächliche Entscheidungsverhalten berücksichtigt werden. Dazu werden im nächsten Abschnitt Ergebnisse empirischer Untersuchungen präsentiert, die zeigen, welche Einflußfaktoren bei der Bestimmung der F&E-Ausgaben Berücksichtigung finden, und welches Entscheidungsverhalten in der Realität festgestellt werden kann.

3.5. Zum tatsächlichen Entscheidungsverhalten

Wir wollen uns nun der Frage zuwenden, nach welchen Gesichtspunkten die Höhe der Aufwendungen für F&E in der betrieblichen Praxis festgelegt wird, und wie das Verhalten des Managements mit Hilfe einer Entscheidungsregel im Modell berücksichtigt werden kann. Oft werden hier keine rationalen Methoden angewandt. "Tatsächlich kann man gegen die gängigen Verfahren oder Faustregeln, die bei der Bestimmung des Umfangs des F&E-Budgets verwendet werden, aus der Sicht einer an Maximierungsgesichtspunkten orientierten Rationalitätskonzeption mancherlei einwenden." (Schanz, 1976, S. 270). Wir wollen dennoch die wichtigsten Bestimmungsfaktoren identifizieren, um sie später in unser Modell einzubauen. Dabei wird im folgenden auf die in der Betriebswirtschaftslehre übliche Vorstellung von einer besonderen ökonomischen Rationalität, der die Idee der optimalen Wahl zugrunde liegt, nicht zurückgegriffen. Wie schon erwähnt, garantieren in hohem Maße zugeführte Mittel keineswegs den Erfolg, trotzdem "... besteht ein Zusammenhang zwischen den Quellen für Ideen und der Verteilung der Mittel der Art, daß reichlich mit Finanzmitteln ausgestattete Abteilungen besser zur Ideenproduktion in der Lage sind." (Albach et al., 1991, S. 312).

Zunächst lassen sich einige Bestimmungsfaktoren identifizieren, welche auf die Festlegung der F&E-Ausgaben durch das Management Einfluß haben (Abbildung 3.3).

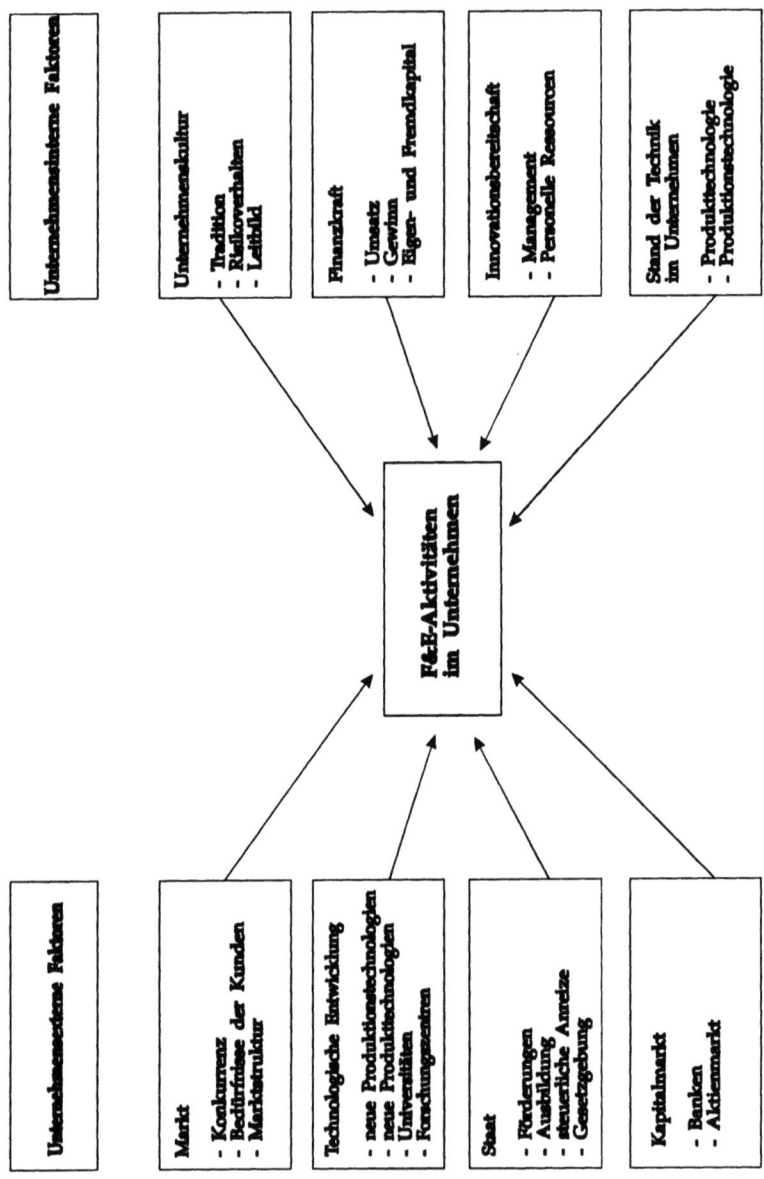

Abb. 3.3: Bestimmungsfaktoren für F&E-Ausgaben

Im weiteren soll nur der Einfluß der zentralen endogenen Faktoren Risikoverhalten, Umsatz, Gewinn und Management genauer untersucht werden. Vor allem auf die empirischen Befunde soll hier entsprechender Wert gelegt werden.

3.5.1. Empirische Untersuchungen zu Bestimmungsfaktoren für F&E-Ausgaben

Einer Untersuchung von Schanz (1972) lag die zentrale Fragestellung "Wovon hängt in Ihrem Unternehmen die Entscheidung über die Höhe der jährlichen Forschungsaufwendungen ab?" zugrunde. Zu wählen waren

1. der Umsatz des Vorjahres,
2. der erwartete Umsatz,
3. der Gewinn des Vorjahres,
4. die erwartete Gewinnentwicklung,
5. das Forschungsbudget des Vorjahres,
6. die Summe der geschätzten Kosten der laufenden und neuen Projekte,
7. der Aufwand von Konkurrenzunternehmen und
8. der zur Erhaltung der Forschungskapazität notwendige Aufwand.

Die Studie zeigt die große Bedeutung, die der allgemeinen Geschäftstätigkeit bei der Festlegung des F&E-Aufwandes zukommt, da die Größen Umsatz und Gewinn die häufigsten Nennungen hatten. Bei Angabe einer Präferenz zwischen den Kriterien, wurden Umsatz und Gewinn auch vorgezogen. Orientieren sich Unternehmen ausschließlich an der allgemeinen Geschäftstätigkeit, so wurde der Umsatz als Bestimmungsgröße dem Gewinn vorgezogen.

Oft wird ein fester Prozentsatz dieser Größen für die F&E-Tätigkeit bereitgestellt. Die Nachteile einer solchen starren Ausrichtung sind offensichtlich, ist doch die für Forschungsarbeiten notwendige Kontinuität keinesfalls gewährleistet. Die so festgelegten F&E-Budgets können starken Schwankungen unterliegen, und bei stark rückläufiger Geschäftstätigkeit kann der Bestand der F&E-Abteilung gefährdet sein, mit allen negativen zukünftigen Auswirkungen (Fehlen von Erfolgspotentialen) für die zukünftige Unternehmensentwicklung (Schanz, 1972). Eine kausale Beziehung zwischen Umsatz bzw. Gewinn und F&E-Aufwendungen scheint nicht gegeben zu sein: "... daß eine kausale Beziehung zwischen Umsatz bzw. Gewinn und Forschungstätigkeit überhaupt nicht gegeben ist. Vielmehr liegt die umgekehrte Wirkungsbeziehung vor: Der zukünftige Umsatz wird durch Ergebnisse der Forschung (Innovation) - und damit tendenziell durch ihr Ausmaß - bestimmt.", (Schanz, 1972, S. 87). Andererseits scheint aber eine vom Gewinn bzw. Umsatz losgelöste Bestimmung der F&E-Aufwendungen nicht sinnvoll, da die Investitionen im F&E-Bereich idR nur über Gewinne zu finanzieren sind. Weiters sind die aus der allgemeinen Geschäftstätigkeit abgeleiteten Orientierungsgrößen als alleinige Bemessungsgrundlage für die Höhe der periodischen Forschungsaufwendungen weniger gut geeignet. Dagegen kommt den Erhaltungsgrößen (Punkte 5, 7, und 8 in obiger Aufzählung) als Orientierungsmaßstäbe erhöhte Bedeutung zu (vgl. Schanz, 1972).

Die Erwartungsgrößen (2, 4, 6) werden nach Schanz den Vergangenheitsgrößen im direkten Vergleich nicht eindeutig vorgezogen. Während in der Literatur die Bedeutung von F&E für die künftige Ertragsentwicklung betont wird, legen Entscheidungsträger in praktischen Situationen das Gewicht auf die Wirkung der F&E-Aufwendungen auf die derzeitigen Erträge: Von der größten Teilmenge derjenigen Betriebe, die Begründungen für einen Verzicht auf eigene F&E oder die Intensivierung dieser Aktivitäten geben, wird hierfür eine derzeit unbefriedigende Ertragslage gemacht. (vgl. Brockhoff, 1980).

In einer späteren Studie weist Brockhoff empirisch einen hoch signifikanten (linearen) Zusammenhang zwischen dem F&E-Budget und dem Umsatz der Vorperiode (bzw. den um zwei Perioden verzögerten Umsatz) nach. "Obwohl das F&E-Management des betrachteten Unternehmens eine zielbezogene Bestimmung des F&E-Budgets anstrebt, fehlen numerische Grundlagen für eine solche Budgetbestimmung. Im praktischen Vollzug dominiert deshalb eine am Umsatz der Vergangenheit orientierte Budgetierung." (Brockhoff, 1986, S. 529).

3.5.2. Zum Rationalitätspostulat der Ökonomie - Risikofreude versus Risikoaversion

In der Theorie der Entscheidung bei Risiko[8] spielt das Bernoulli-Prinzip eine wesentliche Rolle. Das Bernoulli-Prinzip besagt, daß für den Entscheidungsträger eine, auf der Menge aller Auszahlungen definierte, und den Nutzen der jeweiligen Auszahlung messende (Nutzen-)Funktion u existiert, mit der Eigenschaft, daß die verschiedenen Aktionen aufgrund des zugehörigen Nutzenerwartungswertes

---

[8] Eine Risikosituation ist dadurch charakterisiert, daß dem Entscheidungsträger subjektive oder objektive Wahrscheinlichkeiten für das Eintreten der möglichen Umweltzustände bekannt sind.

E[u(x)] beurteilt werden. Dieses Prinzip läßt sich auch aus einer Reihe von sehr plausiblen Axiomen ableiten, die leicht als rational eingestuft werden können (siehe Bamberg und Coenenberg, 1989), so das sich ein Verhalten nach dem Bernoulli-Prinzip als rationales Verhalten deklarieren läßt. Die in vielen Entscheidungssituationen auftauchende Nichtrationalität der individuellen Entscheidungen, d.h. die Verletzung des Bernoulli-Prinzips läßt sich mit Hilfe des bekannten *Allais-Paradoxons* demonstrieren. Folgende Wetten werden dabei angeboten (siehe z.B. Schneeweiß, 1967):

Wette A1: Man erhält 1 Million Francs mit Sicherheit.
Wette B1: Man erhält 5 Millionen Francs mit Wahrscheinlichkeit 0,1 oder 1 Million Francs mit Wahrscheinlichkeit 0,89 oder nichts mit Wahrscheinlichkeit 0,01.

Wurden diese Wetten im Zuge eines Experiments Personen vorgelegt, so gaben viele der Befragten der Wette A1 den Vorzug. In einer zweiten Spielrunde wurde den Probanden eine etwas andere Konstellation gezeigt:

Wette A2: Man erhält 1 Million Francs mit Wahrscheinlichkeit 0,11 oder nichts mit Wahrscheinlichkeit 0,89.
Wette B2: Man erhält 5 Millionen Francs mit Wahrscheinlichkeit 0,1 oder nichts mit Wahrscheinlichkeit 0,9.

Die Mehrheit der Befragten entschied sich in dieser Situation für die Wette B2. Dieses Verhalten widerspricht aber dem Bernoulli-Prinzip und ist daher nicht rational, wie sich leicht überprüfen läßt: Die Wette A1 wird der Wette B1 vorgezogen, der Erwartungsnutzen von A1 ist somit größer als der von B1, d.h. *u(1)>0,1u(5)+0,89u(1)+0,01u(0)*. Gleichzeitig wird aber Wette B2 der Wette A2 vorgezogen, d.h. *0,1u(5)+0,9u(0)>0,11u(1)+0,89u(0)*. Addieren wir die beiden Ungleichungen, so ergibt sich ein Widerspruch, *0,1u(5)+u(1)+0,9u(0)> 0,1u(5)+u(1)+0,9u(0)*, der die Inkonsistenz der Entscheidung zeigt. Das Bernoulli-Prinzip ermöglicht zwar keine Entscheidung darüber, ob A1 oder B1 vorzuziehen ist - das könnte erst nach Vorliegen einer Nutzenfunktion entschieden werden - rational entscheidende Individuen müßten aber bei Wahl von A1 in der ersten Situation, A2 in der zweiten Situation wählen. "Das Beispiel lehrt, daß erstens Rationalität als Verhaltenshypothese vermutlich nur mehr oder weniger approximativ die wirklichen Handlungen beschreiben und erklären kann und daß zweitens Rationalität als Norm zumeist sehr umfangreiche Analysen gegebener Entscheidungssituationen erfordert, wenn sie angewandt werden soll. Beide Punkte schränken die Manipulierbarkeit des Rationalitätsbegriffs zweifellos ein." (Schneeweiß 1967, S. 81). Bezieht ein Individuum in sein Wertsystem die Mühen zur Aufrechterhaltung der Rationalität ein, so ist außerdem folgendes Dilemma möglich: Der Entscheidungsträger handle zwar im Sinne des Bernoulli-Prinzips nicht rational, die Kosten und Mühen für eine rationale Analyse (des Umfeldes bzw. des Problems) werden aber höher bewertet als der erreichbare Vorteil. Vom subjektiven Standpunkt kann die Handlungsweise als vernünftig angesehen werden, vom objektiven Standpunkt des homo oeconomicus bleibt die Handlung des Individuums unrational. Der Begriff der *subjektiven Rationalität* läßt sich auch mit dem Begriff der *bounded rationality* von Simon in Zusammenhang bringen (Schneeweiß, 1967, S. 83). Zum Begriff der *bounded rationality* sei verwiesen auf Simon (1979). Einen guten Überblick über derartige Verhaltensanomalien und ihre Auswirkungen auf dei Wirtschaftswissenschaft gibt Eichenberger (1992).

Ein didaktisch äußerst geeignetes Mittel zur Darstellung von Wetten obiger Art ist das sogenannte *Dreiecksdiagramm* oder *Marschak-Machina-Dreieck* (siehe z.B. Schauenberg, 1990). Mit diesem graphischen Hilfsmittel lassen sich sowohl Indifferenzkurven und Präferenzen der Individuen, als auch die oben gezeigte Verletzung der Theorie des Erwartungsnutzen veranschaulichen, und Lösungsmöglichkeiten aufzeigen (vgl. Machina, 1987).

Das ökonomische Rationalitätspostulat unterstellt nun, daß der typische Entscheidungsträger risikoavers (d.h. die Nutzenfunktion konkav) ist und damit risikoreichere Projekte nur dann durchgeführt werden, wenn sie auch höheren Ertrag versprechen. Somit scheint es eine positive Korrelation zwischen Risiko und Ertrag zu geben.

Empirische Befunde von Bowman (1980) zeigen jedoch, daß in der Mehrzahl der Industrien, Unternehmen mit Erträgen die über dem Durchschnitt lagen, gleichzeitig auch die risikoärmeren, also die mit einer geringeren Varianz der Erträge über die Zeit, waren. Der Ertrag wird dabei an der durchschnittlichen Eigenkapitalrentabilität, das Risiko an der Varianz des Ertrags gemessen. Das Paradoxon das in diesen Untersuchungen gezeigt wird, ist die negative Korrelation zwischen Risiko und Ertrag, und wird *Risk-Return-Paradoxon* genannt. Die Ergebnisse dieser Untersuchung geben einen offensichtlichen Widerspruch zwischen der angenommenen Risikoaversion der Entscheidungsträger und den empirischen Befunden.

Im Anschluß an die erste Untersuchung versucht Bowman (1982) eine Erklärung für das Risk-Return-Paradoxon zu finden. Diese Erklärung scheint im Risikoverhalten des Managements zu suchen zu sein. Experimente der kognitiven Psychologie ergeben nämlich, daß Personen, wenn sie zwischen risikoreichen Projekten wählen, die nur wahrscheinlichen Resultate im Vergleich zu den sicheren Ergebnissen, unterschätzen. Dieser Effekt wird *Sicherheits-Effekt* genannt (Kahneman und Tversky, 1979), und äußert sich in einer Risikoaversion der Individuen, wenn sichere Gewinne im Spiel sind (Gewinnsituation), und in einer "Risikosuche", wenn sichere Verluste involviert sind (Verlustsituation). Ein Beispiel möge dies illustrieren (Tversky und Kahneman, 1981): 150 Personen werden zwei verschiedene Wetten angeboten, von denen sie jeweils eine Alternative auswählen müssen.

Wette 1:

(A) sicherer Gewinn von $240
(B) Gewinn von $ 1000 mit Wahrscheinlichkeit 0,25
    kein Gewinn mit Wahrscheinlichkeit 0,75

Wette 2:

(C) sicherer Verlust von $ 750
(D) Verlust von $ 1000 mit Wahrscheinlichkeit 0,75
    kein Verlust mit Wahrscheinlichkeit 0,25

84% der 150 Befragten wählten Alternative (A) in Wette 1 obwohl der Erwartungswert der Alternative (B) größer als 240 ist. Sie verhielten sich risikoscheu, da sie die sichere Alternative der risikobehafteten vorzogen. Im Gegensatz dazu wurde bei Wette 2 die Alternative (D) präferiert; die risikoreichere Alternative wurde der risikolosen vorgezogen, obwohl die Erwartungswerte gleich sind.

Die in den durchgeführten Experimenten auftretenden Inkosistenzen werden von den Befragten oft korrigiert, nachdem sie darauf hingewiesen wurden. In praktischen Situationen haben Entscheidungsträger einerseits kaum die Möglichkeit festzustellen, daß ihre Präferenzen inkonsistentes Verhalten bewirken und andererseits können Entscheidungen in den meisten Situationen nicht revidiert werden. Außerdem erfolgt eine Korrektur nur dann, wenn derartige Anomalien als Fehler betrachtet werden. Sind Anomalien aber im Präferenzbereich der Individuen angesiedelt, so werden diese Widersprüche in der Präferenzstruktur durch Lernen nicht beseitigt (vgl. Eichenberger, 1992).

Der Zusammenhang zu den F&E-Aktivitäten wir klar mit einer von Perlitz und Löbler (1985) durchgeführten Untersuchung, die die provokante Frage gestellt haben: *Brauchen Unternehmen zum Innovieren Krisen?* Perlitz und Löbler untersuchten, ob Innovationen durch Ertragschancen initiiert werden, oder ob die von Schumpeter formulierte These der "Krise als auslösendes Moment für Innovationen" gilt.

Um die Frage, ob Ertragserwartungen oder Krisen die auslösende Ursache für Innovationen sind, wurden eine Chancen- und eine Krisensituation simuliert und in Form eines Fragebogens 230 Führungskräften zur Entscheidung vorgelegt. Die Chancensituation ist durch eine positive Renditeerwartung gekennzeichnet. Nun wurden einer sicheren Alternative (die sichere Anlage mit 10% Rendite entspricht "weiter wie bisher") zwei unsichere gegenübergestellt.

Chancensituation:

Fall 1 a) sichere Anlage zu 10% Rendite
b) 0% Rendite mit einer Wahrscheinlichkeit von 0,25
15% Rendite mit einer Wahrscheinlichkeit von 0,75

Fall 2 a) sichere Anlage zu 10% Rendite
b) 0% Rendite mit einer Wahrscheinlichkeit von 0,75
45% Rendite mit einer Wahrscheinlichkeit von 0,25

Unter dem Aspekt, daß das mit einer Prozeßinnovation verbunde Risiko und die Renditesteigerung ungleich geringer ist als bei Produktinnovationen, läßt sich Fall 1 als Prozeß-, Fall 2 als Produktinnovation interpretieren.

Die Krisensituation ist durch Verlusterwartungen gekennzeichnet. Die sichere Alternative stellt hier der Fall des (sicheren) Absinkens der Rendite auf -10% (weiter wie bisher).

Krisensituation:

Fall 1 a) sicheres Absinken der Rendite auf -10%

b) kein Absinken der Rendite mit einer Wahrscheinlichkeit von 0,75
Absinken der Rendite auf -45% mit einer Wahrscheinlichkeit von 0,25

Fall 2 a) sicheres Absinken der Rendite auf -10%
b) kein Absinken der Rendite mit einer Wahrscheinlichkeit von 0,25
Absinken der Rendite auf -15% mit einer Wahrscheinlichkeit von 0,75

Wieder entspricht Fall 1 tendenziell einer Prozeß-, Fall 2 einer Produktinnovation. Für eine genaue Begründung sei verwiesen auf Perlitz und Löbler (1985).

Die Ergebnisse der Befragung von Perlitz und Löbler belegen die zuvor angeführten Resultate. Die befragten Führungskräfte zeigten sowohl für Prozeß- als auch für Produktinnovationen in einer Chancensituation Risikoaversion und in einer Krisensituation Risikofreude. Für eine Übersicht zu weiteren Untersuchungen zur Risikoaversion von Managern sei verwiesen auf Kopel (1993).

Perlitz und Löbler untersuchten weiters 212 deutsche Unternehmen und ermittelten wie bei der von Bowman durchgeführten Studie den Zusammenhang zwischen Eigenkapitalrentabilität und dem Risiko, gemessen an Risikomaßen, die sich an der Veränderung der Eigenkapitalrentabilität orientieren (Perlitz und Löbler, 1985). Auch auf der Unternehmensebene kann die Tendenz, daß ertragsstarke Unternehmen Innovationen nur dann realisieren, wenn das damit verbundene Risiko gering ist, sich diese Unternehmen also risikoscheu verhalten, nachgewiesen werden. Ertragsstarke Unternehmen versuchen ihre Situation beizubehalten, Innovationen mit hohem Risiko könnten dieses Vorhaben gefährden und werden daher vermieden. Angemerkt werden soll, daß dieses Verhalten auf lange Sicht nicht durchführbar ist, da bei Annahme von Lebenszyklen eine Überalterung sowohl bei den verwendeten Verfahren als auch in der Programmstruktur die Folge ist. Ein strukturelles Problem ist damit vorprogrammiert und das Unternehmen kommt in eine Krise. In der Krise herrscht risikofreudiges Verhalten vor, Produkt- und Prozeßinnovationen werden durchgeführt. Gelingt der Unternehmung der Strukturwandel, so führt er das Unternehmen, nachdem die Krise überwunden ist, wieder in eine Chancensituation zurück. Nun beginnt der Kreislauf von neuem.

Die Zusammenhänge der Chancensituation und der Krisensituation und deren Einfluß auf die Unternehmensentwicklung wird deutlich in Abbildung 3.4.

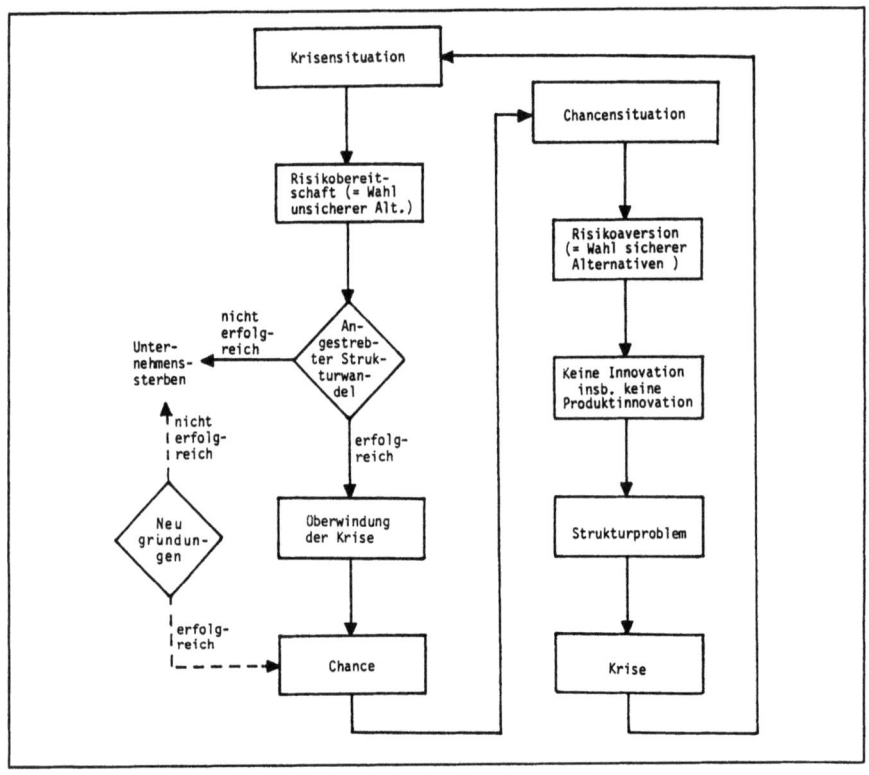

Abb. 3.4: Innovationsfreundliches/innovationsfeindliches Verhalten in Krisen-
/Chancensituationen, entnommen aus Perlitz und Löbler (1985)

Experimente der kognitiven Psychologie zeigen weiterhin, daß den Nutzen bzw. den Wert eines Projekts nicht die endgültige Vermögensposition, sondern die mit dem Projekt in Verbindung gebrachte Veränderung des Vermögens ausmacht (Tversky und Kahneman, 1979). Dies ist auch der Ausgangspunkt für die von Tversky und Kahneman entwickelte *prospect theory*. Hier werden Gewinne und Verluste relativ zu einem neutralen Referenzpunkt (zumeist die derzeitige Vermögensposition oder der status quo, vgl. Eichenberger, 1992) definiert. Diese Theorie wurde entwickelt, um auch das, von der Theorie des Erwartungsnutzens nicht erklärbare, inkonsistente Verhalten von Individuen in einen theoretischen Rahmen zu integrieren.

Der Referenzpunkt in den obigen Experimenten war das derzeitige Vermögen, oder der status quo. In manchen Situationen werden Gewinne oder Verluste relativ zu einem erwarteten Niveau oder einem bestimmten Anspruchsniveau eingeschätzt. Beispielsweise wird ein Investor der mit einem diesjährigen Projektgewinn von 1 Mio. rechnet, einen niedrigeren tatsächlichen Gewinn von 900.000 wie einen Verlust von 100.000 und nicht wie einen reduzierten Gewinn empfinden. Wichtig werden diese Überlegungen in folgendem Zusammenhang: Eine Person hat aus einem abgeschlossenen Geschäft bisher einen Verlust von 2000 erlitten. Nun eröffnet sich eine Chance einen sicheren Gewinn von 1000 zu realisieren, oder die zwischen einer Wette zu wählen, bei der mit Wahrscheinlichkeit 0.5 2000 bzw. nichts zu gewinnen ist. Je nachdem, welcher Referenzpunkt gewählt wird, stellt sich die Situation unterschiedlich dar:

Situation 1: (-2000, 0.5) oder (-1000, 1)
Situation 2: (2000, 0.5) oder (1000, 1)

Wie schon gezeigt, verhalten sich Personen bei der ersten Formulierung risikofreudiger. Damit bewirkt ein Wechsel im Referenzpunkt eine Änderung in den Präferenzen: "This analysis suggest that a person who has not made peace with his losses is likely to accept gambles that would be unacceptable to him otherwise. The well known observation that the tendency to bet on long shots increases in the course of the betting day provides some support for the hypothesis that a failure to adapt to losses or to attain an expected gain induces risk seeking." (Tversky und Kahneman, 1979, S. 287).

Im Modell von Kahneman und Tversky wird davon ausgegangen, daß Auszahlungen hinsichtlich eines vorherbestimmten Referenzpunktes oder Zielniveaus evaluiert werden, um eben diese Auszahlungen in Gewinne oder Verluste umzuwandeln (relativ zum Zielniveau). Das vorherrschende Verhaltensmuster der Risikopräferenz war Risikoaversion für Gewinne und Risikofreude für Verluste. In einer Arbeit von Laughhunn et al. (1980) wird die Risikopräferenz für Ergebnisse unter einem vorgegebenen Zielniveau (Verluste) von 237 Managern aus den USA, aus Kanada und aus Europa untersucht. Diese Personen hatten eine Berufserfahrung von 5-35 Jahren vorzuweisen, und nahmen in ihrer Unternehmung mittlere bis höhere leitende Positionen ein. Die Probanden stammten aus produzierenden Unternehmen, F&E, Bankwesen, Versicherungswesen und anderen Branchen. Die Untersuchungen ergaben, daß eine große Mehrheit der Befragten für Ergebnisse unter dem vorgegebenen Niveau risikofreudiges Verhalten zeigen. Die Ergebnisse zeigten sich auch sehr stabil gegenüber den Einflußfaktoren Erfahrung, Industriezweig und Nationalität, ebenso wie in welchem Zusammenhang die Entscheidung getroffen werden mußte (personell oder manageriell) oder der Größe der Verluste.[9] Die Wichtigkeit des Zielniveaus und der Einfluß auf die Präferenzen der Individuen bei Änderung des Zielniveaus zeigt weiters eine Untersuchung von Payne et al. (1981) eindrucksvoll.

Die in den Experimenten festgestellten Verhaltensweisen können jedoch nicht als irrational bezeichnet werden. Vielmehr sind solche Verstöße gegen das Rationalitätsprinzip als *intellectual limitations* (Tversky und Kahneman, 1981) zu sehen, die von Simon unter dem Aspekt der *bounded rationality* diskutiert wurden. So ist das Auffinden alternativer Formulierungen um Inkonsistenzen mit (mentalen) Anstrengungen verbunden, die gewisse "Kosten" verursachen. Werden diese Kosten aber höher eingeschätzt, als der zu erzielende Nutzen, so wird von einer Überlegung abgesehen, und im derzeitigen Rahmen entschieden.

Individuen verhalten sich also risikofreudig in wenig zufriedenstellenden Situationen
- wie Verlustsituation
- oder wenn Ergebnisse unter dem Anspruchsniveau sind.

Der rationale Hintergrund der diesen Entscheidungen zugrunde liegt ist, daß sie die Verlustsituation verlassen oder das Anspruchsniveau erreichen wollen. "People put in loss situations, or below aspiration levels, may choose higher risks coupled with lower returns." (Bowman, 1982, S. 40).

3.5.3. Anchoring and adjustment

In einer Reihe von Experimenten untersuchten Sterman (1988, 1989a, 1989b) und Sterman et al. (1988) das tatsächliche Entscheidungsverhalten von Individuen. Aufgabe der Probanden war es, ein komplexes dynamisches, mit Zeitverzögerungen, Rückkoppelungen und Nichtlinearitäten versehenes ökonomisches System im Ungleichgewicht zu "managen". Das Verhalten der Manager war systematisch suboptimal. Obwohl die Verhaltensweisen nicht optimal waren, zeigten sie von Individuum zu Individuum bemerkenswerte

---

[9] Überhaupt sind Verhaltensanomalien sehr robust gegenüber Anreizen und Lernmöglichkeiten, Annäherung der Experimentalbedingungen an die Wirklichkeit, Gruppeninteraktion u.ä., vgl. Eichenberger (1992).

Ähnlichkeiten, was zu der Annahme Anlaß gibt, daß sie zumindest ähnliche Entscheidungsregeln verwenden.

Das Entscheidungsverhalten wurde dann mit Hilfe einer Entscheidungsregel abgebildet, welche sowohl den Erkenntnissen der kognitiven Psychologie, als auch denen der begrenzten Rationalität der Individuen gerecht wird. Diese Regel verwendet nur lokal verfübare Information, und setzt keineswegs voraus, daß der Entscheidungsträger globale Information über das System besitzt. Es wurde auch nicht angenommen, daß das Individuum die (kognitive) Kapazität hat, um die optimale Verhaltensweise zu bestimmen.

Die in den Untersuchungen verwendete Entscheidungsregel kann als ein Beispiel für eine *anchoring and adjustement-Heuristik* interpretiert werden (siehe Tversky und Kahneman, 1974). Gemäß dieser Heuristik wird eine (unbekannte) Quantität folgendermaßen bestimmt: Zuerst wird ein bekannter Referenzpunkt (*anchor*) festgelegt. Durch Anpassung (*adjustment*) aufgrund von Effekten anderer Einflußfaktoren, welche weniger klar hervortreten oder deren Effekte unklar sind, wird dieser Referenzpunkt dann verändert. "For example, a firm may estimate next year's sales by anchoring on current sales and adjusting for factors such as macroeconomic expectations, anticipated competitor pricing, etc." (Sterman, 1989b, S. 14).

Mittels der aus den Experimenten gewonnen Zeitreihen wurden nun die jeweiligen Werte der Parameter der Entscheidungsregel ökonometrisch geschätzt. Interessanterweise konnte durch Simulation neben stabilem Verhalten auch chaotisches festgestellt werden. Die Quintessenz ist, daß tätsächliches Entscheidungsverhalten die (endogene) Ursache für erratische Fluktuationen eines Systems sein kann. "The experiment reported here demonstrate that chaos can in fact be produced by the decision-making processes of real people.", und weiter, "The demonstration that chaos can be produced by the decision-making heuristics that people actually use strengthens the argument for the universality of these phenomena. Chaos thus appear to be a common mode of behavior not only in physical systems but in social and economic systems as well." (Sterman, 1988, S. 173). Für eine ausführliche Diskussion der verwendeten Heuristik sei verwiesen auf Kopel (1993).

Als eine der Ursachen für derartig kontraproduktives Entscheidungsverhalten kann eine fehlende Wahrnehmung der Rückkoppelungsstruktur solcher dynamischen Systeme identifiziert werden, d.h. die Entscheidungsträger erkennen die

Auswirkungen ihrer eigenen Entscheidungen nicht. Sie können die wahrgenommenen Oszillationen nicht den verursachenden (endogenen) Quellen zuordnen, vielmehr sehen sie die starken Fluktuationen in exogenen Ursachen begründet. Diese fehlende Fähigkeiten "... are termed 'misperceptions of feedback' because they reflect a failure on the part of the decision maker to asses correctly the nature and significance of the causal structure of the system, particularly the linkages between their decisions and the environment." (Sterman, 1989a, S. 18).

3.6. Ein einfaches Modell

In den vorigen Abschnitten haben wir die Grundlagen für unser Modell ausgiebig behandelt. Zusammenfassend soll das Modell folgende Grundtendenzen beinhalten:

- Die Auswirkungen der F&E-Aktivität auf die Unternehmensentwicklung (Abschnitte 3.1. und 3.2.).
- Die wechselseitige Abhängigkeit des Umsatzes und der Höhe des F&E-Ausgaben wie im Modell von Pinkwart (Abschnitt 3.4.), unter besonderer Berücksichtigung des Lebenszyklus (Abschnitt 3.3.).
- Das tatsächliche Entscheidungsverhalten der Entscheidungsträger, d.h. Risikofreude in Verlustsituationen oder in Situationen unter einem Anspruchsniveau, und Risikoaversion in Gewinnsituation (Abschnitt 3.5.). Die Risikofreudigkeit der Entscheidungsträger wird dabei an der Einstellung gegenüber Innovationen mittels der Höhe der für F&E bereitgestellten finanziellen Mittel gemessen. Hier gilt also, je risikofreudiger, umso mehr Mittel werden bereitgestellt.
- Insbesondere sollen die Erkenntnisse aus der kognitiven Psychologie in die Formulierung der Verhaltensgleichung(en) einfließen.

Wir werden in diesem Abschnitt ein zweidimensionales Basismodell herleiten, welches die oben angeführten Verflechtungen und Bestimmungsmerkmale enthält. In späteren Abschnitten werden wir dieses Modell mit Hilfe der numerischen Methoden der Chaostheorie analysieren und einige interessante Erkenntnisse gewinnen können. Weiters sei später insbesondere auf Modellerweiterungen und deren Auswirkungen auf das dynamische Verhalten des jeweiligen höherdimensionalen Systems eingegangen.

Ausgangspunkt unserer Überlegungen sei eine Unternehmung mit einer Anzahl von Produkten in verschiedenen Phasen des Produktlebenszyklus. Gehen wir vereinfachend von gleichen Lebenszyklen für alle Produkte aus, so resultiert gemessen am Umsatz aus der kontinuierlichen Einführung neuer Produkte, kombiniert mit einer gleichzeitigen stetigen Produktelimination alter Produkte, eine Stagnation in der Unternehmensentwicklung (vgl. Brockhoff, 1981). Wachstum kann nur durch verstärkte Produkteinführungen, d.h. durch (über einen gewissen Schwellenwert hinausgehende) F&E-Anstrengungen erreicht werden. Werden die F&E-Anstrengungen sogar reduziert (die F&E-Ausgaben unterschreiten diesen Schwellenwert), so reicht der Strom der Produkteinführungen nicht mehr aus, um die aus dem Produktionsprogramm ausscheidenden Produkte zu ersetzen, und die Unternehmung gerät in eine Schrumpfungsphase. Bezeichnen wir mit E_t den Umsatz der Periode t, die Wachstumsrate bzw. Schrumpfungsrate (beide werden vereinfacht als gleich angenommen) mit μ, den absoluten Wert der Forschungs- und Entwicklungsausgaben mit F_t, und den Schwellenwert, der den Charakter einer minimalen Forschungsaktivität hat (vgl. Abschnitt 3.4), mit F_{min}, so läßt sich dieser Zusammenhang analytisch schreiben als

$$\frac{E_{t+1} - E_t}{E_t} = \begin{cases} \mu & \text{für } F_t > F_{min} \quad \text{Wachstum} \\ 0 & \text{für } F_t = F_{min} \quad \text{Stagnation} \\ -\mu & \text{für } F_t < F_{min} \quad \text{Schrumpfung} \end{cases}$$

Realistischerweise werden wir keine sprunghafte, sondern eine kontinuierliche Veränderung der Wachstumsraten bei Änderung der F&E-Ausgaben erwarten können. Deshalb ersetzen wir die unstetige Funktion durch eine stetige, und gelangen so zur ersten Differenzengleichung des Modells

$$E_{t+1} = E_t + \left(\frac{2}{\pi}\mu \, arctan\lambda(F_t - F_{min})\right)E_t. \qquad (3.7)$$

Gleichung (3.7) repräsentiert einen s-förmigen Zusammenhang zwischen der Wachstumsrate des Unternehmens und den, einen gewissen Schwellwert übersteigenden F&E-Ausgaben. Die F&E-Ausgaben der Periode t werden erst mit einer Zeitverzögerung von einer Periode ergebniswirksam! Der Parameter λ bestimmt die Steilheit der S-Kurve (Abbildung 3.5).

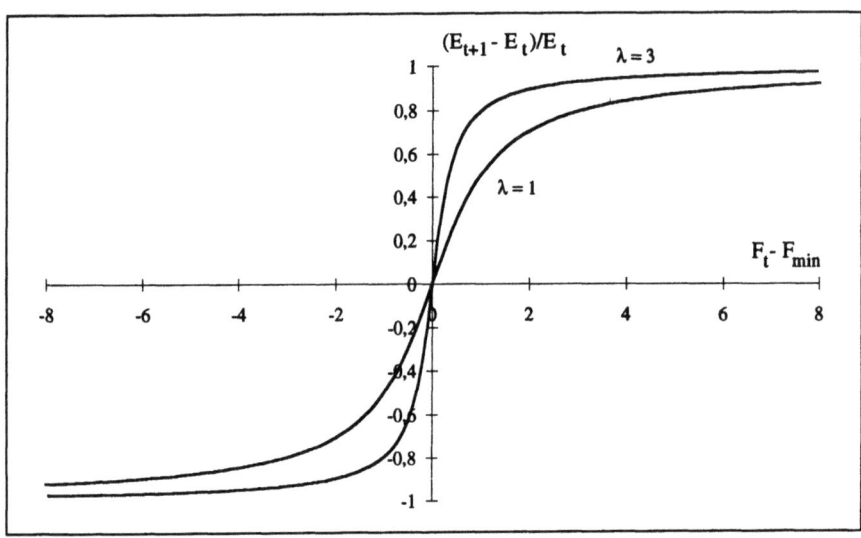

Abb. 3.5: S-förmiger Zusammenhang zwischen der Wachstumsrate und den Forschungsausgaben mit $\mu=1$; der Parameter λ bestimmt die Steigung der Kurve.

Je größer der Wert für λ, umso größer ist der Umsatzzuwachs bei gleichem Abszissenwert $F_t - F_{min}$. Da in diesem Fall, F&E-Anstrengungen sehr rasch zu hohen zählbaren Erfolgen führen, kann dies ökonomisch so interpretiert werden, als wäre die Transparenz des Marktes sehr hoch, d.h. neue Produkte werden rasch bekannt und werden von vielen Personen gekauft. Eine zweite mögliche Interpretation bezieht sich auf die Charakteristik der Käuferschichten. In obigem Fall, wenn also ein bestimmtes F&E-Budget auf verhältnismäßig hohe Umsatzsteigerungen führt, nehmen die Abnehmer Neuprodukte sehr rasch auf; sie sind daher der Gruppe der Innovatoren zuzurechnen. Hohe Werte für den Parameter λ stehen also für einen hohen Innovatorenanteil in der Käuferschicht.

Die Größe des Parameters μ bestimmt die maximal mögliche Wachstumsrate pro Zeitschritt, und steht damit in gewissem Maße für das Marktpotential.

Die für F&E bereitgestellten Mittel werden von der Unternehmensleitung festgelegt. Einflußfaktoren bei der Festlegung sind neben Vergangenheitsgrößen von Umsatz bzw. Gewinn auch die Risikohaltung der Entscheidungsträger. Die unbekannte Quantität der F&E-Ausgaben der nächsten Periode wird mit Hilfe einer

Entscheidungsregel festgelegt, die als anchoring and adjustment-Heuristik interpretiert werden kann.

Als Orientierungsgröße dienen nach der Untersuchung von Schanz (1972) die Erhaltungsgrößen (Abschnitt 3.5.1.). Deshalb soll hier das Forschungsbudget des Vorjahres als Anker dienen. Dies ist unmittelbar einsichtig, da auch die Kapazitäten des Vorjahres heuer zur Verfügung stehen, und so gewisse Rahmenbedingungen vorgegeben sind. Die Orientierung an einer Quantität der Vergangenheit kann auch als Ausprägung des *status quo bias* interpretiert werden, nach denen Individuen immer dazu tendieren, die derzeitige Situation beizubehalten (vgl. Samuelson und Zeckhauser, 1988).

Anpassungen (adjustments) werden gemäß den Ausführungen der vorigen Abschnitte folgendermaßen vorgenommen: Sind die Ergebnisse unter einem gewissen Anspruchsniveau, so werden die Anstrengungen verstärkt, sind sie darüber, so werden die Aktivitäten reduziert. Dies kann in zwei Richtungen präzisiert werden.

- Die erste Richtung zielt auf eine Festlegung eines Anspruchsniveaus für den Umsatz durch die Unternehmensleitung ab. Dieses Niveau könnte beispielsweise eine obere Schranke für den, mit der derzeitigen Kapazität bewätigbaren Umsatz dastellen, wobei diese eventuell durch gewisse Maßnahmen (kurzfristig) auch überschritten werden kann. Trotzdem wird natürlich eine möglichst große Auslastung angestrebt, d.h. bei Unterschreiten des Anspruchsniveaus werden die F&E-Aktivitäten verstärkt, bei Überschreiten reduziert.
- Die zweite Richtung zielt auf das Risikoverhalten der Entscheidungsträger ab (siehe Perlitz und Löbler, 1985, Abschnitt 3.5.2.), die in Situationen unterhalb eines Anspruchsniveaus risikofreudig sind, und damit mehr für F&E bereitstellen, in Situationen über dem Anspruchsniveau aber plötzlich ihre Verhaltensweise ändern und risikoavers agieren, d.h. die F&E-Aktivität reduzieren. Die in der Entscheidungsregel auftretende Schwelle ist eine kognitive Schwelle, ab der sich die Verhaltensweise der Entscheidungsträger ändert.

Mit diesen Ausführungen und unter Beachtung der Nichtnegativität der F&E-Ausgaben läßt sich die Entscheidungsregel formulieren als

$$F_{t+1} = Max\left\{0, F_t + \theta(E^* - E_t)\right\}. \tag{3.8}$$

E^* kennzeichnet die kognitive Schwelle des Entscheidungsträgers und E_t den Umsatz der Periode t. Der Parameter E^* wird zunächst als konstant angenommen. Diese Einschränkung werden wir jedoch später lockern, und im Sinne der Theorie des Aspirationsniveaus Änderungen für diesen Schwellenwert zulassen. Für den Parameter E^* können aber auch prognostizierte bzw. erwartete Größen (des Umsatzes) angesetzt werden (siehe auch Sterman, 1988). Der Verhaltensparameter θ mißt den Grad der Sensitivität der Unternehmensleitung auf eventuelle Über- oder Unterschreitungen. Je größer dieser Parameter, umso agressiver reagiert der Entscheidungsträger. Eine graphische Darstellung der Funktion aus (3.8) zeigt Abbildung 3.6.

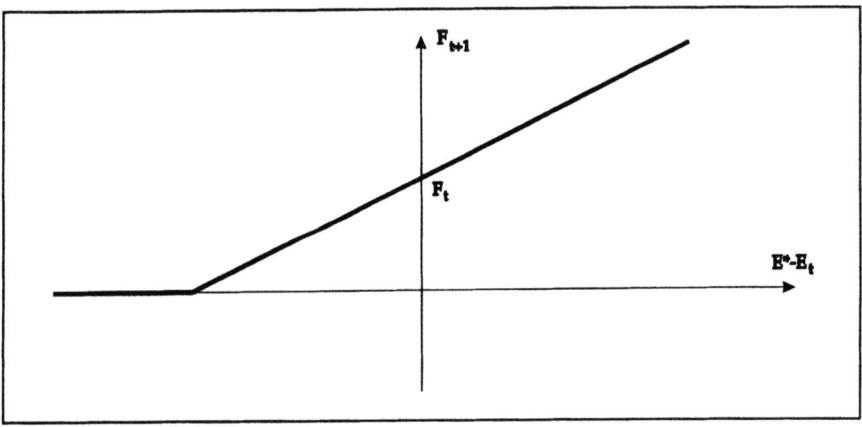

Abb. 3.6: Als Ankerpunkt dienen die F&E-Ausgaben der Vorperiode; Anpassungen werden nach Vergleich des Ergebnisses mit E^* vorgenommen.

Das Basismodell besteht damit aus den beiden Differenzengleichungen (3.7) und (3.8)

$$E_{t+1} = E_t + \left(\frac{2}{\pi}\mu\, arctan\lambda(F_t - F_{min})\right)E_t$$

$$F_{t+1} = Max\left\{0, F_t + \theta(E^* - E_t)\right\} \tag{3.9}$$

Da in der betrieblichen Praxis Budgetzuteilungen periodisch vorgenommen werden, ist die Wahl einer diskreten Zeitskala problemadäquat. Der Gleichgewichtswert, d.h. jener Wert in dem das System verharrt, läßt sich leicht als (E^*, F_{min}) bestimmen. Die F&E-Ausgaben gehen in die erste Gleichung mit positivem, der Erlös der Periode t in die zweite Gleichung mit negativem Vorzeichen ein. Abbildung 3.7. zeigt diesen Zusammenhang:

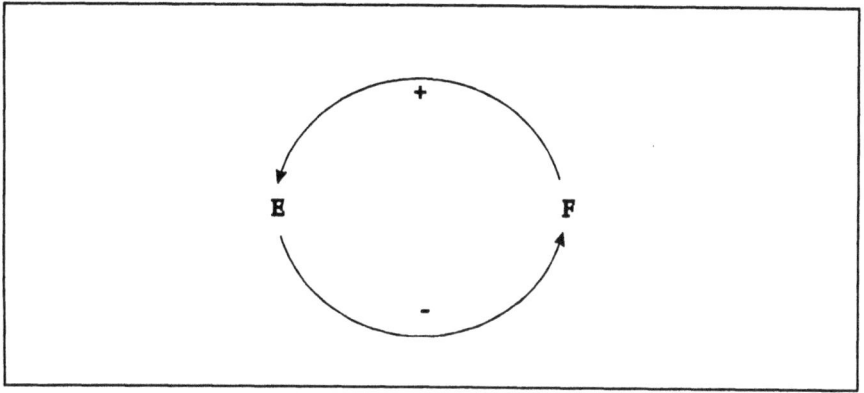

Abb. 3.7: Wechselseitige Abhängigkeit von Umsatz und F&E-Ausgaben im Modell

Wie wir später sehen werden, kann die Kombination dieser beiden Effekte seltsames Verhalten auslösen. Bevor wir jedoch zur Analyse des Modells übergehen, wollen wir in den nächsten beiden Abschnitten noch zwei zentrale Methoden der Chaostheorie vorstellen. Das Konzept der *Lyapunov-Exponenten* haben wir schon in Kapitel 2 eingeführt. Wir wollen hier eine Verallgemeinerung auf höherdimensionale Systeme kennenlernen, und eine intuitive Interpretation dieses wichtigen Charakterisierungsmerkmals dynamischer Systeme geben. Weiters sei eine Methode vorgestellt, die in (fast) allen Hilfsmittel der numerischen Analyse von höherdimensionalen dynamischen Systemen Verwendung findet, die *Methode von Takens*. Sie spielt eine zentrale Rolle bei der Klassifikation empirisch ermittelter Zeitreihen, insbesondere bei der numerischen Bestimmung der Lyapunov-Exponenten und der Dimension von Attraktoren.

3.7. Lyapunov-Exponenten in höherdimensionalen Systemen

Eine Definition der Lyapunov-Exponenten für eindimensionale diskrete Systeme haben wir in Abschnitt 2.8 gegeben. Wir wollen nun eine intuitiv fassbare Erklärung der Lyapunov-Exponenten für höherdimensionale Systeme geben.

In höherdimensionalen Systemen spannen die Zustandsvariablen einen Raum auf, der Phasenraum genannt wird. Betrachten wir nun eine Menge von Anfangswerten im Phasenraum, die in einem Kreis in der Ebene mit Radius r_0 liegen. In einem dissipativen dynamischen System, das ist ein System welches Volumina im Phasenraum im Zeitablauf kontrahiert, wird dieser Kreis in ein kleineres Objekt mit (möglicherweise) verschiedener Gestalt abgebildet. Abbildung 3.8. illustriert diesen Vorgang (vgl. auch Loistl und Betz, 1993).

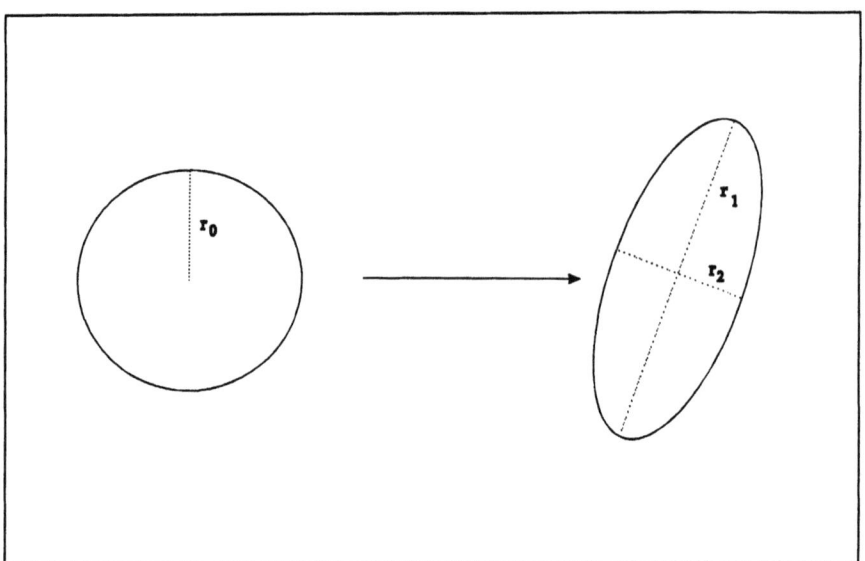

Abb. 3.8: Ausdehnen und Zusammenziehen in dynamischen Systemen

Der Radius r_0 wurde also in eine Richtung gestreckt, $r_1=\mu_1 r_0$, in der anderen Richtung gestaucht, $r_2=\mu_2 r_0$. Nach N Schritten ergeben sich die Radien der Ellipse zu $r_i=\mu_i{}^N r_0$, oder wenn wir Logarithmen benutzen

$$log_2\mu_i = \frac{1}{N}log_2\frac{r_i}{r_0}.$$

Bilden wir den Grenzübergang, so erhalten wir die Lyapunov-Exponenten mit

$$\lambda_i = log_2\mu_i = \lim_{N\to\infty}\frac{1}{N}log_2\frac{r_i}{r_0}.$$

Die Lyapunov-Exponenten charakterisieren nun gerade die Langzeitentwicklung der Hauptachsen der Ellipse. Das Vorzeichen bestimmt, ob in eine Richtung gestreckt (Vorzeichen positiv) oder gestaucht (Vorzeichen negativ) wird. Ist nun eines der Vorzeichen positiv, so wird damit das Ellipsoid unendlich gestreckt. Diese Streckung ist dafür verantwortlich, daß zwei nahe beieinander liegende Punkte auseinanderstreben, wobei die Größe der Lyapunov-Exponenten ein quantitatives Maß für das Ausmaß dieses "Auseinanderdriftens" ist (sensitive Abhängigkeit von den Anfangsbedingungen). Findet diese Bewegung aber auf einem (mehrdimensionalen) Attraktor statt, der ja begrenzt ist, so kann dieses Auseinanderstreben, das eine dynamische Eigenschaft des Systems charakterisiert, nicht ad infinitum fortgesetzt werden, sondern es muß das Ellipsoid schließlich wieder "zurückgefaltet" werden, und in der Nähe der ursprünglichen Lokation zu liegen kommen.[10] Durch diese Faltung weisen chaotische Systeme auch ein Mischverhalten auf, und ursprünglich sehr weit auseinanderliegende Punkte können, geometrisch gesehen, einander wieder sehr nahe kommen (es sei in diesem Zusammenhang auf die Chaos-Definition 4 in Abschnitt 2.5. verwiesen). Dieser Mechanismus führt uns auch auf den Begriff des seltsamen Attraktors, auf den wir später eingehen werden.

---

[10] Am einfachsten ist dieser Mechanismus für die Sytemdynamik (2.6) mit e=1 zu sehen. Wie wir schon in Kapitel 2 erkannt haben, ist die Abbildung auf dem gesamten Intervall I=[0,8] chaotisch und mit jeder Iteration wird der Abstand zweier Punkte verdoppelt. Da das Intervall I endliche Länge aufweist, kann diese Verdopplung der Anfangsdifferenz nicht ad infinitum fortgesetzt werden, sondern es findet eine Faltung statt, die die Punkte in I verweilen läßt (vgl. Loistl und Betz, 1993). Dieser Prozeß kann mit dem Kneten eines Teiges illustriert werden: Der Teig wird zunächst mit Hilfe eines Nudelholzes ausgerollt (ursprünglich nahe gelegene Punkte streben auseinander) und wird dann wieder eingeschlagen (die Punkte kommen einander wieder nahe). Dieser Vorgang wird wieder und wieder durchgeführt. Eine überaus instruktive Darstellung findet sich in Peitgen et al. (1992).

Die Entwicklung des Verhältnisses zweier Achsen, $\frac{r_1}{r_0}$, läßt sich nun wie in Abschnitt 2.8 formal durch die Linearisierung des Systems beschreiben. Offensichtlich gibt es in n-dimensionalen Systemen $x_{t+1} = f(x_t)$, $x_t \in R^n$, (n>1) genau so viele Lyapunov-Exponenten, wie es Phasenraumkoordinaten gibt, d.h. i=n. Bezeichnen wir mit $\frac{df(x_0)}{dx}$ die Jacobi-Matrix

$$J = \begin{pmatrix} \frac{\partial f_1}{\partial x_1} & \cdots & \frac{\partial f_1}{\partial x_n} \\ \vdots & \ddots & \vdots \\ \frac{\partial f_n}{\partial x_1} & \cdots & \frac{\partial f_n}{\partial x_n} \end{pmatrix}$$

so gilt für die Differenz $\delta x_0 = x_0 - x_0'$ zweier Anfangswerte x_0 und x_0' nach 1 Iteration $\delta x_1 = x_1 - x_1' \approx J \delta x_0$. Nach N Iterationen beläuft sich die Differenz auf

$\delta x_N = x_N - x_N' \approx J^{(N)} \delta x_0$, wobei $J^{(N)} = \frac{df^{(N)}(x_0)}{dx}$ wegen der Kettenregel gleich dem Produkt der N Jacobi-Matrizen J, ausgewertet in x_0 ist (siehe Lorenz, 1989). $J^{(N)}$ ist eine $n \times n$-Matrix, die n Eigenwerte κ_i^N, i=1,...,n besitzt, die wir uns nach der Größe geordnet denken, $\kappa_1^N \geq \kappa_2^N \geq ... \geq \kappa_n^N$. Die Lyapunov-Exponenten λ_i, i=1,...,n sind nun eine Verallgemeinerung des Begriffs der Eigenwerte für einen periodischen Orbit, auf komplexere Attraktoren (Hommes, 1991):

$$\lambda_i = \lim_{N \to \infty} \frac{1}{N} \log_2 \left| \kappa_i^N \right|.$$

Die Existenz dieses Grenzwertes für fast alle Anfangswerte x_0 folgt aus dem multiplikativen Ergodentheorem von Oseledec (siehe Eckmann und Ruelle, 1985).

Chaotische Systeme sind charakterisiert durch die sensitive Abhängigkeit von den Anfangsbedingungen. Nun können chaotische Systeme durchaus auch einem "Endzustand" zustreben, nur das eben dieses System auf dem Attraktor die obengenannte Eigenschaft besitzt. Dieser Endzustand wird dann *chaotischer*

Attraktor genannt. Die Lyapunov-Exponenten helfen uns nun, eine Klassifizierung der Attraktoren zu geben.

Ein stabiler periodischer Orbit wird durch negative Lyapunov-Exponenten charakterisiert. Ein chaotischer Attraktor besitzt (mindestens) einen positiven Lyapunov-Exponenten. Für einen quasi-periodischen Attraktor ist der größte Lyapunov-Exponent gleich 0. Ein quasi-periodischer Attraktor ist homöomorph zu einem Kreis, und der größte Lyapunov-Exponent ist gleich 0, während alle anderen Lyapunov-Exponenten kleiner als 0 sind (vgl. Hommes, 1991). Ein typischer Zeitpfad auf einem quasi-periodischer Attraktor ist zwar aperiodisch, wie auch die Bewegung auf einem chaotischen Attraktor, aber da hier die Eigenschaft der sensitiven Abhängigkeit von den Anfangsbedingungen fehlt, können gute Prognosen gemacht werden. Eine anfänglich vorhandene Differenz in den Anfangsbedingungen zweier Orbits wird nicht verstärkt, sondern bleibt in dieser Größenordnung erhalten. Die Eigenschaften der Aperiodizität und der sensitiven Abhängigkeit von den Anfangsbedingungen sind nicht untrennbar miteinander verbunden. Es gibt Systeme, die aperiodisches Verhalten zeigen, ohne sensitiv auf Änderungen der Anfangswerte zu reagieren, und Systeme die letztere Eigenschaft aufweisen, aber keiner aperiodische Bewegung folgen (siehe Kelsey, 1988).

Was ist nun unter einem *seltsamen Attraktor* zu verstehen? Solche Attraktoren zeigen eine "Cantormengen-ähnliche" Struktur.[11] Sukzessive Vergrößerungen enthüllen immer mehr Details des Attraktors. Präziser gesagt, wird durch die Vergrößerungen der Eindruck erweckt, daß der Attraktor lokal das Produkt einer 1-dimensionalen Kurve und einer Cantor-Menge ist. Durch aufeinanderfolgende Vergrößerungen werden zwar immer mehr Details enthüllt, der Prozeß der Vergrößerungen wird aber nie mit dem Bild einer einzigen zusammenhängenden Kurve enden. Ein Attraktor mit einer solchen Struktur wird nun *seltsamer Attraktor (strange attractor)* genannt.

Betrachten wir jedoch nur das dynamische Verhalten auf dem Attraktor, und besitzen die Zeitpfade auf einem Attraktor die Eigenschaft der sensitiven Abhängigkeit von den Anfangsbedingungen, so wird der Attraktor *chaotischer Attraktor* genannt.

Es wird also hier mit dem Terminus *seltsam* auf die Geometrie oder die Gestalt des Attraktors Bezug genommen, der Terminus *chaotisch* beschreibt jedoch das

---

[11] Zum Begriff der Cantor-Menge siehe z.B. Peitgen et al. (1992).

dynamische Verhalten auf dem Attraktor. So gibt es Attraktoren, die seltsam, jedoch nicht chaotisch, wohingegen andere chaotisch, aber nicht seltsam sind, siehe Grebogi et al. (1984). Beide Eigenschaften treten aber zumeist gleichzeitig auf. Wohlbekannte Beispiele hierfür sind der Hénon-Attraktor, der Rössler-Attraktor oder der Lorenz-Attraktor. Abbildungen dieser Attraktoren finden sich z.B. in Peitgen et. al. (1992). Weitere Beispiele für chaotische, nicht seltsame und chaotische, seltsame Attraktoren wird die Analyse unseres Modells ergeben. Es sei hier angemerkt, daß die Terminologie in der Literatur keineswegs einheitlich ist (vgl. auch Hommes, 1991). So werden oft die Begriffe synonym, oder der Terminus seltsam wird in Zusammenhang mit der sensitiven Abhängigkeit von den Anfangsbedingungen als dynamisches Konzept verwendet (z.B. Eckmann und Ruelle, 1985). Wir werden hier jedoch eine klare Unterscheidung der beiden Konzepte treffen.

Die obigen Ausführungen geben Anlaß zu folgender

Chaos-Definition 5: Ein dissipatives dynamisches System ist chaotisch, wenn der größte Lyapunov-Exponent positiv ist.

Der Vorteil dieser Definitionen im Vergleich zu denen in Abschnitt 2.5 ist, daß eine Überprüfung durch numerische Berechnung der Lyapunov-Exponenten möglich ist. Dazu wurden effiziente Algorithmen entwickelt, auf die später kurz eingegangen werden soll.

3.8. Rekonstruktion von Attraktoren - Die Methode von Takens

In vielen praktischen Situationen liegen von einem System nur Beobachtungen einer Zustandsvariablen z zu bestimmten Zeitpunkten vor, und es ist zu entscheiden, ob das zugrundeliegende System stochastischer oder deterministischer Natur ist. Die einzige Information, die vorliegt ist also eine Sequenz von Zahlen

$z_0=z(0), z_1=z(\tau), z_2=z(2\tau), z_3=z(3\tau), \ldots$

Es stellt sich die Frage, ob sich, ohne das die Daten generierende System zu kennen, Information über eben dieses System, z.B. Attraktoren oder Lyapunov-

Exponenten, aus den vorliegenden beobachteten Werten der Zustandsvariable gewinnen läßt. Um eine Idee für das Vorgehen zu bekommen, betrachten wir zwei Zeitreihen, die beide zufällig aussehen (Abbildung 3.9.a. und b.).

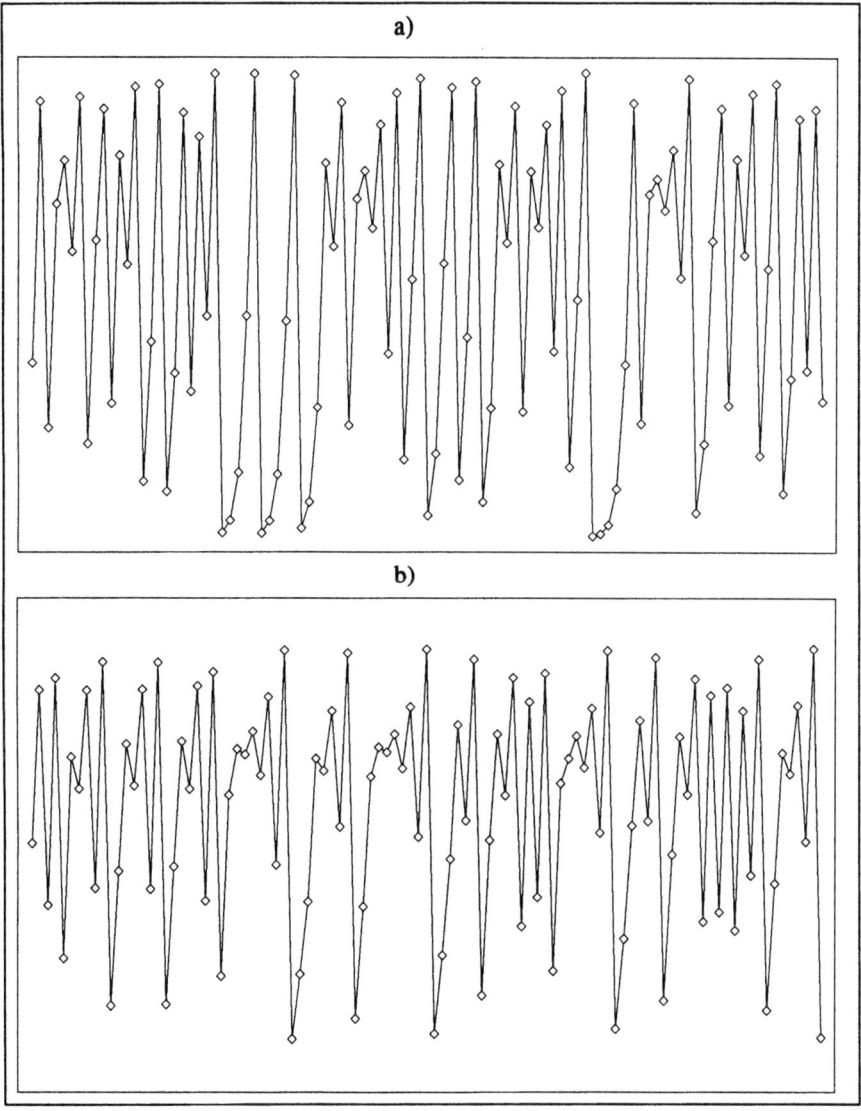

Abb. 3.9: Zwei zufällig aussehende Zeitreihen

Ist eine der Zeitreihen deterministischen Ursprungs, so müssen die Zahlenwerte einem bestimmten Bildungsgesetz folgen. Mit anderen Worten, der aktuelle Wert z_k muß von der Vergangenheit der Variablen z_{k-1}, z_{k-2}, z_{k-3},... abhängen. Nehmen wir hier einmal an, daß z_k von der nahen Vergangenheit, insbesondere von z_{k-1} stark, von der früheren Vergangenheit nur sehr schwach abhängt. Diese Annahme läßt sich dadurch überprüfen, indem wir in einer Abbildung die Werte z_k gegen die vorangegangenen Werte z_{k-1} erfassen (Abbildung 3.10.; vgl. auch Loistl und Betz, 1993).

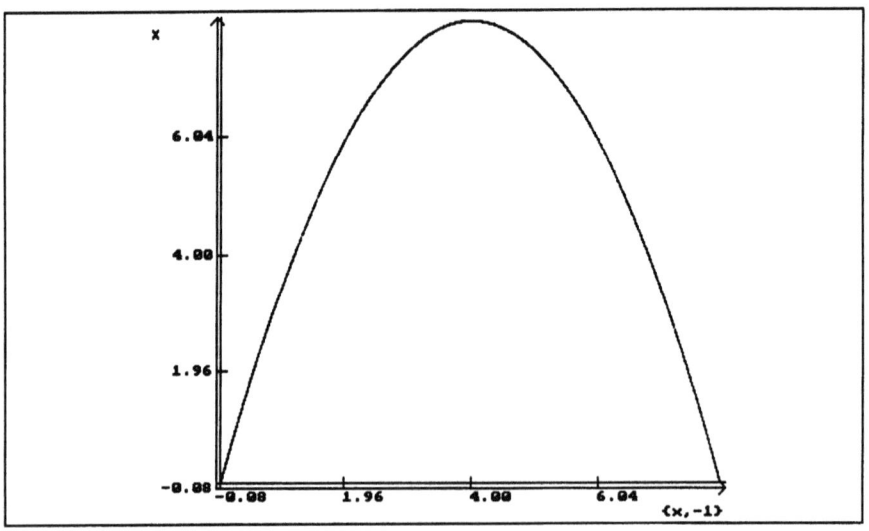

Abb. 3.10: Quadratischer Zusammenhang zwischen z_k und dem Vorgänger z_{k-1}

Sehr deutlich tritt hier eine Parabel hervor, die den Ursprung der ersten Zeitreihe enthüllt. Die Daten wurden durch Simulation des Systems (2.6) für die in Abschnitt 2.1 angegebenen Parameterwerte und $e=1$ mit einem Startwert von $x_0=3$ für die ersten 100 Perioden generiert. Die oben beschriebene simple Prozedur kann jedoch nicht nur Strukturen in solch einfachen Fällen enthüllen, wie Abbildung 3.11. zeigt. Hier wurde dieselbe Vorgangsweise auf die zweite Zeitreihe (Abbildung 3.9.b) angewendet. Wieder läßt sich klar ein struktureller (deterministischer) Zusammenhang zwischen z_k und z_{k-1} erkennen, der hier im Gegensatz zur ersten Zeitreihe nicht den Graphen der Funktion wiedergibt, aber als Attraktor eines

zugrundeliegenden deterministischen Systems interpretiert werden kann, und so
Anlaß zu weiteren numerischen Untersuchungen in dieser Richtung gibt.

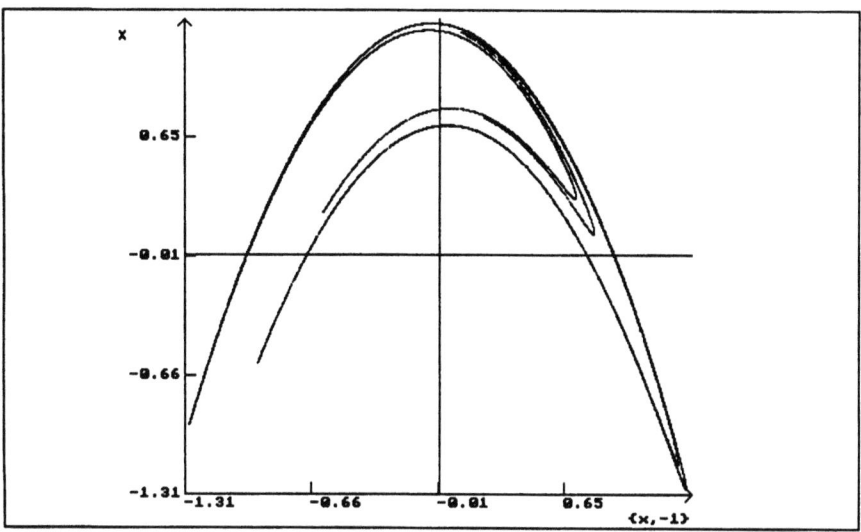

Abb. 3.11: Klar erkennbarer struktureller Zusammenhang zwischen z_k und z_{k-1}

Die zweite Zeitreihe in Abbildung 3.9. zeigt die Entwicklung der Systemvariablen x der Hénon-Abbildung

$$x_{k+1} = y_k + 1 - ax_k^2$$
$$y_{k+1} = bx_k$$

für a=1.4 und b=0.3 für einen Startwert von (x_0, y_0)=(0,0) über die ersten 100 Perioden. Abbildung 3.11. zeigt sehr starke Ähnlichkeit mit einem Paradebeispiel eines chaotischen und seltsamen Attraktors, dem Hènon-Attraktor (siehe Hommes, 1991).

Ist die Dimension des Attraktors größer, so reicht es natürlich nicht, nur die Variablenwerte jeweils mit ihrem Vorgänger zu betrachten. Ist die Dimension des Attraktors beispielsweise 3, wie für den Lorenz-Attraktor, so würden die Variablenwerte ein solches niedrigdimensionaleres (z_k, z_{k-1})-Fenster dicht ausfüllen. Betrachten wir hingegen höherdimensionale Vektoren mit 2N+1 Komponenten der Form u(t)=(z(t), z(t+T), ..., z(t+2NT)), so läßt sich die Struktur des Attraktors für hinreichend großes N erkennen. So kann beispielsweise der Lorenz-Attraktor aus der Zeitreihe für N=1 rekonstruiert werden (siehe dazu Peitgen et al., 1992).

Für die Rekonstruktion des Attraktors nach der Takens-Methode (Takens, 1981) gehen wir bei gegebenen Beobachtungen x_1, x_2, ..., x_T eines Systems wie folgt vor: Wir fassen die T skalaren Werte von x zusammen in der Form der sogenannten *m-histories*,

$$x_1^m = (x_1, x_2, ..., x_m)$$
$$x_2^m = (x_2, x_3, ..., x_{m+1})$$
$$\vdots$$
$$x_{T-m+1}^m = (x_{T-m+1}, x_{T-m+2}, ..., x_T)$$

Der Parameter m wird dabei die *Einbettungsdimension* genannt. Dieses Verfahren transformiert die T skalaren Werte in T-m+1 Vektoren mit überlappenden Eintragungen. Jede m-history beschreibt nun einen Punkt in einem m-dimensionalen Raum. Die Menge aller m-histories beschreibt ein m-dimensionales Objekt. Die Einbettungsdimension m ist die topologische Dimension des Raumes, in welchem der Attraktor "lebt", und vereinfacht gesagt, bezeichnet m die Anzahl der Achsen die zur Beschreibung des Attraktors benötigt werden. Die Idee für experimentell erfaßte Daten ist nun einfach: Stammen die generierten Punkte von einem stochastischen System, so wird mit steigendem m auch die Dimension des Raums, welchen die m-histories beschreiben, steigen und gleich m sein; "..., that is, random variables are space filling" (Ramsey et al., 1988, S. 5). Ist das datenerzeugende System jedoch deterministischer Natur, so wird bei steigender Einbettungsdimension die Dimension des durch die m-histories beschriebenen Objekt nicht über einen bestimmten Wert steigen.

Nach einem Ergebnis von Takens ist dieses so rekonstruierte Objekt topologisch äquivalent dem ursprünglichen Attraktor des wahren (aber im allgemeinen unbekannten) Systems, wenn gewisse Bedingungen erfüllt sind (siehe z.B. Lorenz, 1989). Mit anderen Worten, der rekonstruierte Attraktor hat dieselben dynamischen Eigenschaften wie der ursprüngliche Attraktor (und damit beispielsweise die selben

Lyapunov-Exponenten). Es gelingt also unter gewissen Bedingungen, aus einer einzigen Zeitreihe das Verhalten des wahren Systems zu rekonstruieren.

In praktischen Situationen wählen wir eine vorherbestimmte Verzögerung τ um Vektoren der Form $(x_t, x_{t+\tau}, ..., x_{t+(m-1)\tau})$ zu erhalten. In den Algorithmen zur numerischen Berechnung der Lyapunov-Exponenten wird auf die Rekonstruktion des Attraktors mit der Takens-Methode zurückgegriffen. Wir werden auf diesen Sachverhalt später noch genauer eingehen.

Die wichtigste Erkenntnis des Takens-Theorems ist, daß Information über ein (möglicherweise hochdimensionales) unbekanntes Modell durch Beobachtung nur eines Zeitpfades gewonnen werden kann. Diese Tatsache stellt die Verbindung zwischen dem "wahren" unbekannten System und einem, aus den Daten konstruierten Hilfssystem her. Mit Hilfe dieser Konstruktion können die wesentlichen qualitativen Merkmale des wahren dynamischen Systems hergeleitet werden. Ist der aus den vorliegenden Daten rekonstruierte Attraktor zusätzlich niedrigdimensional, so liefert dies eine vereinfachte, aber korrekte Darstellung des ursprünglichen großen Systems.

Die Takens-Methode kann als Mittel zur Bestimmung der minimalen Komplexität aufgefaßt werden. Besondere Relevanz hat dies für ökonomische Belange, da die Datensätze kurz sind und die Modelle je nach Möglichkeit niedrigdimensional sein sollen. Haben wir mit Hilfe der Takens-Methode die Dimension des Attraktors und damit das Minimum der Komplexität des untersuchten Systems festgestellt, muß noch eine adäquate Modellformulierung gefunden werden, um beispielsweise Empfehlungen für die Entscheidungsträger ableiten zu können. Hier sind wir jedoch auf eine gewisse a priori Theorie angewiesen, da es klarerweise unendlich viele mögliche Repräsentationen des wahren Systems gibt. Nur eine zugrundeliegende Theorie könnte Empfehlungen geben, welches Modell das "richtige" ist. Weiters muß auf traditionelle statistische Hilfsmittel zurückgegriffen werden, um die Parameter des gewählten Modells für die vorliegenden Daten zu schätzen, d.h. den "fit" des Modells zu garantieren. Die Behandlung dieser Fragen ist zum größten teil noch offen (vgl. Medio, 1992).

3.9. Analyse des Modells

In diesem Abschnitt wollen wir das dynamische Verhalten des Systems (3.9) in den zwei Zustandsvariablen E und F mit Hilfe der vorgestellten Methoden analysieren. Insbesondere wollen wir den Einfluß der Entscheidungsträger auf die Entwicklung des Umsatzes E über die Zuteilung der F&E-Ausgaben F untersuchen. Hier stellen wir uns vor allem die Frage, ob das Entscheidungsverhalten der Unternehmer neben zyklischem (siehe Abschnitt 3.5.2.) auch komplexeres Systemverhalten auslösen kann.

Bei der Analyse des Modells gehen wir stufenweise vor. Zunächst wollen wir die Stabilität des eindeutigen Gleichgewichts (E^*, F_{min}) mit Hilfe der Eigenwerte der Linearisierung untersuchen (Abschnitt 3.9.1). Danach betrachten wir die zeitliche Entwicklung des Umsatzes und der Forschungs- und Entwicklungsausgaben für zwei verschiedene Parameterkonstellationen und vergleichen diese Darstellung mit einer Betrachtung im Phasenraum (Abschnitte 3.9.2 und 3.9.3). Wie schon in Kapitel 2 sind wir natürlich nicht nur an zwei konkreten Parameterkonstellationen interessiert, sondern wollen die Änderungen im qualitativen dynamischen Verhalten bei Variation eines Parameters (mehrerer Parameter) abschätzen können. Dazu betrachten wir die Bifurkationsdiagramme bei Variation der Parameter θ und λ (Abschnitt 3.9.4). Da das Bifurkationsdiagramm immer nur einen Hinweis auf chaotisches Verhalten liefern kann, wollen wir weiters die sensitive Abhängigkeit von den Anfangsbedingungen für unser Modell zeigen (Abschnitt 3.9.5) und Lyapunov-Exponenten numerisch berechnen (Abschnitt 3.9.6). Natürlich ist die Erkenntnis, das ein System chaotisches Verhalten für gewisse Parameterkonstellationen zeigen kann, sehr aufschlußreich. Noch interessanter scheint aber zu sein, welcher Mechanismus der Auslöser für komplexes Verhalten ist. Wie wir später sehen werden, läßt sich dieser Mechanismus mit Hilfe einfacher Überlegungen identifizieren (Abschnitt 3.9.7), wobei wir auch eine Methode anwenden wollen, die die Dimension des Systems um eins reduziert, und mittels derer es gelingt weitere Einsichten in das dynamische Verhalten zu gewinnen (Abschnitt 3.9.8). Diese Methode ist recht allgemeiner Natur, und könnte für die Analyse betriebswirtschaftlicher Modelle größere Bedeutung haben.

3.9.1. Stabilität des Gleichgewichts

Unser Modell (3.9)

$$E_{t+1} = \left(1 + \frac{2}{\pi}\mu \, arctan \, \lambda(F_t - F_{min})\right)E_t$$

$$F_{t+1} = Max\{0, F_t + \theta(E^* - E_t)\}$$

hat die zwei Zustandsvariablen E und F, und die fünf Parameter μ, λ, F_{min}, θ, E^*. Für eine ökonomisch sinnvolle Interpretation sind die Parameter größer als Null zu wählen. Wir wollen zunächst das Gleichgewicht, das heißt jenen Zustand ermitteln, in dem das System, einmal dort angekommen, für immer verbleibt.

Aus $(E_{t+1}, F_{t+1}) = (E_t, F_t)$ folgt $\frac{2}{\pi}\mu \, arctan \, \lambda(F_t - F_{min}) = 0$ und $\theta(E^* - E_t) = 0$.

Das eindeutige Equilibrium ist daher (E^*, F_{min}). Das lokale dynamische Verhalten des nichtlinearen Systems (3.9) nahe diesem Gleichgewicht kann nun mit Hilfe des *linearisierten Systems* analysiert werden (vgl. z.B. Beltrami, 1987). Da das Gleichgewicht bei Annahme positiver Werte für die Parameter im ersten Quadranten liegt, können wir bei lokaler Betrachtung die Maximumsfunktion in der zweiten Gleichung von (3.9) weglassen, und unser System schreiben als

$$E_{t+1} = f_1(E_t, F_t) = \left(1 + \frac{2}{\pi}\mu \, arctan \, \lambda(F_t - F_{min})\right)E_t$$

$$F_{t+1} = f_2(E_t, F_t) = F_t + \theta(E^* - E_t).$$

Gemäß dem Satz von Taylor (siehe z.B. Bronstein und Semendjajew, 1985) ist

$$f_i(E_t, F_t) = f_i(E^*, F_{min}) + \frac{\partial f_i}{\partial x_1}(E^*, F_{min})u_1 + \frac{\partial f_i}{\partial x_2}(E^*, F_{min})u_2 + g_i(u_1, u_2),$$

für i=1,2, wobei $u_1 = E_t - E^*$ und $u_2 = F_t - F_{min}$ die Abweichungen vom Gleichgewicht bezeichnen. Die Funktionen g_i umfassen die Terme höherer Ordnung. Liegt E_t nahe E^* und F_t nahe F_{min}, so sind die Ausdrücke $g_i(.)$ klein.

Schreiben wir $x_t = \begin{pmatrix} E_t \\ F_t \end{pmatrix}$, $x^* = \begin{pmatrix} E^* \\ F_{min} \end{pmatrix}$, für die Jacobi-Matrix ausgewertet im

Gleichgewicht $J|_{x=x^*}$, und $f = \begin{pmatrix} f_1 \\ f_2 \end{pmatrix}$, so läßt sich das linearisierte System in Matrix-Vektor-Notation schreiben als $x_{t+1} = f(x^*) + J|_{x=x^*}(x_t - x^*)$. Offensichtlich hängt also das dynamische Verhalten eines nichtlinearen Systems vom dynamischen Verhalten des linearisierten Systems, insbesondere also von der linearen Abbildung $J|_{x=x^*}$ ab. Das qualitative dynamische Verhalten eines linearen Systems kann aber sehr einfach durch Berechnung der Eigenwerte der linearen Abbildung festgestellt werden (vgl. Lorenz, 1989).

Die Jacobi-Matrix bei lokaler Betrachtung lautet für das System (3.9)

$$J = \begin{pmatrix} 1 + \frac{2}{\pi}\mu \arctan \lambda(F_t - F_{min}) & \frac{2}{\pi}\mu E\lambda \frac{1}{1+\lambda^2(F_t - F_{min})^2} \\ -\theta & 1 \end{pmatrix}$$

und ausgewertet im Gleichgewicht ergibt sich $J|_{(E^*,F_{min})} = \begin{pmatrix} 1 & \frac{2}{\pi}\mu E^*\lambda \\ -\theta & 1 \end{pmatrix}$.

Die Eigenwerte dieser Matrix sind nun die Lösungen der sogenannten *charakteristischen Gleichung* $v^2 - (tr J|_{(E^*,F_{min})})v + (det J|_{(E^*,F_{min})}) = 0$, wobei $tr J$ die Spur bzw. $det J$ die Determinante der Matrix J bezeichnen. Im vorliegenden Fall lautet die charakteristische Gleichung $v^2 - 2v + (1 + \frac{2}{\pi}\theta\mu\lambda E^*) = 0$, und damit ergeben sich die Eigenwerte zu $v_{1,2} = 1 \pm \sqrt{-\frac{2}{\pi}\theta\mu\lambda E^*} = 1 \pm i\sqrt{\frac{2}{\pi}\theta\mu\lambda E^*}$.

Die Eigenwerte sind konjugiert komplex und damit ist das System charakterisiert durch Oszillationen. Ob diese Oszillationen in der Amplitude zunehmend oder abnehmend sind, d.h. ob das Gleichgewicht (asymptotisch) stabil oder instabil ist, wird dadurch bestimmt, ob die Eigenwerte in der Gaußschen Zahlenebene innerhalb oder außerhalb des Einheitskreises liegen. Dies kann einfach durch die

Berechnung des *modulus* $mod = \sqrt{(Re\,v)^2 + (Im\,v)^2}$ festgestellt werden, wobei *Re v* den Realteil und *Im v* den Imaginärteil des Eigenwertes darstellen. Geometrisch entspricht der modulus der Länge des Ortsvektors zum Punkt *(Re v, Im v)* in der Gaußschen Zahlenebene. Da die Parameter größer null sind, gilt hier für den modulus

$$mod = \sqrt{(Re\,v)^2 + (Im\,v)^2} = \sqrt{1 + \frac{2}{\pi}\theta\mu\lambda E^*} > 1$$

und damit ist das Gleichgewicht (E^*, F_{min}) instabil (*divergente Oszillationen*, vgl. Lorenz, 1989). Das System (3.9) beschreibt (lokal) bei kleiner Auslenkung aus der Ruhelage eine spiralförmige Bewegung vom Gleichgewicht weg. Es soll hier noch einmal darauf hingewiesen werden, daß dieses Ergebnis rein lokaler Natur ist, und keine Aufschlüsse über das globale Verhalten möglich sind (vgl. Beltrami, 1987).

Wir ordnen im weiteren den Parametern μ, λ, F_{min}, θ, und E^* einen Wert zu, geben einen Anfangswert für *E* und *F* vor, und verfolgen den Orbit des Systems (3.9). Die genaue Ausprägung der Parameter braucht uns hier nicht zu interessieren, da wir (vorerst) nur eine Klassifikation des *möglichen* qualitativen Systemverhaltens anstreben. Auf die Problematik einer realitätsbezogenen Wahl der Parameter wird später eingegangen.

3.9.2. Zeitreihen

Wir stellen also hier wie in Kapitel 2 die Frage, welches Systemverhalten durch die Entscheidungen der Unternehmer ausgelöst werden kann. Veränderungen im Entscheidungsverhalten werden durch eine Variation des Parameters θ, der die Sensitivität der Entscheidungsträger auf Über- bzw. Unterschreitung des Anspruchsniveaus (bzw. der kognitiven Schwelle) angibt. Für die Parameter μ, λ, F_{min}, und E^* sei zunächst die Konstellation $\mu=0.04$, $\lambda=0.9$, $F_{min}=29$, und $E^*=1050$ gewählt. Die Unternehmung soll sich derzeit im Ungleichgewicht befinden, der Startwert sei $E_0 = 1049.5$ und $F_0 = 28.5$. Wir können aufgrund der Analyse im vorigen Abschnitt ausschließen, daß das System gegen das Gleichgewicht (1050, 29) konvergieren wird. Die interessante Frage, die sich hier aber sofort aufwirft ist, ob das System vielleicht einem Zyklus folgen wird, oder ob möglicherweise auch kompliziertere Zeitpfade für den Umsatz und die F&E-Ausgaben auftreten. Um einen ersten Hinweis für das Verhalten dieser Variablen zu bekommen, betrachten wir für zwei verschiedene Verhaltensweisen der Entscheidungsträger, d.h. für zwei verschiedene Werte von θ die Zeitreihen des Umsatzes E und der F&E-Ausgaben F. Abbildung 3.12. zeigt die zeitliche Entwicklung von E und F in den ersten 300 Zeitschritten für $\theta=0.056$ und $\theta=0.0486$. Die von den Systemvariablen E und F angenommenen diskreten Werte wurden der Anschaulichkeit halber durch Linien verbunden.

In Abbildung 3.12.a wird deutlich, daß der Umsatz und die F&E-Ausgaben nach einer kurzen transienten Phase gegen einen (stabilen) periodischen Orbit konvergieren, d.h. es gibt nur endlich viele verschiedene Umsatz-F&E-Ausgaben-Kombinationen. Für dieses Entscheidungsverhalten ist zwar eine zyklische "Auf und Ab"-Bewegung der Werte der Systemzustände zu erkennen, das Systemverhalten ist aber stabil. Anders stellt sich die Situation dar, wenn nach der Entscheidungsregel (3.8) mit $\theta=0.0486$ entschieden wird. Nun ist kein zyklisches Muster mehr zu erkennen, und nach dem Verlauf der Zeitpfade zu urteilen, liegt aperiodisches Verhalten oder periodisches Verhalten mit einer sehr hohen Periode vor (Abb. 3.12b). Aperiodisches Verhalten bedeutet, daß der Zeitpfad gegen keinen periodischen Orbit konvergiert. Der Systemzustand (E_t, F_t) nimmt zu keinem Zeitpunkt einen vorhergehenden Wert an. Würde dieser nämlich einen früher aufgetretenen Wert annehmen, so wären die dazwischen angenommenen Zustände Teil eines periodischen Orbits, und in einem deterministischen System würden ab diesem Zeitpunkt alle diese Werte periodisch wieder auftreten. Der Unterschied zwischen aperiodischem und zyklischem Verhalten mit sehr großer Periode ist für praktische Belange sehr klein, da beide Bewegungen von den ökonomischen Akteuren als chaotisch wahrgenommen werden (Kelsey, 1988). Auf der Mikroebene, d.h. bei Ansicht der Zeitpfade der einzelnen Systemvariablen kann also keinerlei Struktur für den speziellen Parameterwert $\theta=0.0486$ identifiziert werden. Ob die Bewegung chaotisch ist, d.h. auch die Eigenschaft der sensitiven Abhängigkeit von den Anfangsbedingungen besitzt, bleibt noch zu überprüfen.

Es sei hier angemerkt, daß die qualitative Unterschiede der Trajektorien zwar nicht so gravierend sind wie in Beispiel 1 aus Abschnitt 2.1, wo zwischen periodischen und aperiodischen (chaotischen) Orbits überhaupt keine Übereinstimmung festzustellen war, daß dies aber für chaotisches Verhalten auch gar nicht notwendig ist. So gibt es Beispiele, die fast einer periodischen Bewegung folgen, aber dennoch alle Charakteristika chaotischer Bewegungen zeigen. Sie sehen zwar höchst geordnet aus, weisen aber Aperiodizität und sensitive Abhängigkeit von den Anfangsbedingungen auf. Auf den Punkt bringen läßt sich der Sachverhalt mit dem

Satz: "Some chaos is more chaotic than others." (Tritton, 1992, S. 30, wo für derartiges Verhalten auch ein Beispiel angeführt ist).

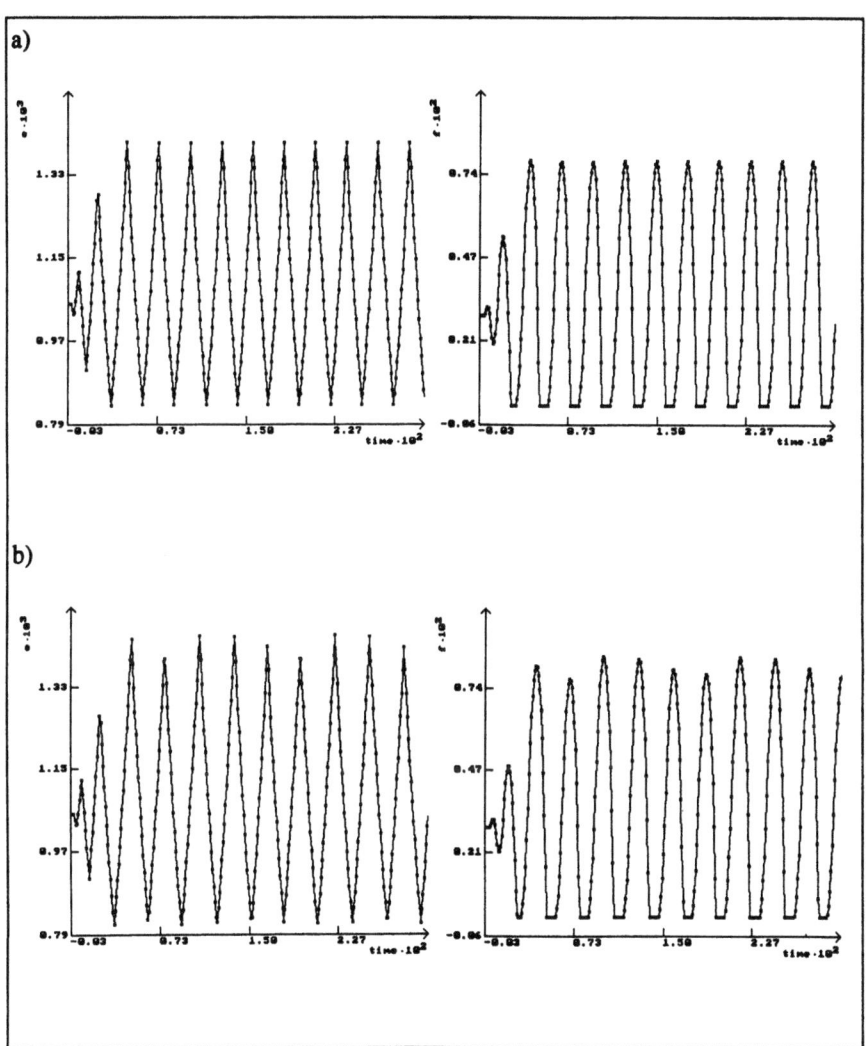

Abb. 3.12: Zeitliche Entwicklung des Umsatzes und der F&E-Ausgaben für zwei verschiedene Verhaltensweisen der Entscheidungsträger; a) θ=0.056, b) θ=0.0486

3.9.3. Attraktoren im Phasenraum

Zu jedem Zeitpunkt können wir das System auf der Makroebene betrachten, d.h. wir verfolgen den Systemzustand (E_t, F_t) im Zeitablauf. Jeder dieser Systemzustände zu verschiedenen Zeitpunkten t, die als *Phasenpunkte* bezeichnet werden, lassen sich in einem Koordinatensystem veranschaulichen. Bei einem gegebenen Anfangszustand (E_0, F_0) erhalten wir nun im Zeitablauf eine Menge von Punkten, die spezielle Lösungen des Systems darstellen. Den Raum aller dieser Lösungen nennen wir den *Phasenraum*. Durch Darstellung dieser Punktmenge, der Trajektorien oder Orbits des Systems, kann das dynamische Verhalten des Systems geometrisch veranschaulicht, und Veränderungen des Trajektorienverlaufs bei Variation der Anfangswerte oder der Parameter beobachtet werden. Die soeben beschriebene Analyse wollen wir für die weiter oben festgelegten Parameterausprägungen durchführen. Abbildung 3.13. zeigt das (E,F)-Koordinatensysten des Phasenraums. Offensichtlich konvergiert der Zeitpfad des Anfangswerts $(E_0,F_0)=(1049.5,29.5)$ für $\theta=0.056$ gegen einen periodischen Orbit, und entspricht dem im vorigen Abschnitt festgestellten regulären Verhalten. Die diskreten Werte des Systemzustands (E_t, F_t), die in der Abbildung durch Punkte gekennzeichnet sind, wurden wieder der besseren Erkennbarkeit wegen, durch Linien verbunden. Die Pfeile deuten die Konvergenz zum periodischen Attraktor mit einer Periode von 27 an.

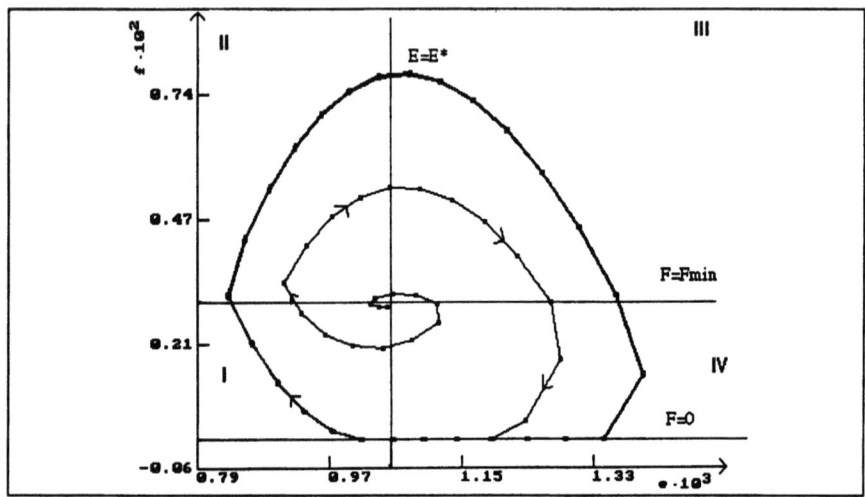

Abb. 3.13: Konvergenz des Orbits zu einem periodischen Attraktor für $\theta=0.056$

Da die transiente Phase nicht allzu lang ist, und sich der Zeitpfad schon nach wenigen Zeitschritten in der Nähe seines Grenzzustandes, des periodischen Orbits befindet, interessieren wir uns im weiteren nur für das asymptotische Verhalten (die Attraktoren) des Systems und lassen die transienten Anteile weg. Abbildung 3.14. zeigt den Attraktor für $\theta=0.056$ ohne die transienten Anteile.

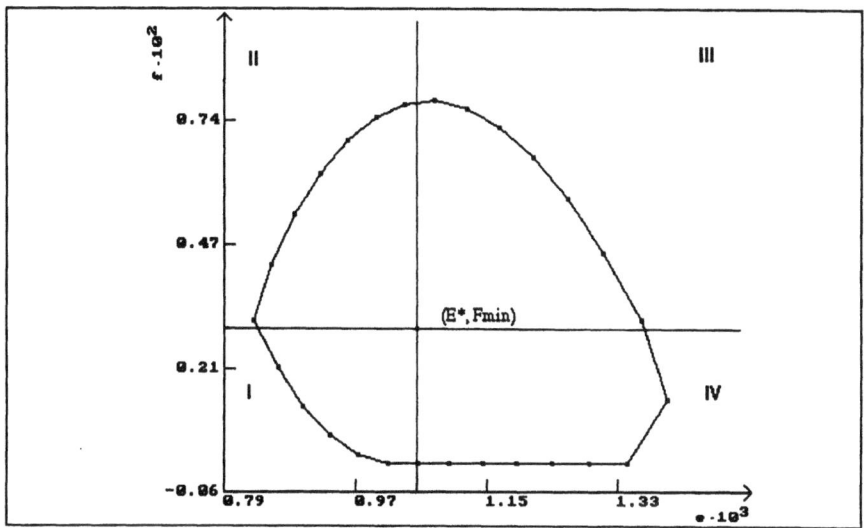

Abb. 3.14: Periodischer Attraktor für $\theta=0.056$ mit einer Periode von 27

Für den Parameterwert $\theta=0.0486$ konnten wir in den Zeitreihen (also auf der Mikroebene) keine Struktur erkennen. Wir vernachlässigen wie oben die transienten Anteile, betrachten dann aber den Grenzzustand des Systems für 100.000 Iterationen *ohne* die diskreten Punkte zu verbinden (Abbildung 3.15). Wir erhalten einen Attraktor, der wie eine geschlossene Linie mit zahlreichen Einbuchtungen aussieht. Wie wir in Abschnitt 3.7 gesehen haben ist ein Charakteristikum chaotischer Systeme ein andauerndes Dehnen und Falten im Phasenraum. Wie wir später sehen werden, können die bei obigem Attraktor auftretenden "Zungen" oder "Falten" als Resultat dieses Prozesses interpretiert werden.

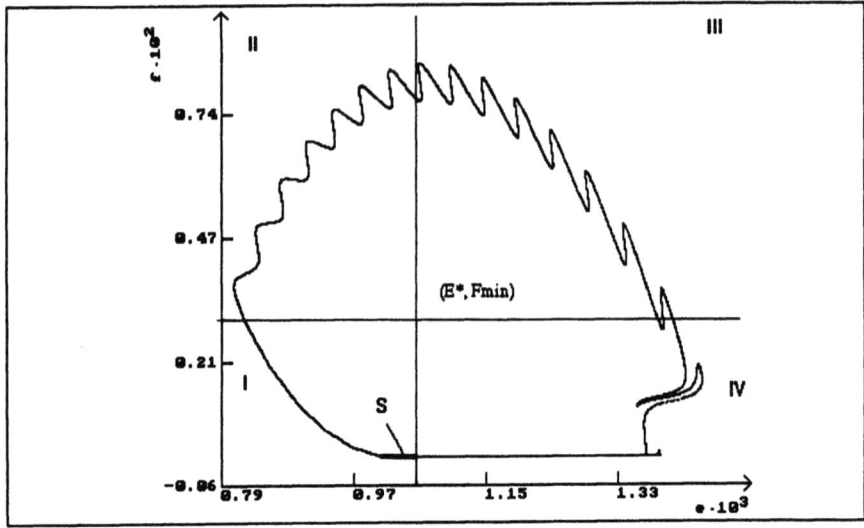

Abb. 3.15: Attraktor mit zahlreichen "Zungen" für $\theta=0.0486$

Was unterscheidet nun die Attraktoren für diese beiden Parameterwerte und wo sind Gemeinsamkeiten zu entdecken? Im ersten Fall ist der Attraktor ein (stabiler) periodischer Orbit mit der Periode 27. Der Orbit ist stabil, da bei kleiner Abweichung vom Attraktor, das System schließlich wieder gegen den Attraktor konvergiert. Das System nimmt in diesem Fall 27 verschiedene Zustände an. Teilen wir den Phasenraum in vier Quadranten, indem wir uns durch das Gleichgewicht Parallelen zur Abszisse und Ordinate gezogen denken (vgl. Abb. 3.14), so lautet die Abfolge der besuchten Quadranten I, II, III, und IV, dann wieder I, II, III und IV, usw.

Im zweiten Fall scheint es sich jedenfalls um eine aperiodische Bewegung zu handeln (ob die Bewegung chaotisch ist oder nicht, läßt sich jetzt noch nicht entscheiden). Dazu geben die Zeitreihenwerte und die Form des Attraktors starke Hinweise. Jeder Punkt auf dem Attraktor ist ein möglicher Systemzustand. Wie im ersten Fall unterliegen sowohl der Umsatz als auch die F&E-Ausgaben einer oszillierenden Bewegung, in keiner Periode wird aber genau der selbe Betrag für F&E ausgegeben und der gleiche Erlös erzielt. Wie kann das Systemverhalten in diesem Fall als Sequenz der besuchten Quadranten ausgedrückt werden? Dazu wählen wir einen beliebigen Punkt (X,Y) in Quadrant I, der auf dem Attraktor liegt. Klarerweise liegt der Umsatz X in diesem Punkt unter der Schwelle E^* und die

F&E-Ausgaben Y unter den minimalen F&E-Ausgaben F_{min}. Damit nehmen aber die F&E-Ausgaben der nächsten Periode gemäß (3.9) zu und der Erlös der nächsten Periode ab. Diese Überlegung gilt, solange der Systemzustand in Quadrant I liegt. Das System bewegt sich also in Richtung von Quadrant II. Liegt der Systemzustand schließlich in Quadrant II liegen die F&E-Ausgaben über der Schwelle F_{min}, und damit beginnt gemäß (3.9) der Erlös zu steigen. Sowohl der Umsatz als auch die F&E-Ausgaben wachsen und das System bewegt sich jetzt in Richtung Quadrant III. In diesem Quadranten angelangt, ändert sich den Ausführungen über die Risikoeinstellung der Unternehmer folgend das Entscheidungsverhalten. Die F&E-Ausgaben werden jetzt zurückgenommen (da der Umsatz über der kognitiven Schwelle E^* liegt), der Umsatz wächst noch weiter; der Systemzustand strebt dem Quadranten IV zu. Liegen die F&E-Ausgaben schließlich unter den minimalen, beginnt sich auch die Erlössituation zu verschlechtern, und eine Tendenz in Richtung Quadrant I zeichnet sich ab; der Zyklus beginnt erneut. Aus dieser Analyse wird nun klar, daß sich das System in beiden Fällen auf makroskopischer Ebene durch Sequenzen der Form I, II, III, IV ausprägt. Der Unterschied ist der, daß im Falle des periodischen Attraktors endlich viele Zustände angenommen werden, während im aperiodischen Fall unendlich viele Systemzustände möglich sind.

Insbesondere sei hier auf eine weiteren Unterschied besonderer Art hingewiesen. Während für den periodischen Attraktor für ein bestimmtes F&E-Budget größer als Null höchstens zwei mögliche Werte für den Umsatz in Frage kommen, gibt es im aperiodischen Fall mehrere Realisationen. Dieser Übergang der Zwei- in eine Mehrdeutigkeit ist ein gravierender Unterschied.

Mit Hilfe der obigen Überlegungen lassen sich nun auch Zusammenhänge zur Risikoeinstellung der Entscheidungsträger und zum Lebenszyklus eines Unternehmens herstellen. Die verschiedenen Entwicklungsstufen einer Unternehmung lassen sich Bereichen des Phasenraums (und des Attraktors) zuordnen, wie Tabelle 3.3 zeigt.

In der Pionierphase ist der Umsatz verhältnismäßig niedrig, die Innovationsbereitschaft des Pioniers aber hoch. Dies äußert sich in zunehmenden F&E-Ausgaben, die erst verzögert zu einer Zunahme des Umsatzes führen. In der Wachstumsphase werden die in der Pionierphase geschaffenen Nutzenpotentiale voll ausgeschöpft, die Forschungsausgaben sind hier sehr hoch, werden aber schließlich eingeschränkt.

II risikofreudig/ Pionier- /Wachstumsphase	III risikoavers/ Wachstums- /Reifephase
I risikofreudig/ Pionierphase	IV risikoavers/ Reifephase/Wende -phase

Tab. 3.3: Zuordnung der Lebenszyklusphasen einer Unternehmung zu verschiedenen Bereichen des Attraktors

In der Folge sinkt die Risikobereitschaft stark ab, und dies resultiert in einer starken Reduktion des bereitgestellten F&E-Budgets. Der gutgehende Geschäftsgang belegt, daß eine Neuschaffung von Nutzenpotentialen auch gar nicht notwendig ist. Wie zu erkennen ist, steigt der Umsatz in der Reifephase trotz starker Einschränkung des F&E-Budgets trotzdem weiter, bis sich aber letztendlich die fehlenden Innovationen und die daher überalterte Sortimentsstruktur bemerkbar machen, und einen Einbruch in den Umsatzzahlen initiieren. In der Wendephase wird die vorher versäumte Innovationstätigkeit voll wirksam, und das Unternehmen gerät in eine Krise. Ein Turnaround führt das Unternehmen auf eine frühere Stufe zurück. Natürlich ist in einer solchen Krise die Möglichkeit gegeben, daß für die Unternehmung keine Existenzgrundlage mehr besteht. Um den zyklischen Charakter zu betonen, wurde hier davon abgesehen.

Obwohl durch die gezeigten Zeitreihen und die Attraktoren im Phasenraum einige qualitative Unterschiede im Systemverhalten herausgearbeitet werden können, ist eine weitere Klassifikation (insbesondere im Hinblick auf chaotisches Systemverhalten) zu diesem Zeitpunkt noch nicht möglich.

3.9.4. Bifurkationsdiagramme

Im vorigen Abschnitt haben wir das dynamische Verhalten unseres Modells für zwei verschiedene Entscheidungsregeln beobachtet. Viel interessanter wäre es aber, nicht nur für zwei diskrete Werte Aufschlüsse über den Einfluß geänderter Verhaltensweisen zu bekommen, sondern komprimierte Information für ein ganzes Set von Entscheidungsregeln zugänglich zu machen. Dies gelingt durch das im vorigen Kapitel eingeführte Bifurkationsdiagramm. Durch dieses Hilfsmittel können wir, bei Konstanz aller anderen Parameter, eine Änderung des Entscheidungsverhaltens der Entscheidungsträger durch eine Variation des Parameters θ darstellen, und die damit verbundene Änderung im Systemverhalten anhand der qualitativen Änderung der Systemzustände veranschaulichen. Mit Hilfe der Bifurkationsdiagramme werden wir weitere Hinweise für aperiodisches, und möglicherweise chaotisches Systemverhalten finden. Wie die Konstruktion eines Bifurkationsdiagramms erfolgt, wurde schon in Abschnitt 2.4. beschrieben.

Wir interessieren uns also im weiteren für die Frage: "Welche Verhaltensweisen des Systems ergeben sich als Resultat eines geänderten Verhaltens der Entscheidungsträger?" Die Antwort auf diese Frage läßt sich durch Variation des Parameters θ finden. Wir variieren den Parameter, und betrachten die möglichen Systemzustände, die sich schließlich als Endzustand (Attraktoren) einstellen. Die schwarzen Bereiche im Bifurkationsdiagramm sind ein Indikator für aperiodisches, chaotisches Systemverhalten.

Wie in den vorangegangenen Abschnitten wählen wir $\mu=0.04$, $\lambda=0.9$, $F_{min}=29$, und $E^*=1050$. Da wir wieder die transiente Phase überbrücken wollen, um ein qualitativ möglichst unverzerrtes Bild zu erhalten, vernachlässigen wir die ersten 500 Iterationen. Den Parameter θ variieren wir im Intervall [0,1]. Klarerweise können wir von einem mehrdimensionalen System in solch einem Bifurkationsdiagramm nur jeweils eine Variable betrachten. Wir zeigen hier die Bifurkationsdiagramme der F&E-Ausgaben bei Variation des Parameters θ, da hier schon die Vielfalt an dynamischen Verhaltensweisen deutlich wird.

Abbildung 3.16. zeigt eine Vielzahl von potentiellen dynamischen Verhaltensweisen der F&E-Ausgaben (und damit des Systems) in Abhängigkeit vom Entscheidungsverhalten der Unternehmensleitung. Zu beobachten sind neben periodischen Attraktoren auch Hinweise für chaotisches Verhalten für gewisse Bereiche des Parameters θ. Dies ist beispielsweise für $\theta \approx 0.31$ und $\theta \approx 0.55$ deutlich zu erkennen. Wie wir später mit Hilfe der Lyapunov-Exponenten noch zeigen werden, liegt für unseren vorhin gewählten Parameterwert $\theta=0.0486$ tatsächlich chaotisches Verhalten vor. Offensichtlich sind die Routen zum Chaos um ein Vielfaches komplizierter als bei den Beispielen in Kapitel 2.

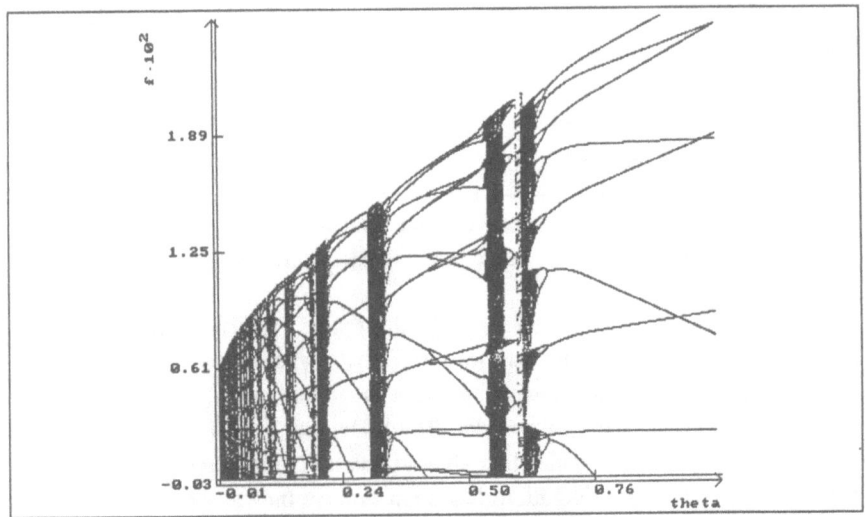

Abb. 3.16: Bifurkationsdiagramm für die Forschungs- und Entwicklungsausgaben bei Variation von θ im Intervall [0, 1]

Noch deutlicher treten die dynamischen Phänomene hervor, wenn wir abschnittsweise Vergrößerungen des obigen Bifurkationsdiagramms vornehmen (Abbildungen 3.17.a bis 3.17.c). In Abbildung 3.17.b ist deutlich das Bifurkationsverhalten von Beispiel 2 aus Abschnitt 2.1 zu beobachten; unendlich viele Periodenverdopplungen und Periodenhalbierungen treten auf (vgl. Abb. 2.23). In Abbildung 3.17.c ist andererseits die einfachere Route, nämlich Periodenverdopplungen zum Chaos zu sehen, wenn auch bei fallenden Werten des Parameters θ.

In den chaotischen Bereichen sind auch sehr deutlich Fenster zu erkennen, in denen (stabile) Zyklen auftreten. Angenommen die Entscheidungsträger der Unternehmung treffen ihre Entscheidungen gemäß einer Entscheidungsregel mit einem θ-Wert innerhalb eines solchen Fensters. Die Umsatzentwicklung (bzw. die Unternehmensentwicklung) würde zwar periodische Fluktuationen aufweisen, der zukünftige Verlauf wäre aber völlig überschau- und prognostizierbar. Würde sich das Entscheidungsverhalten aber auch nur geringfügigst ändern, würde die Unternehmensentwicklung chaotisch verlaufen. Hier versagen dann die Routineentscheidungen der Manager und Erfahrungswerte der Vergangenheit helfen nicht die Zukunft zu bewältigen. Um wieder in stabile Bereiche zu gelangen, müßten die Manager globale Kenntnis des Systemverhaltens haben.

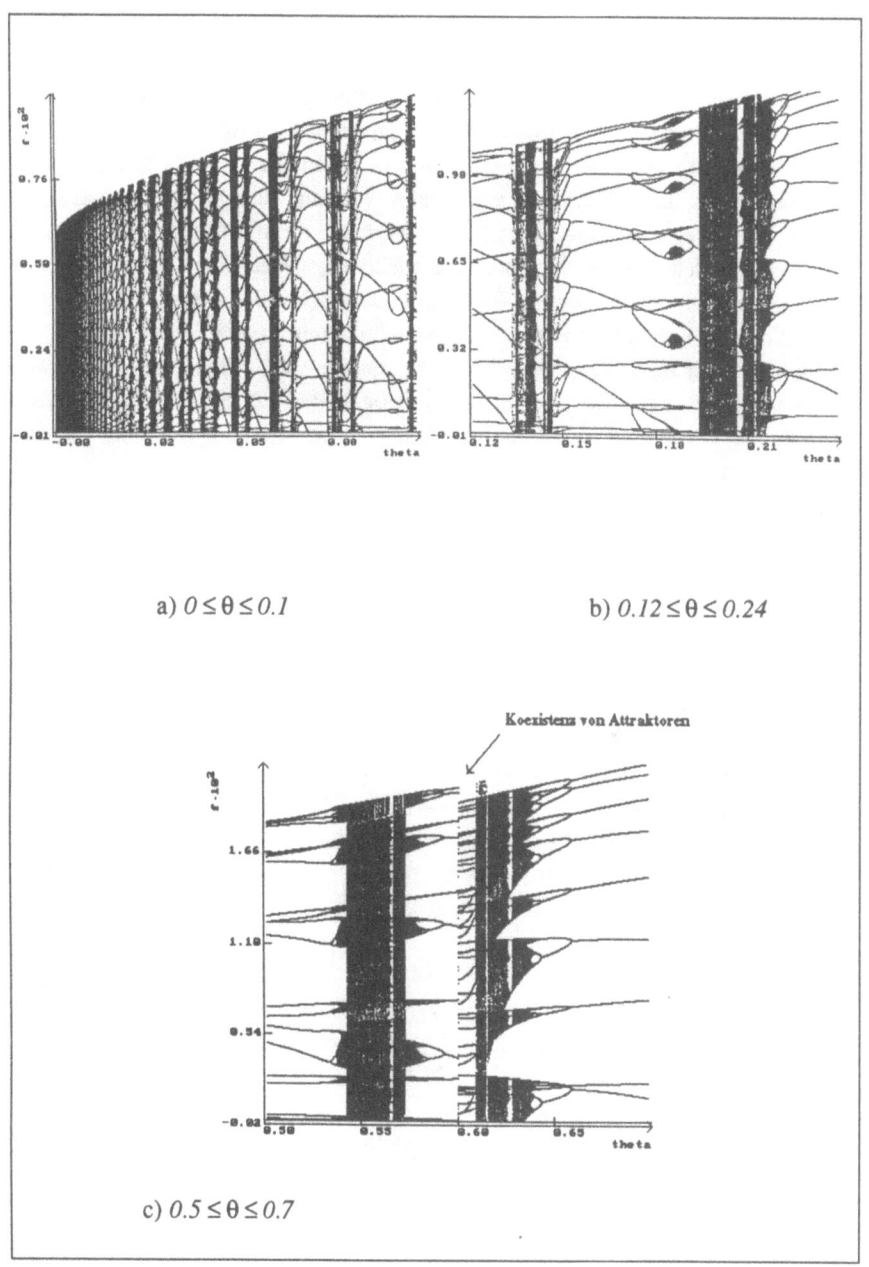

Abb. 3.17: Abschnittsweise Vergrößerungen der Abbildung 3.16.

In nichtlinearen dynamischen Systemen besteht auch die Möglichkeit der *Koexistenz von Attraktoren*. Damit wird jene Eigenschaft charakterisiert, daß der Zeitpfad eines Systems in Abhängigkeit von den Startwerten zu verschiedenen Attraktoren konvergiert. Die Startwerte bestimmen also, zu welchem Attraktor das System letztlich strebt. Die Grenzen zwischen diesen Bereichen von Startwerten im Phasenraum hat oft komplexe (fraktale) Struktur, und impliziert transiente chaotische Bewegungen des Systems, obwohl das System schließlich gegen einen regulären, nichtchaotischen Attraktor strebt (Lorenz, 1992a, führt als Beispiel die Hénon-Abbildung an). Abbildung 3.18.c gibt einen Hinweis (gekennzeichnet durch einen Pfeil) auf eine solche Koexistenz von Attraktoren für einen Wert für $\theta \approx 0.6$. Wählen wir diesen Parameterwert und starten die Simulation für zwei unterschiedliche Startwerte, so besteht die Möglichkeit für einen Startwert einen periodischen Orbit, für den anderen einen chaotischen Attraktor zu erhalten. Daher können zwei Unternehmen mit fast der gleichen Größe und Höhe der F&E-Ausgaben im Zeitablauf eine völlig unterschiedliche Entwicklung zeigen, obwohl der Entscheidungsträger nach genau der gleichen Regel entscheidet. Das Entscheidungsverhalten, das in einer Unternehmung stabiles Verhalten hervorbringt, kann in der anderen chaotische Entwicklungen hervorrufen.

Mit Hilfe des Bifurkationsdiagramms läßt sich auch der Effekt einer Änderung des Verhaltens der Konsumenten abschätzen, welche ihre Einstellung beispielsweise aufgrund von Umweltschutzkampagnen oder wegen des Auftauchen eines Konkurrenzprodukts ändern können. Eine solche Änderung läßt sich durch Variation des Parameters λ, der die Steigung der s-förmigen Marktreaktionsfunktion (3.7) bestimmt, simulieren. Wir wählen für diese Zwecke $\mu=0.04$, $\theta=0.24$, $F_{min}=29$, und $E^*=1050$ und variieren λ im Intervall [1.6,3]. Abbildung 3.18. zeigt das resultierende Bifurkationsdiagramm.

Klar erkennbar sind zwei Fenster für Werte von λ ungefähr 2.169 und 2.312. Angenommen die Unternehmung weist eine stabile periodische Entwicklung auf. Sie betreut einen Markt mit einem λ-Wert gerade in einem der beiden Fenster. Schon geringfügige Änderungen, bewirkt beispielsweise durch den Markteintritt eines Konkurrenzunternehmens kann eine chaotische Entwicklung der Unternehmung auslösen. Wieder muß die Unternehmensleitung wissen, in welcher Richtung sie den stabilen Bereich verlassen hat, damit gezielte Gegenmaßnahmen getroffen werden können.

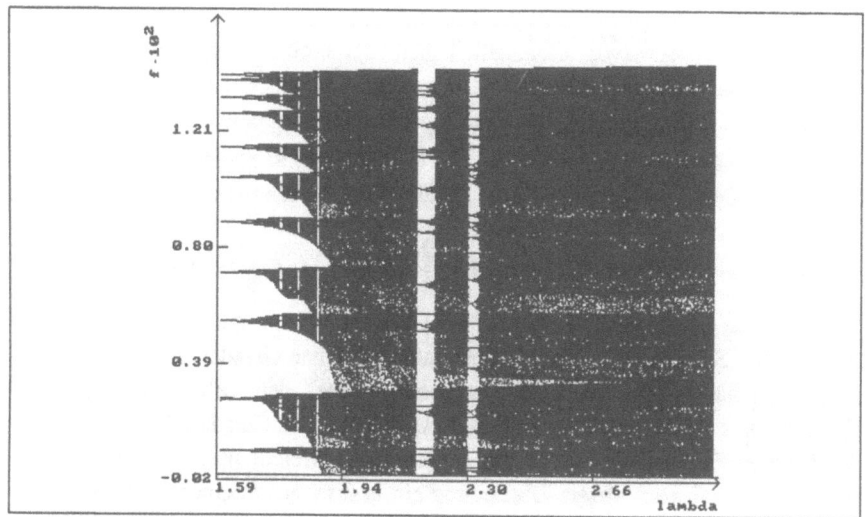

Abb. 3.18: Bifurkationsdiagramm bei Variation von λ

Aus den Bifurkationsdiagrammen können starke Hinweise auf periodisches Verhalten und aperiodisches, chaotisches Verhalten durch Inspektion der vom System angenommenen Endzustände gewonnen werden. Letztendlich müssen aber, um fundiertere Aussagen treffen zu können, weitere Untersuchungen angestellt werden. Wie wir schon wissen, ist chaotisches Verhalten durch Aperiodizität und der Eigenschaft der sensitiven Abhängigkeit von den Anfangsbedingungen charakterisiert. So werden wir uns im nächsten Abschnitt der Untersuchung der zweiten Eigenschaft widmen.

3.9.5. Sensitive Abhängigkeit von den Anfangsbedingungen

Interessieren wir uns nun für die zeitliche Entwicklung des Systems bei kleiner Störung der Anfangswerte. Im Fall eines stabilen periodischen Attraktors wird pro Zeitschritt die anfängliche Differenz zwischen den Anfangswerten verkleinert, und schließlich konvergieren die Orbits gegen den periodischen Attraktor. Dies ist beispielsweise für $\theta=0.056$ der Fall. Ändern wir aber den Parameter auf $\theta=0.0486$, wie ist dann das Systemverhalten?

Bevor wir dieser Frage auf den Grund gehen, sei noch eine zusätzliche Überlegung angestellt. Wie wir zuvor festgestellt haben, beschreibt ein typischer Orbit des Systems (lokal) eine spiralförmige Bewegung im Uhrzeigersinn, weg vom Gleichgewicht. Diese Bewegung dauert hier sogar an, bis schließlich die F-Koordinate des Orbits negativ wird und aufgrund von Gleichung (3.8) gleich Null gesetzt wird (vgl. Abbildung 3.13). Ist $F=0$ so reduziert sich das System (3.9) auf das eindimensionale System $E_{t+1} = E_t\left(1 + \frac{2}{\pi}\mu \, arctan \, \lambda(-F_{min})\right)$. Der Erlös nimmt also wie eine geometrische Folge auf der Geraden $F=0$ ab, und zwar so lange, bis E unter der Schwelle E^*, also in Quadrant 1 auf der Geraden $F=0$ liegt. Dann steigen gemäß (3.9) die F&E-Ausgaben wieder, der Orbit durchläuft die Quadranten I, II, III, und IV, "kollidiert" wieder mit der Geraden $F=0$, nimmt auf der Geraden $F=0$ geometrisch ab, bis er Quadrant I erreicht, usw. (vgl. Abb. 3.13). Jeder Orbit muß nach obiger Überlegung ein bestimmtes Segment S durchlaufen, das auf der Geraden $F=0$ und in Quadrant I liegt (siehe Abb. 3.15). Dieses Segment S läßt sich in unserem Fall bestimmen als

$$S = \left\{ (E,0) \Big| E \in R, \, s^l = E*(1 - \frac{2}{\pi}\mu \, arctan\lambda(F_{min})) \leq E \leq E^* = s^u \right\}$$

und damit müssen die E-Koordinaten aller Orbits für die in Abschnitt 3.9.2. gewählte Parameterkonstellation (schließlich) das Intervall $J=[1009.024, 1050]$ durchlaufen. Denken wir uns (3.9) geschrieben als $x_{t+1} = f(x_t)$, mit $x_t = \begin{pmatrix} E_t \\ F_t \end{pmatrix}$, so gilt $s^l = f(s^u)$. Damit genügt es aber, unsere Analyse auf Orbits mit Anfangswerten in S zu beschränken, da der transiente Teil endlicher Länge bei unseren Betrachtungen ohnehin keine Rolle spielt.

Mit diesen Überlegungen läßt sich die sensitive Abhängigkeit von den Anfangsbedingungen auf dem Attraktor für $\theta=0.0486$ recht einfach demonstrieren. Wir wählen dazu zwei verschiedene, aber nahe gelegene Anfangswerte in S, und betrachten die Entwicklung der Orbits auf dem Attraktor (Abbildung 3.19). Die Anfangswerte seien $X_0=(1045,0)$ und $Y_0=(1050,0)$. Der Orbit auf dem Attraktor für den Anfangswert X_0 ist durch eine punktierte Linie, der Orbit von Y_0 durch eine strichlierte Linie dargestellt. Beim Eintritt in Quadrant II beginnen die Orbits zu divergieren, und unterscheiden sich im 22. Schritt (X_{22} und Y_{22}) sowohl in der E- als auch in der F-Komponente erheblich relativ zur Anfangsdifferenz.

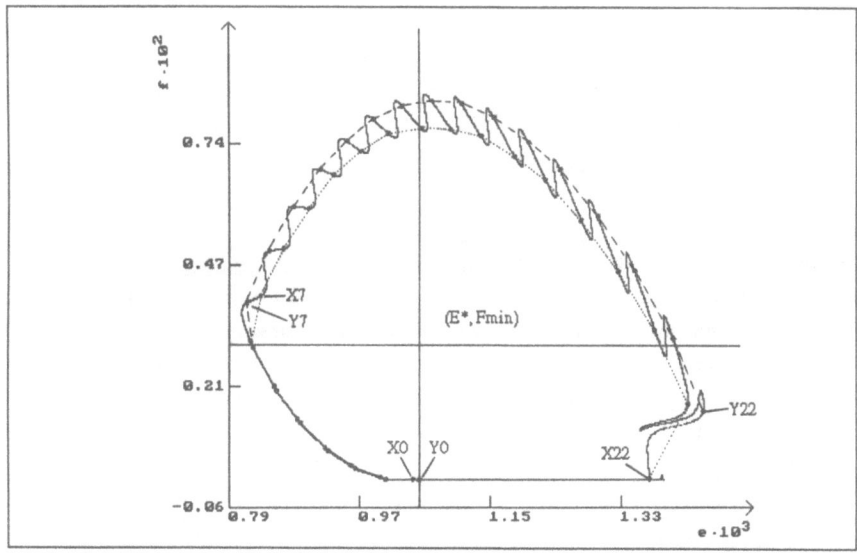

Abb. 3.19: Sensitive Abhängigkeit von den Anfangsbedingungen bei geringfügiger Änderung der Anfangswerte

3.9.6. Lyapunov-Exponenten

Im vorigen Abschnitt haben wir festgestellt, daß sich die Trajektorien aufgrund der sensitiven Abhängigkeit von den Anfangsbedingungen zunächst voneinander entfernen. Sie kommen dann einander wieder nahe, streben wieder auseinander, usw. Die Lyapunov-Exponenten dienen nun dazu, dieses (chaotische) Verhalten zu quantifizieren, und eine durchschnittliche Rate der Divergenz festzulegen. Ist der Lyapunov-Exponent größer als Null, so ist das System sensitiv abhängig von den Anfangsbedingungen, und kleine Änderungen in den Ausgangswerten führen zu unterschiedlichen Verläufen der Trajektorien. Je größer die Lyapunov-Exponenten, umso stärker ist das (exponentielle) Auseinanderstreben. Periodisches Verhalten wird durch Lyapunov-Exponenten kleiner Null, aperiodisches Verhalten durch Lyapunov-Exponenten gleich Null charakterisiert. Der Unterschied zwischen aperiodischem und chaotischem Verhalten, liegt in der sensitiven Abhängigkeit von den Anfangsbedingungen; bei einer aperiodischen Bewegung bleibt eine anfängliche Differenz in den Ausgangswerten in dieser Größenordnung erhalten (vgl. Hommes, 1991).

Da unser System (3.9) nicht differenzierbar ist, muß auf eine analytische Herleitung der Lyapunov-Exponenten (siehe Abschnitt 3.7.) verzichtet, und auf numerische Methoden zurückgegriffen werden. Die wohl bekannteste Methode zur numerischen Ermittlung des größten Lyapunov-Exponenten stammt von Wolf et al. (1985).

Zunächst wird die Zeitreihe einer Systemvariablen, die durch Simulation gewonnen bzw. aus Beobachtungen hervorgegangen ist, nach der Methode von Takens in einen m-dimensionalen Phasenraum eingebettet. Obwohl der rekonstruierte Attraktor aus einer einzigen Trajektorie gewonnen wurde, können Punkte gefunden werden, von denen angenommen wird, daß sie auf unterschiedlichen Trajektorien liegen. Diese zwei Punkte werden nun als Anfangszustände betrachtet, und eine der von diesen Punkten ausgehenden Trajektorie als *Vergleichs- oder Referenztrajektorie (fiducial trajectory)*, die andere als *Testtrajektorie (test trajectory)* gewählt. Nun wird das Verhalten dieser nahen Orbits beobachtet. Wird der Abstand zwischen den beiden Orbits zu groß, so wird der auf der Testtrajektorie liegende Punkt durch einen neuen Datenpunkt ersetzt, der der Vergleichstrajektorie näher liegt und die gleiche Richtung wie der zu ersetzende Vektor annimmt. Nun wird die vom neuen Datenpunkt ausgehende Testtrajektorie wieder entwickelt bis der Abstand zur Vergleichstrajektorie zu groß wird und eine Ersetzungsprozedur durchgeführt werden muß (vgl. auch Loistl und Betz, 1993). Dieser Vorgang wird solange wiederholt, bis der gesamte Datensatz durchzogen wurde. Eine Schätzung für den Lyapunov-Exponent ergibt sich aus diesen Durchschnittsraten der Divergenz. In den handelsüblichen Software-Paketen wird dieses Problem als *fixed evolution time*-Algorithmus implementiert. Hier wird die *Entwicklungszeit* (=Zeit zwischen den Ersetzungen) konstant gesetzt. Falls kein passender Ersatzpunkt gefunden werden kann, werden die eben verwendeten Punkte beibehalten.

Durch den Benutzer müssen daher folgende Vorgaben gemacht werden:

- Die *Einbettungsdimension (embedding dimension)* und eine *Verzögerungszeit (time delay)* für die Rekonstruktion des Attraktors (siehe Abschnitt 3.8).
- Die *Entwicklungszeit (evolution time)*.

- Der minimale, noch aktzeptable Abstand zwischen Punkten denen gefolgt wird (Scalmin).
- Der maximale, noch aktzeptable Abstand (Scalmax).

Es erweist sich als günstig, vor der Anwendung des Algorithmus die Daten in das Einheitsintervall [0,1] zu transformieren. Um zu garantieren, daß die Schätzungen stabil sind, berechnen wir den größten Lyapunov-Exponenten für eine Vielzahl möglicher Kombinationen der vom Benutzer vorgegebenen Parameter (siehe dazu Schaffer et al., 1988).[12]

Die untenstehenden Tabellen (Tabelle 3.4 und 3.5) zeigen die ermittelten Schätzungen für den Lyapunov-Exponenten (LCE = *Lyapunov Characteristic Exponent*) für eine Vielzahl der vom Benutzer vorgegebenen Größen, wie Einbettungsdimension, Verzögerungszeit und Entwicklungszeit. Zusätzlich wurde auch die Zeitreihenlänge N variiert, um die Stabilität der Schätzungen zu überprüfen. Durchwegs ergaben sich positive Werte für den Lyapunov-Exponenten. Nach den in den Tabellen angeführten Werten, insbesondere für größere Zeitreihenlängen, dürfte der Lyapunov-Exponent des Attraktors für $\theta=0.0486$ zwischen 0.05 und 0.06 liegen. Dies bedeutet, daß der in Abbildung 3.15 gezeigte Attraktor chaotisch ist. Auf dem Attraktor nahe gelegene (Anfangs-)Werte werden aufgrund der dynamischen Eigenschaft der sensitiven Abhängigkeit von den Anfangswerten exponentiell schnell auseinandergetrieben, wobei der Lyapunov-Exponent das Ausmaß dieser Divergenz angibt (vgl. Abb. 3.19). Der gezeigte Attraktor ist aber vom geometrischen Standpunkt recht einfach, und weist keinerlei fraktale Eigenschaften auf. Er ist daher nicht seltsam. Abbildung 3.15 zeigt also einen *chaotischen, nicht seltsamen Attraktor*.

---

[12] Natürlich wäre eine Rekonstruktion des Attraktors mit Hilfe der Methode von Takens bei Kenntnis der Systemgleichungen, wie im vorliegenden Fall, nicht notwendig. Da aber die meisten Programmpakete keine direkte Berechnung des (größten) Lyapunov-Exponenten für einen vorgegebenen numerisch ermittelten höherdimensionalen Attraktor erlauben, wird hier dieser (unmittelbar nicht nachvollziehbare) Weg beschritten.

Tab. 3.4: Schätzungen der Lyapunov-Exponenten für die Zeitreihe des Umsatzes E. Die in den obersten Feldern angegebenen Werte kennzeichnen die anfangs gewählte Einstellung der Parameter.

Delay = 6 Dim. = 3 Evol.-Time = 25 Scalmin=0.0001 Scalmax=0.005 N=1000		Delay = 6 Dim. = 3 Evol.-Time = 25 Scalmin=0.0001 Scalmax=0.005 N=1000		Delay = 6 Dim. = 3 Evol.-Time = 25 Scalmin=0.0001 Scalmax=0.005 N=1000		Delay = 6 Dim. = 3 Evol.-Time = 25 Scalmin=0.0001 Scalmax=0.005 N=1000		Delay = 6 Dim. = 3 Evol.-Time = 25 Scalmin=0.0001 Scalmax=0.005 N=1000	
Evol.	LCE	Delay	LCE	Dim	LCE	Scalmax	LCE	N	LCE
5	0.0520	3	0.0530	2	0.0447	0.1	0.0421	1000	0.0617
10	0.0532	4	0.0468	3	0.0617	0.08	0.0342	2000	0.0528
15	0.0573	5	0.0581	4	0.0661	0.05	0.0500	5000	0.0531
20	0.0574	6	0.0617	5	0.0617	0.01	0.0448	10000	0.0511
25	0.0617	8	0.0610			0.005	0.0617	20000	0.0571
30	0.0476	10	0.0668			0.001	0.0502		
35	0.0459	12	0.0607						
40	0.0532	15	0.0557						
45	0.0619								
50	0.0611								
55	0.0545								
60	0.0534								

Tab. 3.5: Schätzungen der Lyapunov-Exponenten für die Zeitreihe der F&E-Ausgaben *F*. Die in den obersten Feldern angegebenen Werte kennzeichnen die anfangs gewählte Einstellung der Parameter.

Delay = 6 Dim. = 3 Evol.-Time = 25 Scalmin=0.0001 Scalmax=0.005 N=1000		Delay = 6 Dim. = 3 Evol.-Time = 25 Scalmin=0.0001 Scalmax=0.005 N=1000		Delay = 6 Dim. = 3 Evol.-Time = 25 Scalmin=0.0001 Scalmax=0.005 N=1000		Delay = 6 Dim. = 3 Evol.-Time = 25 Scalmin=0.0001 Scalmax=0.005 N=1000		Delay = 6 Dim. = 3 Evol.-Time = 25 Scalmin=0.0001 Scalmax=0.005 N=1000	
Evol.	LCE	Delay	LCE	Dim	LCE	Scalmax	LCE	N	LCE
5	0.0840	3	0.0446	2	0.0438	0.1	0.0252	1000	0.0589
10	0.0782	4	0.0580	3	0.0589	0.08	0.0336	2000	0.0508
15	0.0668	5	0.0546	4	0.0533	0.05	0.0385	5000	0.0624
20	0.0652	6	0.0589	5	0.0526	0.01	0.0563	10000	0.0549
25	0.0589	8	0.0592			0.005	0.0589	20000	0.0501
30	0.0648	10	0.0551			0.001	0.0570		
35	0.0674	12	0.0604						
40	0.0634	15	0.0860						
45	0.0518								
50	0.0581								
55	0.0648								
60	0.0640								

3.9.7. Der komplexitätsgenerierende Mechanismus

Zunächst versuchen wir zu klären, wie die "Eindellungen" oder "Zungen" des chaotischen Attraktors entstehen. Dazu betrachten wir die Iterierten des Segments S, welche wir bei wiederholter Anwendung von (3.9) erhalten (Abbildung 3.20, die entsprechenden Anfangs- bzw. Endpunkte sind als Punkte auf dem Attraktor eingezeichnet).

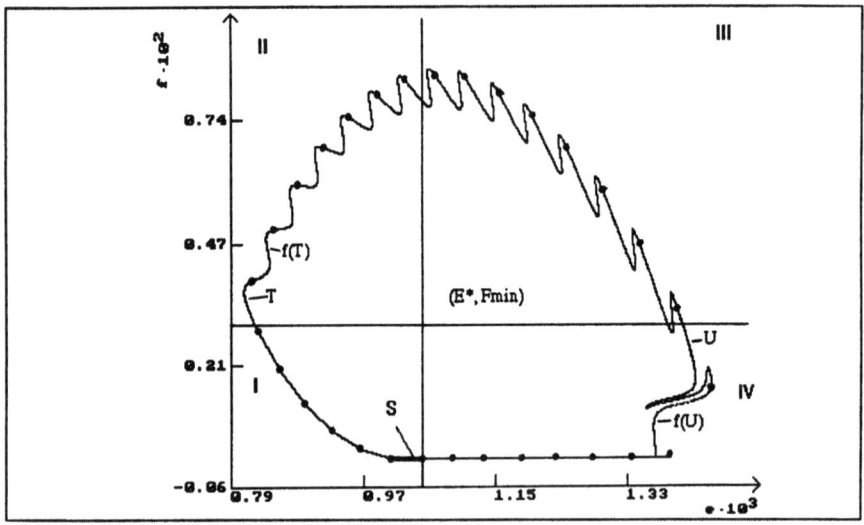

Abb. 3.20: Das Segment S und die Iterierten $f(S), f^{(2)}(S), f^{(3)}(S), ...$ auf dem chaotischen Attraktor. Die jeweiligen Anfangs- bzw. Endpunkte der Segmente sind als Punkte eingezeichnet.

In Quadrant I ist zunächst keine Eindellung zu erkennen. Erst wenn die Schwelle F_{min} erreicht ist (das betreffende Attraktorsegment ist in Abb. 3.20 mit T gekennzeichnet), weisen die Abschnitte auf dem Attraktor stärkere Krümmungen auf. Besonders bemerkbar ist dies beim Übergang von T auf $f(T)$ (f steht wieder für die rechten Seiten der Gleichungen von (3.9)), denn hier entsteht nun eine solche Eindellung, die die Form des Attraktors prägt. Liegen Punkte im Bereich T des Attraktors und in einer Umgebung um den Schnittpunkt des Attraktors mit der Geraden $F=F_{min}$, so liegen die E-Koordinaten der Bilder dieser Punkte gemäß Gleichung (3.7) weit auseinander. Zur Illustration betrachten wir Abb. 3.19, in der die sensitive Abhängigkeit von den Anfangsbedingungen dargestellt ist. Ausgehend von den beiden Anfangswerten X_0 und Y_0 bleiben die Orbits in Quadrant I einander nahe. Im 6. Iterationsschritt liegen die Punkte im Segment T und die F-Koordinate nahe bei F_{min}, nur mit dem Unterschied, daß sie für X_6 über, und für Y_6 unter F_{min} liegt. Daraus resultiert in der Folge gemäß (3.7) ein (relativ) großer Unterschied in den Erlösen der nächsten Periode, da sich die Punkte X_6 und Y_6 im steileren Abschnitt der s-förmigen Marktreaktionsfunktion befinden. Würden beide Punkte ober- oder unterhalb, aber in einer gewissen Entfernung von $F=F_{min}$ liegen, so wäre die Differenz in den E-Koordinaten der Bilder geringer. Der oben beschriebene Effekt wird nochmals verstärkt beim Übergang von Quadrant III auf Quadrant IV (d.h. bei Überschreiten von F_{min}), wodurch im Segment U eine starke "Faltung" entsteht. Aus dieser Überlegung folgt aber auch, daß die Form des Attraktors durch die spezielle Form der Gleichung (3.7) geprägt wird, eine Eigenschaft die auch für das dynamische Verhalten auf dem Attraktor wesentlich ist. Der Attraktor spiegelt also, wenn wir an die Interpretation der Parameter denken, die wesentlichen Merkmale des Marktes wieder.

In den Bereichen I, II und III bleibt die Orientierung auf dem Attraktor erhalten, d.h. treffen wir bei einer "Wanderung" auf dem Attraktor in einem Segment zuerst auf den Punkt A, dann auf B und dann auf C, so treffen wir im nächsten Segment (d.h. im Bild des vorigen Segments) zuerst auf $f(A)$, dann auf $f(B)$, dann auf $f(C)$. In diesen Quadranten verhält sich das System (3.9) in diesem Sinn "monoton". Wie verhält es sich jedoch beim Übergang vom Segment U auf $f(U)$ im Bereich IV (siehe Abb. 3.20), wenn die F-Koordinate gewisser Punkte negativ wird und gemäß (3.8) verschwindet? Zur Beantwortung dieser Frage betrachten wir einige Punkte in U und ermitteln ihre Bilder in $f(U)$. Abbildung 3.21 stellt eine Vergrößerung des Quadranten IV, insbesondere der Segmente U und $f(U)$, dar. Unterhalb und auf der strichliert gezeichneten Linie liegende Punkte werden auf Null abgebildet. Dieser Bereich wird mit Hilfe folgender Überlegung ermittelt: Aus Gleichung (3.8) folgt, daß F_{t+1} genau dann Null wird, wenn $F_t \leq \theta(E^* - E_t)$. Da die Parameterwerte bekannt sind, läßt sich die Gerade, die den Bereich begrenzt, leicht ermitteln.

Im Segment U sind die Punkte A, B, C, D und E eingezeichnet. Beim Übergang von U auf $f(U)$ ist nun deutlich zu erkennen, daß im Segment $f(U)$ die Orientierung nicht mehr eingehalten wird. Zwar liegen $f(A)$, $f(B)$ und $f(C)$ zunächst in der richtigen Reihenfolge, dann kehrt sich die Orientierung aber um und wir laufen auf dem Attraktor in Richtung $f(D)$ und $f(E)$. Das Zustandekommen dieses Effekts und die Wirkung von Gleichung (3.8) wird klar, wenn wir uns den Attraktor wie in

Abb. 3.21 vervollständigt denken (punktierte "Zunge" in Abb. 3.21). So würde C ohne Berücksichtigung der Nichtnegativität auf C', D auf D', und der Punkt E auf E' abgebildet. Durch die geforderte Nichtnegativität des F&E-Budgets gemäß Gleichung (3.8) werden diese Punkte aber auf die Gerade $F=0$ projiziert. Es sei hier angemerkt, daß durch diese Projektion zu jenen Punkten die auf der Geraden $F=0$ und in $f(U)$ liegen, zwei Urbilder existieren, und damit auch die bis dahin gültige Eindeutigkeit nicht mehr gegeben ist.

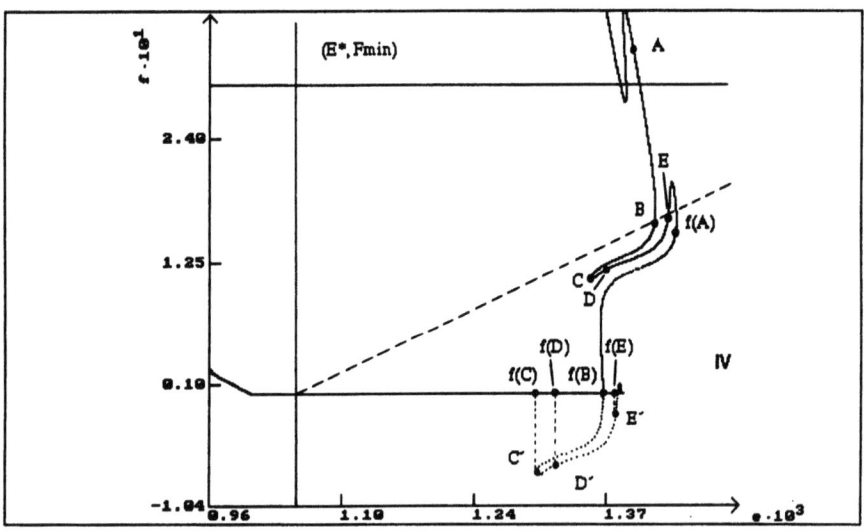

Abb. 3.21: Die Orientierung auf dem chaotischen Attraktor wird durch Projektion des punktiert gezeichneten Attraktorabschnitts auf die Gerade $F=0$ nicht mehr beibehalten.

Wie anfangs beschrieben, wirkt sich die spezielle Form von Gleichung (3.7) aus, wenn die F&E-Ausgaben zweier Orbits nahe der Schwelle F_{min} liegen, denn dann ist die Erhöhung des Erlöses, und damit der Unterschied zwischen den beiden Orbits, am größten. Damit sind aber Orbits sensitiv abhängig von den Anfangsbedingungen, wenn diese in die Nähe der Geraden $F=F_{min}$ geraten. Welche Auswirkungen zeigt aber nun die Eigenschaft, daß die Orientierung auf dem Attraktor nicht mehr eingehalten wird? Dieses charakteristische Merkmal des Systems (3.9) hat weitreichendere Auswirkungen, als ursprünglich vermutet werden könnte. Betrachten wir nämlich fünf verschiedene Anfangswerte im

Segment S, die Punkte *1, 2, 3, 4* und *5*, so wird die Reihenfolge der Punkte nach Durchlaufen von $f(U)$ verdreht in *3, 2, 4, 1* und *5* (vgl. Abbildung 3.22). Zusätzlich wird (wegen der sensitiven Abhängigkeit von den Anfangsbedingungen) das anfänglich kleine Segment stark ausgedehnt. Dieses Verhalten ist in der Literatur unter der Eigenschaft *mixing behavior* bekannt (*"one can get everywhere from anywhere"*, siehe Peitgen et al., 1992). Synonym dazu wird diese Eigenschaft als *Unzertrennbarkeit* oder *Transitivität* bezeichnet (siehe z.B. Devaney, 1989, und die Chaos-Definition 4).

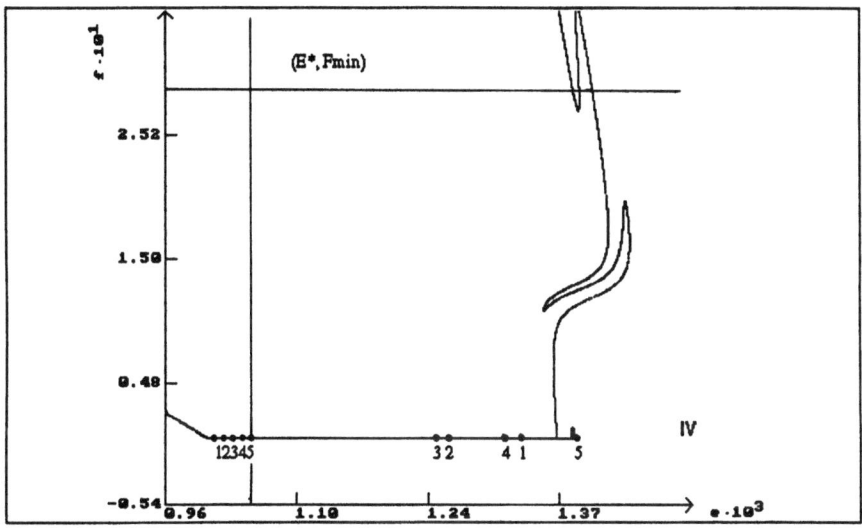

Abb. 3.22: Anfänglich nahe gelegene Punkte werden auseinandergezogen und deren Reihung durchgemischt.

Wodurch unterscheiden sich nun stabiles periodisches Verhalten und chaotisches Verhalten im vorliegenden Fall? Im periodischen Fall entspricht das Verhalten einer monotonen, die Orientierung beibehaltenden, kreisförmigen Bewegung um das (instabile) Gleichgewicht. Die Erkärung für das Auftreten von komplexen Systemverhalten ist durch die obige Analyse offenbar: Für obige Wahl der Parameter zeigt das System eine zyklische Bewegung um das (instabile) Gleichgewicht, aber nun mit nichtmonotonem Umlauf, d.h. die Orientierung wird nun nicht mehr beibehalten. Wie die Terminologie in obiger Erklärung andeutet, hat unser System (3.9) gewisse Ähnlichkeiten mit einer Bewegung auf dem Kreis.

Wir werden uns deshalb im nächsten Abschnitt gewisse Eigenschaften von *Kreis-Abbildungen* (*circle maps*, vgl. Devaney, 1989) zunutze machen.

3.9.8. Die "Rückkehr-Abbildung"

Die Ausführungen des vorigen Abschnitts haben ergeben, daß die Dynamik unseres Modells ähnlich der einer Abbildung auf dem Kreis ist. Unser Ziel in diesem Abschnitt ist eine weitergehende Analyse in diesem Sinn. Dazu sei zunächst daran erinnert, daß wir festgestellt haben, daß alle Orbits nach einer bestimmten Anzahl von Iterationen schließlich im Segment S landen müssen (vgl. Abschnitt 3.9.5). Wir konnten daher die transiente Phase der Orbits vernachlässigen, und nur Anfangswerte in diesem Segment S betrachten; dieses Segment bestimmt die langfristige Dynamik des Systems (3.9). Darüberhinaus gilt natürlich auch, daß Anfangswerte in S nach einer gewissen Anzahl von Iterationen wieder in S landen. Wir führen daher eine "Erste Rückkehr-Abbildung" für das Liniensegment S, daß auch mit dem Intervall $J = \left[s^l, s^u\right]$ identifiziert werden kann, ein.

Diese *Erste Rückkehr-Abbildung (first return map)* $R: J \to J$ definieren wir folgendermaßen (vgl. Hommes, 1991): sei $x \in J = \left[s^l, s^u\right]$ und $(x, 0)$ der entsprechende Punkt in S. Dann ist $R(x)$ die E-Koordinate jenes Punktes $(R(x), 0)$, der nach einem Umlauf wieder in S liegt. Identifizieren wir J als Kreis, indem wir die Endpunkte s^l und s^u identifizieren, dann ist mit R eine Kreisabbildung definiert. Die Dynamik des Systems (3.9) kann mit Hilfe der Rückkehr-Abbildung analysiert werden, da die Dynamik der Abbildung R jener von (3.9) entspricht.

Das zuletzt gebrachte Argument sei anhand der Rückkehr-Abbildung für $\theta = 0.056$ illustriert. In Abbildung 3.23 sind auf der Abszisse die Anfangswerte x im Intervall $J = \left[s^l, s^u\right] = [1009.024, 1050]$ abgetragen. Die Ordinate zeigt die E-Koordinaten $R(x)$ in J von jenen Punkten, die nach einem Umlauf auf dem Attraktor wieder in S liegen. Der Graph von $R(x)$ ist nun wie folgt zu verstehen: Wählen wir einen Startwert x in J, z.B. $x = 1009.024$, so ist der erste Punkt nach Durchlaufen des Orbits auf dem jeweiligen Attraktor gleich $(R(x), 0)$ und damit der Wert in J gleich $R(x)$, in unserem Fall also $R(x) \approx 1021.65$, wie sich aus Abb. 3.23 ablesen läßt.

Dieser Vorgang läßt sich nun für alle Startwerte in *J* wiederholen, und so der Graph von *R* ermitteln. Es sei darauf hingewiesen, daß die Abszisse und die Ordinate nur der Deutlichkeit halber unterschiedlich skaliert wurden, daß aber auf beiden Achsen das Intervall *J* abgetragen ist. Die im Diagramm strichliert gezogene Linie kennzeichnet die Gerade *x=R(x)*. Die Rückkehr-Abbildung ist (als Abbildung vom Intervall *J* auf *J*) zwar unstetig, als Kreis-Abbildung aber stetig (die Bilder *R(x)* von *x=1009.024* und *x=1050* sind gleich, der Graph ist also als verbunden zu denken; genauso muß bei Identifikation von *J* als Kreis ein Austritt des Graphen am rechten Intervallende 1050 (wie bei der Unstetigkeitsstelle) als Eintritt des Graphen an der linken Intervallgrenze 1009.024 gleichgesetzt werden).

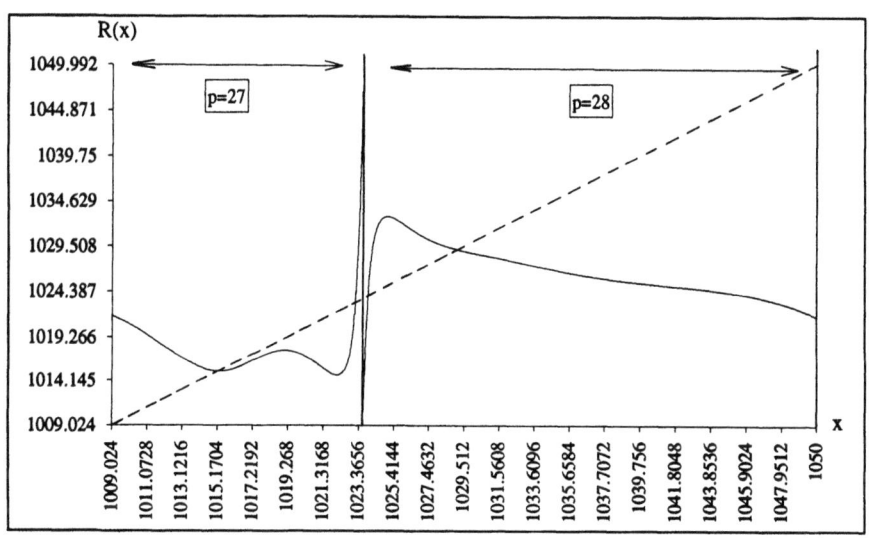

Abb. 3.23: Rückkehr-Abbildung für $\theta=0.056$ (monotoner Fall)

Aus Abbildung 3.23 läßt sich erkennen, daß *R(x)* zwei stabile ($x^{(1)} \approx 1015.2$ und $x^{(2)} \approx 1029.1$) und zwei instabile Fixpunkte ($x^{(3)} \approx 1023.2$ und $x^{(4)} \approx 1023.8$) besitzt, die sich als Schnittpunkte des Graphen von *R* und der Geraden *x=R(x)* ergeben. Damit hat System (3.9) zwei stabile und zwei instabile Orbits, wobei jeweils ein stabiler und ein instabiler die gleiche Periode besitzen. Wie sich mit Hilfe eines Computers leicht feststellen läßt, kehren Punkte *(x, 0)* aus *S*, für welche *x* links der Unstetigkeitsstelle in *J* liegt, nach 27 Iterationen, für welche *x* rechts der

Unstetigkeitsstelle liegt nach 28 Iterationen zurück. Damit gibt es aber für den Parameterwert $\theta=0.056$ genau zwei stabile periodische Orbits, wobei einer Periode 27, der andere Periode 28 besitzt. Diese Koexistenz von Attraktoren kommt, wie schon früher erwähnt, dadurch zum Ausdruck, daß in Abhängigkeit vom Startwert der Orbit zu verschiedenen finalen Zuständen strebt. Es sei daran erinnert, daß wir in Abschnitt 3.9.3 nur einen periodischen Attraktor gezeigt haben, wir aber nicht feststellen konnten, ob es noch weitere Attraktoren gibt. Mit Hilfe der Rückkehr-Abbildung läßt sich nun mehr aussagen: Es existieren für $\theta=0.056$ genau zwei stabile und zwei instabile Orbits, wobei jeweils ein stabiler und ein instabiler Orbit die gleiche Periode besitzen. Es sei hier angemerkt, daß die Existenz dieser periodischen Orbits chaotisches Verhalten keineswegs ausschließen muß. Dies wurde schon klar beim ersten Beispiel des Abschnittes 2.1. Auch hier lassen sich mittels der Rückkehr-Abbildung im Intervall J Bereiche identifizieren, in denen sich die Abbildung R, und damit System (3.9) (auf einer Cantor-Menge) chaotisch verhält. Diese Bereiche liegen bei den instabilen Fixpunkten, da sich hier die Situation ähnlich darstellt wie für die logistische Abbildung für $\mu > 4$ (vgl. Devaney, 1989).

Es sei hier zum Vergleich die Situation für $\theta=0.0486$ gezeigt (Abb. 3.24), wobei darauf hinzuweisen ist, daß die Ordinate und die Abszisse wieder der Deutlichkeit halber unterschiedlich skaliert wurden. Die Rückkehr-Abbildung weist wieder vier Schnittpunkte mit der Geraden $x=R(x)$ auf, wobei sämtliche Fixpunkte jetzt instabil sind. Diese (instabilen) Fixpunkte von R entsprechen (instabilen) periodischen Orbits von (3.9) mit unterschiedlicher Periode p. So kehren Anfangswerte in S, deren E-Koordinate im ersten oder im dritten Intervall liegt nach 29, wenn sie im zweiten Intervall liegt nach 28, und wenn sie sich im ganz rechts gelegenen Intervall befindet nach 30 Iterationen ins Segment S zurück. Sehr leicht ist dies einzusehen, wenn wir uns den Graphen von R im zweiten Intervall nach unten, und den im letzten Intervall nach oben versetzt denken (vgl. Abb. 3.25). Der Pfeil gibt die Richtung an, in der entlang des Attraktors fortgeschritten wird. Damit kommen aber Punkte im zweiten Intervall, da sie am weitesten vorne (bzw. unten) liegen, als erste in S an, danach folgen jene im ersten und dritten Intervall, und zuletzt kommen jene Punkte, die im letzten Intervall liegen. Damit ist auch klar, daß sich die betreffenden Punkte jeweils um eine Iteration unterscheiden. Besonders eindrucksvoll läßt sich die Wirkung des chaotischen Systems auf das Segment S (bzw. auf das Intervall J) demonstrieren, wenn wir uns den Graphen von R als "Faden" vorstellen, der aus dem Intervall J durch Streckung und Faltung hervorgegangen ist (vgl. Abb. 3.25). Dies macht auch den Streck- und Faltmechanismus des chaotischen Systems (3.9) für $\theta=0.0486$ deutlich.

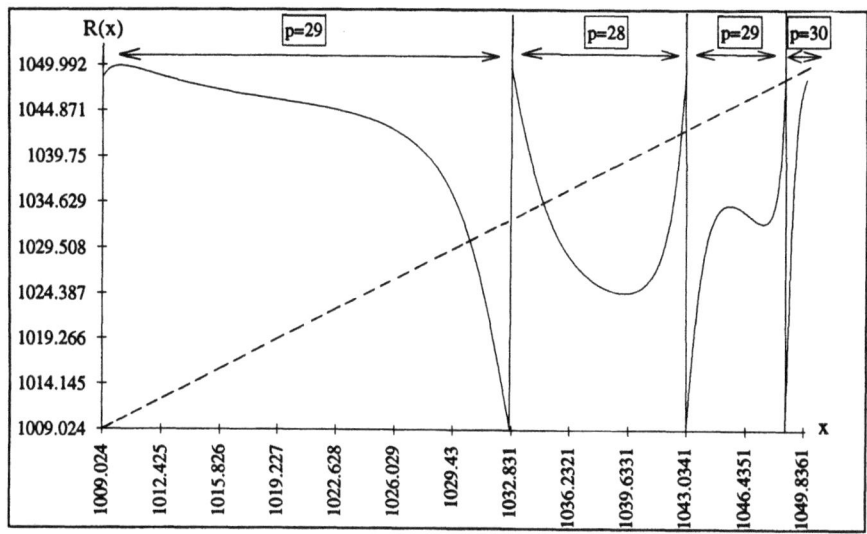

Abb. 3.24: Rückkehr-Abbildung für $\theta=0.0486$ (nichtmonotoner Fall)

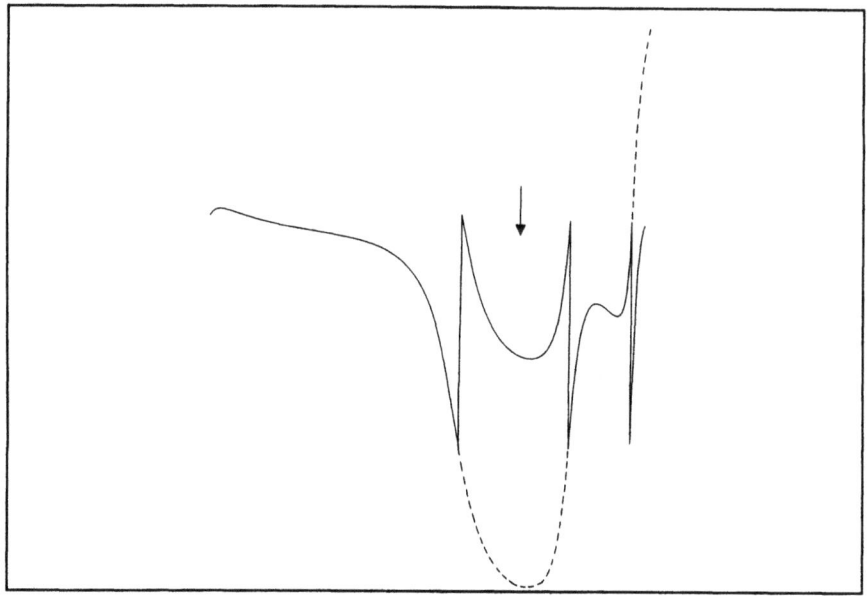

Abb. 3.25: Streck- und Faltmechanismus des chaotischen Systems (3.9) für $\theta=0.0486$; das Segment S wird stark ausgedehnt und wieder gefaltet.

Mit Hilfe der Technik der Rückkehr-Abbildung gelingt es, die Dimension des Systems um 1 zu reduzieren, ähnlich der *Poincaré-Abbildung* bei der Analyse von Systemen von Differentialgleichungen (zur Poincaré-Abbildung vgl. Loistl und Betz, 1993). Über diese Rückkehr-Abbildung lassen sich mit Hilfe verschiedener Theoreme über Kreisabbildungen Aussagen über das Verhalten machen (siehe Block und Coppel, 1992, und Alsedà et al., 1993). Die Return map-Technik läßt sich insbesondere dann anwenden, wenn für die Variablen eines zeitdiskreten Systems obere und/oder untere Grenzen eingeführt werden. Ist das Gleichgewicht des Systems instabil, und läßt sich wie in obigem Fall ein bestimmtes Element auf diesen Grenzen auszeichnen, so kann diese Technik erfolgreich angewendet werden (vgl. auch Hommes, 1991). Da für ökonomische, respektive betriebswirtschaftliche Fragestellungen derartige Schranken oftmals Bedeutung haben (siehe Kopel und Feichtinger, 1994), scheint eine Anwendung durchaus nutzbringend.

3.10. Ergebnisrelevanz und Erweiterungen

Im vorigen Abschnitt haben wir gezeigt, daß schon einfache dynamische, aber nichtlineare Zusammenhänge zu Chaos führen können. Wir haben zwei zentrale Einflußfaktoren der Unternehmensentwicklung herausgegriffen, nämlich die F&E-Tätigkeit und das Entscheidungsverhalten des Managements. Das Ausmaß der aktuellen F&E-Aktivität wirkt auf den Umsatz (der nächsten Periode), das Entscheidungsverhalten kommt in der Höhe des bereitgestellten Budgets für den F&E-Sektor zum Ausdruck. In Abhängigkeit von der Sensitivität der Entscheidungsträger auf Zielunter- bzw. Überschreitungen haben wir sowohl periodische als auch chaotische Unternehmensentwicklungen gefunden. Dabei läuft die Entwicklung nicht völlig willkürlich und zufällig ab, sondern folgt einem, wenn auch chaotischen, "Unternehmensattraktor". In diesem Abschnitt wollen wir auf die Relevanz der gewonnenen Erkenntnisse für praktische Belange, sowie auf mögliche Modellerweiterungen eingehen.

3.10.1. Zur praktischen Relevanz der Ergebnisse

Zeigt ein Modell, das die Verhaltensweisen der Entscheidungsträger einbezieht, daß Chaos eine mögliche Alternative für das Systemverhalten darstellt, so bleibt für die praktische Bedeutung immer noch die Frage, ob die chaotischen Regime in realistischen Bereichen des Parameterraumes liegen: "The practical significance of chaos and other phenomena such as self-organization in policy-oriented modeling remains unclear until it can be determined that theses phenomena can occur in models whose decision rules are grounded in empirical study of the actual decision processes of the agents." (Sterman, 1988, S. 148). So müßten die Zusammenhänge des Modells dahingehend überprüft werden, ob die Entscheidungen in tatsächlichen Situationen mit einer "chaotischen" Entscheidungsregel getroffen werden.

Dabei sind die Sozial- und Wirtschaftswissenschaftler mit einer Reihe von Schwierigkeiten konfrontiert, welche in naturwissenschaftlichen Disziplinen kaum auftreten.

- Soziale und wirtschaftliche Systeme sind nicht einfach von der Umwelt loszulösen.

- Hinreichend genaue und in genügend großem Ausmaß vorhandene Daten, die für statistische Tests zur Verfügung stehen, sind de facto nicht vorhanden.

- Kontrollierte Experimente sind schwer durchführbar, und zwar aus Kostenüberlegungen, wegen der großen zeitlichen und räumlichen Skalen der Systeme, und nicht zuletzt wegen der Vielzahl der beeinflußenden Individuen. In der Physik ist es außerdem relativ einfach den Zustand eines Systems zu messen (mit hoher Präzision und in beliebig kleinen Zeitintervallen) und Experimente zu wiederholen. Es ist dagegen sehr unwahrscheinlich, daß in den Sozialwissenschaften ähnliche Meßtechniken entwickelt werden, mit denen der exakte Zustand von Personen oder Personengruppen festgestellt werden kann. "Hence, models of social processes displaying chaotic behaviour are not very likely to be tested against empirical data, and such a test, if ever performed, is not very likely to succeed." (Troitzsch, 1992, S. 1).

- Die Gesetze des Verhaltens der Individuen sind einerseits nicht (so) stabil, wie die Gesetze der Naturwissenschaften, andererseits konnten in den Sozialwissenschaften bisher noch keine Gesetzmäßigkeiten, die die Interaktionen zwischen Menschen steuern, gefunden werden. "Hence, models of social processes do not usually have strong foundation." (Troitzsch, 1992 S. 1).

Um diesen Schwierigkeiten beizukommen, werden Laborexperimente durchgeführt, in denen sozial- und wirtschaftswissenschaftliche Systeme simuliert werden. Solche Experimente werden im Rahmen der Spieltheorie, zur Überprüfung von ökonomischen Theorien, und in der kognitiven Psychologie eingesetzt, und werden in Zukunft eine immer größer werdende Bedeutung erlangen (vgl. Eichenberger, 1992, und die rasch wachsende Literatur zum "Experimental-Economics"-Ansatz).

Trotz dieser Unwägbarkeiten bei der Überprüfung eines Modells ist doch schon das Ergebnis bemerkenswert, und für viele Entscheidungsträger überraschend, daß i) sie selbst Teil des Systems sind, und ii) ihre Entscheidungen endogen chaotische Entwicklungen auslösen (können). Manager lösen Probleme meist für das Unternehmen und seine Struktur, und übersehen dabei, daß sie selbst Teil des Ganzen sind, und die Unternehmensentwicklung durch ihr Verhalten entscheidend beeinflußen. Sie sorgen damit nicht für Stabilität, "..sondern für weitere Dynamik und Komplexität und für noch mehr Widersprüche und Paradoxien, als ohnehin schon durch die Dynamik der Umwelt im Unternehmen vorhanden sind." (Attems, 1990, S. 17). Simulationsmodelle dieser Art gestatten also nicht, daß Problem der Bestimmung der Höhe des F&E-Budgets optimal zu lösen, aber die Auswirkung von bestimmten Regeln transparenter zu gestalten. Sie gestatten nur "vage" (qualitative) Aussagen über umsatz- und ergebnismäßige Auswirkungen bei Variation der Systemparameter, aber sie können für Sensitivitätrechnungen und Alternativrechnungen herangezogen werden. Eine quantitative Voraussage eines Prozesses ist auch bei Kenntnis der Systemparameter aufgrund der sensitiven Abhängigkeit von den Anfangsbedingungen für chaotische soziale Systeme auch gar nicht möglich, da die Präzision der Anfangsbedingungen wegen der Schwierigkeiten der Datenerhebung bei menschlichen Individuen nicht sehr hoch ist. Eine qualitative Voraussage, z.B. Diskontinuitäten oder Bifurkationen, ist jedoch trotz allem durchführbar.

Wenn auch das Modell die Zusammenhänge auf einem hoch aggregierten Niveau darstellt, so scheinen doch die Einfachheit der Beziehungen und die Komplexität des Systemverhaltens zunächst gegenläufig. Wie jedoch die Analyse ergeben hat, widersprechen sich diese beiden Punkte keineswegs. Entgegen den einfachen Beispielen des Kapitels 2 zeigt unser Modell in Abhängigkeit vom Verhaltensparameter θ eine äußerst komplexe Abfolge der möglichen dynamischen Entwicklungen. Genau diese Nichtmonotonie des dynamischen Verhaltens eines Systems in Abhängigkeit von den Parameterausprägungen, sowie die dichte Aufeinanderfolge von chaotischem und periodischem Verhalten (insbesondere sei hier auf die immer wieder auftretenden Fenster verwiesen), zeigen auch die Schwierigkeiten für einen eventuellen Eingriff von außen auf. Derartige Eingriffe verändern immer die Ausprägungen der Parameter, ob sie das aber auch in der gewünschten Weise tun, bleibt in solchen nichtlinearen Strukturen anzuzweifeln.

3.10.2. Modellerweiterungen

Das in Abschnitt 3.6. entwickelte einfache Modell kann in vielerlei Hinsicht erweitert werden, um einer Forderung nach einer möglichst realistischen Erfassung der Zusammenhänge gerecht zu werden. Wir werden dabei sowohl die möglichen Erweiterungen des Modells in zwei Zustandsvariablen besprechen, als auch auf die alternative Formulierung der Beziehungen durch Hinzufügen weiterer Zustandsvariablen eingehen. Bei den verschiedenen Modelladaptionen soll, wenn überhaupt, nur kurz auf das dynamische Verhalten eingegangen werden.

- In unserem Modell reagieren Individuen in Chancensituationen (Situationen über dem Anspruchsniveau E^*) und Risikosituationen (Situationen unter dem Anspruchsniveau E^*) gleich stark. Empirische Untersuchungen ergaben jedoch, daß in Verlustsituationen das Ausmaß der Reaktion ungleich stärker ist, als in Gewinnsituationen (für eine Übersicht siehe Kopel, 1993). Dieser Effekt wird *Verlustaversion (loss aversion)* genannt, und wird in der *prospect theory* von Kahneman und Tversky durch die Steigung einer Wertfunktion berücksichtigt. Im Bereich von Verlusten ist die Funktion steiler, im Bereich von Gewinnen flacher (siehe Kahneman und Tversky, 1979). Dies läßt sich auch auf unser Modell übertragen.

Dazu unterscheiden wir die Situation über dem und unter dem Anspruchsniveau E^* und geben zwei verschiedene Steigungen vor,

$$F_{t+1} = Max\{0, F_t + f(E^* - E_t)\} \text{ mit } f(E^* - E_t) = \begin{cases} \theta(E^* - E_t) & \text{für } E^* < E_t \\ \kappa(E^* - E_t) & \text{für } E^* > E_t \end{cases}$$

wobei für die Parameter $\kappa > \theta > 0$ gilt. Durch empirische Untersuchungen konnte ein Verhältnis $\kappa:\theta = 2:1$ herausgefunden werden (Tversky und Kahneman, 1991). Die Entscheidungsregel stellt sich jetzt graphisch wie in Abbildung 3.26 gezeigt dar. Hingewiesen sei in diesem Zusammenhang vor allem auf die Ähnlichkeit des Verlaufs der Wertfunktion der prospect theory mit dem der obigen Entscheidungsregel.

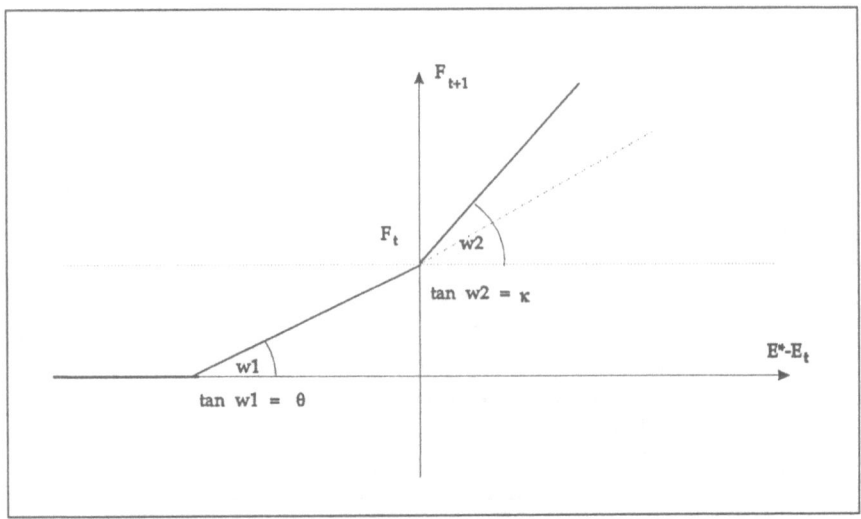

Abb. 3.26: Verlustaversion. Im Modell durch unterschiedliche Steigung im "positiven" und "negativen" Bereich berücksichtigt

In dieser Modellvariation konnte ebenfalls ein chaotischer Attraktor gefunden werden, wobei dieser aber weit mehr "Zungen" aufweist. Die zahlreich auftretenden Faltungen spiegeln in gewissem Sinn die Überreaktion der Individuen auf Zielunterschreitungen wider, die zusätzliche Dynamik in das System bringt.

- Modell mit unterer Schranke für die F&E-Ausgaben

Wir haben angenommen, daß die F&E-Aktivität von der Unternehmensleitung auch völlig eingestellt werden kann. Dies wird jedoch in realistischen Situationen nicht wünschenswert oder durchführbar sein, sodaß ein gewisses Mindestmaß an F&E-Aktivität in Form einer Untergrenze UG für das F&E-Budget der nächsten Periode in die Entscheidungsregel (3.8) eingebaut werden muß. Die Regel lautet somit

$$F_{t+1} = Max\{UG, F_t + \theta(E^* - E_t)\}.$$

Die Ergebnisse des Basismodells bleiben weitgehend, natürlich in Abhängigkeit vom Parameter UG erhalten.

- Für die Funktion (3.7) kann anstelle des arctan auch die schon aus Kapitel 2 bekannte s-förmige Funktion (vgl. Abb. 2.8) gewählt werden. Eine geeignete Transformation ergibt $E_{t+1} = E_t + \mu\left(\dfrac{2}{1+exp(-\theta(F_t - F_{min}))} - 1\right) \cdot E_t$

Die qualitativen Ergebnisse des Basismodells bleiben uneingeschränkt erhalten.

- F&E-Ausgaben früherer Perioden wirken natürlich ebenfalls auf den Erlös. Dies läßt sich in das Modell dadurch einbauen, daß die Summe der gewichteten F&E-Ausgaben der letzten n Perioden (und nicht nur die F&E-Ausgaben der Vorperiode) den Umsatz bestimmen. Die zeitverzögernde Wirkung der F&E-Ausgaben resultiert in einer zusätzlichen Dynamik des Systems, die durch größere chaotische Bereiche und vermehrte Periodenverdopplungen zum Ausdruck kommt.

- Auf die Enscheidungen des Managements haben natürlich die Ausgaben, die mit der F&E-Aktivität einer Unternehmung verbunden sind, erheblichen Einfluß. So lassen sich in die Entscheidungsregel die Kosten gemäß folgender einfacher Überlegung einbauen: Der Entscheidungsträger verbindet mit der F&E-Aktivität einen gewissen Wert K*; wird dieser Wert durch die Kosten, welche wie im Pinkwart-Modell (Abschnitt 3.4) ermittelt werden können, überschritten, so wird das F&E-Budget eingeschränkt, andernfalls erhöht. Das System besteht hier aus den Gleichungen

$$E_{t+1} = E_t + \left(\dfrac{2}{\pi}\mu \, arctan\lambda(F_t - F_{min})\right)E_t$$

$$F_{t+1} = Max\{0, F_t + \theta(K^* - K_t)\}$$

mit $K_t = (1-\delta)E_t + F_t + c(E_{t-1} - E_t)$ und

$$c = \begin{cases} 0.5 \text{ für } E_{t-1} > E_t \\ 0 \text{ sonst} \end{cases}.$$

Der Parameter δ kennzeichnet die Umsatzrentabilität, die hier zunächst als konstant vorausgesetzt wird. Eine realistischere Fassung des Modells integriert eine variable Umsatzrentabilität, wobei wie im Pinkwart-Modell der Zusammenhang

$$\delta(v_{t-1}) = b v_{t-1}^\beta (m - v_{t-1})^\tau$$

zwischen Umsatzrentabilität und Forschungsquote der Vorperiode (die Wirkung der F&E-Aktivität auf den Gewinn tritt erst mit zeitlicher Verzögerung ein!) angesetzt werden kann.

Im erweiterten Modell mit konstanter Umsatzrentabilität können dynamische Phänomene wie Koexistenz von Attraktoren und chaotische Attraktoren gefunden werden. Der chaotische Attraktor hat hier aber eine im Vergleich mit Abbildung 3.15 unterschiedliche Gestalt.

- Natürlich werden umsichtige Entscheidungsträger nicht alleiniges Augenmerk auf die Kosten- oder die Erlösseite legen, sondern beiden Bestimmungsfaktoren ihre Beachtung schenken. So resultiert eine Entscheidungsregel der Form

$$F_{t+1} = Max\left\{0, F_t + \theta_1(E^* - E_t) + \theta_2(K^* - K_t)\right\}.$$

Ein besonders interessanter Hinweis ergibt sich hier aus der Kombination der beiden Parameter θ_1 und θ_2 bei der Veranschaulichung des dynamischen Verhaltens. In der (θ_1, θ_2)-Ebene wird dabei die komplexe Verzahnung von regulärem und chaotischem Verhalten deutlich.

- Wie wir aus der Untersuchung von Schanz (1972) wissen, wird auch der Gewinn zur Bestimmung des F&E-Budgets herangezogen. Der Gewinn G_t läßt sich im erweiterten Modell bestimmen aus

$$G_t = E_t - K_t.$$

Übersteigen die Kosten den Erlös einer Periode, so resultiert ein Verlust ($G_t<0$), der ein anderes Verhalten der Entscheidungsträger nach sich zieht. Dies könnte beispielsweise durch ein *situationsangepasstes anchoring and adjustment* berücksichtigt werden. In Gewinnsituationen wird die Unternehmensleitung ein bestimmtes Niveau G* des Gewinns (z.B. in Hinblick auf steuerliche Vorteile, oder um keine Konkurrenten anzulocken) festlegen. Wird dieses Niveau überschritten, so werden die F&E-Anstrengungen eingeschränkt. In

Verlustsituationen werden die F&E-Ausgaben reduziert, wobei hier der Verlust anteilig weitergegeben wird. Die Entscheidungsregel lautet zusammengefaßt

$$F_{t+1} = Max\{0, F_t + f(G_t)\} \text{ mit } f(G_t) = \begin{cases} \theta_1(G^* - G_t) & \text{für } G_t > 0 \\ \theta_2 G_t & \text{für } G_t < 0 \end{cases}.$$

- In einer Erweiterung könnte auch der Blickwinkel für eine Interpretation der F&E-Ausgaben erweitert werden. So wären negative Budgets als Desinvestition des F&E-Bereichs zu sehen; beispielsweise wird Personal abgebaut, die Forschungseinrichtung verkauft, bzw. im Extremfall die F&E-Abteilung völlig aufgelassen und Neuentwicklungen zugekauft, oder die Unternehmung beschränkt sich in Zukunft auf die Politik der Imitation. Mit dieser Interpretation sind wieder einige Variationen denkbar.

Eine erhebliche Einschränkung im Basismodell besteht in der Konstanz der (kognitiven) Schwelle E^*. Die Individuen richten ihr Augenmerk klarerweise auf Ergebnisse der Vergangenheit und diese Ergebnisse beeinflussen die zukünftigen Entscheidungen. So wird gemäß der Theorie vom Aspirationsniveau, auch diese Schwelle einer Anpassung unterworfen sein:[13] "As psychological inquiry had shown, aspiration levels are not static, but tend to rise and fall in consonance with changing experience. In a benign environment that provides many good alternatives, aspirations rise; in a harsher environment, they fall." (Simon, 1979, S. 503).

In einer ersten alternativen Version könnte anstelle der konstanten Schwelle E* ein naiver Prognosewert, der Umsatz der Vorperiode E_{t-1} in die Entscheidungsregel (3.8) aufgenommen werden.

In einer weiteren Version könnte dieser Schwellwert modellimmanent durch eine Anpassungsdynamik der Form

$$E^*_{t+1} = E^*_t + s(E_t - E^*_t)$$

bestimmt werden. Die Schranke variiert jetzt mit den aktuellen Ergebnissen, und wird positiv durch höhere, negativ durch niedrigere Ergebnisse beeinflußt.

Durch den Wegfall der unteren Grenze für die F&E-Ausgaben und die

---

[13] Der Autor dankt Prof. Dr. K. Brockhoff für diesen Hinweis.

zusätzliche Anpassungsdynamik können Faltungen, wie wir sie schon im Basismodell feststellen konnten, entlang des gesamten Attraktors vorkommen. Der Attraktor ist in diesem Fall *chaotisch **und** seltsam.*

- Die Schwelle F_{min} wird im Basismodell als konstant angenommen. Diese Annahme entspricht aber nur vereinfacht den tatsächlichen Gegebenheiten, da die Konsumenten in Abhängigkeit von der F&E-Aktivität der Unternehmung ihre Erwartungen der Zukunft bestimmen. Je höher die F&E-Ausgaben der Vorperiode, umso höher werden die Erwartungen der Abnehmer sein, und umso schwieriger wird es für die Unternehmung Wachstum zu erzielen.

Anstelle der konstanten minimalen F&E-Aktivität F_{min} im Basismodell (3.9), könnte auch ein Prognosewert der marktlichen Seite eingesetzt werden. Die minimale F&E-Aktivität F_{min} könnte also beipielsweise durch die naive Prognose F_{t-1} ersetzt werden.

Eine weitere Möglichkeit besteht in der Aufnahme einer Anpassungsdynamik für den Schwellenwert der F&E-Ausgaben der Form

$$F_{t+1}^{min} = F_t^{min} + s(F_t - F_t^{min}).$$

Auch hier ergibt die zusätzliche Dynamik einen *chaotischen und seltsamen Attraktor.*

- Klarerweise könnten die obigen Erweiterungen auch kombiniert zum Einsatz kommen, und die höherdimensionalen Modelle einer Analyse unterworfen werden.

3.11. Abschließende Bemerkungen

Die Ausführungen dieses Kapitels haben gezeigt, daß eine chaostheoretische Analyse eines einfachen nichtlinearen betriebswirtschaftlichen Strukturmodells aufschlußreiche Einblicke in das dynamische Verhalten ermöglicht. Insbesondere konnten wir unser zentrales Anliegen, nämlich den Mechanismus für chaotisches Verhalten aufzudecken, erfüllen.

Zwei sehr wichtige Erkenntnisse, die der Intuition entgegenstehen, hat die Analyse dieses Modells gebracht. Zum einen zeigen die Zeitpfade für gewisse Parameterwerte fast periodische Muster, so daß komplexes Verhalten intuitiv ausgeschlossen würde. Zum anderen zeigt aber das System sensitive Abhängigkeit von den Anfangsbedingungen, wodurch sich anfängliche Unterschiede nach einiger Zeit stark auswirken. Die Analyse hat auch gezeigt, daß schon einfachste nichtlineare Beziehungen chaotische Oszillationen hervorrufen können.

Da nun in der Betriebswirtschaftslehre sowohl die Nichtlinearität, als auch der zeitliche Charakter der Zusammenhänge immer wieder betont wird, muß die potentielle Möglichkeit von chaotischen Fluktuationen auch für betriebswirtschaftliche Überlegungen in die Betrachtung mit eingeschlossen werden, besonders wenn die sozialen Faktoren einbezogen werden.

Bei der Herleitung unseres Modells wurde verstärkt auf empirische Befunde und das tatsächliche Entscheidungsverhalten der Individuen Wert gelegt, und dabei von einer der Standardvoraussetzungen wie perfekte Voraussicht, Nutzenmaximierung oder dergleichen abgesehen. Die Annahme einer perfekten Rationalität wird von vielen Autoren angezweifelt, wobei deren Zweifel durch Experimente gestützt werden, die einen systematischen Verstoß gegen die Prämissen aufzeigen. Der Nobelpreisträger Simon geht in seiner Formulierung sogar einen Schritt weiter: "There can no longer be any doubt that the micro assumption of the theory - the assumptions of perfect rationality - are contrary to fact. It is not a question of approximation; they do not even remotely describe the processes that human beings use for making decisions in complex situations." (Simon, 1979, S. 510). Die Erfassung des tatsächlichen Entscheidungsverhaltes der Entscheidungsträger sollte vielleicht zentraler in den Mittelpunkt der Modellbauer gerückt werden, wobei auch zu untersuchen ist, inwieweit ein solches Abweichen von den Standardannahmen einen Unterschied im dynamischen Verhalten bewirkt.

Ob nun in realistischen Situationen Chaos tatsächlich auftreten kann oder nicht, ist Gegenstand weiterer Untersuchungen. Dabei wird der Durchführung von Experimenten, und die daraus resultierende Ableitung genereller (tatsächlicher) Verhaltensweisen erhöhte Bedeutung zukommen. So könnte sich also neben der existierenden Richtung der Modellbildung, nämlich optimale Lösungen eines vereinfachten Modells zu ermitteln, auch eine zweite etablieren, die Lösungen sucht, die aufgrund des tatsächlichen Verhaltens der Individuen resultieren. Die so ermittelten Ergebnisse, ob chaotische Fluktuationen oder reguläres Verhalten, könnten dann unmittelbar für praktische Zwecke eingesetzt werden. Dies wird durch Lorenz (1992b, S. 259) folgendermaßen zusammengefaßt: "Die von experimentellen, empirisch arbeitenden Ökonomen zur Verfügung gestellten Ergebnisse über tatsächlich beobachtbare Verhaltensregeln sollten bei der Formulierung seriöser ökonomischer Modelle deutlich stärker als bisher herangezogen werden. Wenn empirische Beobachtungen etwa zeigen, daß Individuen in der Tat häufig kurzfristig agieren oder in anderen Fällen komplizierte Adaptionsmuster erkennbar werden, dann sollte ein ökonomisches Modell diese Verhaltensweisen in Betracht ziehen. Mit Hilfe numerischer Simulationen kann eine wesentlich größere Zahl solcher Verhaltensregeln studiert werden als in der analytischen Wirtschaftstheorie, die dem genannten Kontext häufig auf die unrealistische Annahme perfekter Voraussicht angewiesen ist, um eindeutige und allgemeingültige Ergebnisse zu erzielen. Sollten solche Modelle mit empirisch gesicherten Grundannahmen chaotisches Verhalten aufweisen können, dann werden chaotische Systeme notwendigerweise eine wichtige Rolle in der dynamischen Wirtschaftstheorie spielen."

So ist das hier entwickelte Modell vielleicht als ein Schritt in diese Richtungen zu sehen, wobei besonders Wert darauf gelegt wurde, die Bedeutung dieser neuen Forschungsrichtungen für betriebswirtschaftliche Fragestellungen unter Beweis zu stellen.

4. Zusammenfassung

Viele Prozesse der Realität folgen nichtlinearen Gesetzmäßigkeiten. Nicht nur in der Naturwissenschaft und in der Technik spielen derartige Strukturen eine Rolle, auch in den Wirtschaftswissenschaften werden solche Modelle in Zukunft größere Bedeutung erlangen, denn sowohl innerhalb einer Unternehmung als auch im Unternehmensumfeld sind die Beziehungen alles andere als linear. Dies gilt in verstärktem Ausmaß, wenn soziale Faktoren komplexe Strukturen aufbauen.

Die Abbildung der unternehmensinternen Beziehungen und der Beziehung der Unternehmungen zu ihrem Umfeld ist ein Schwerpunkt der betriebswirtschaftlichen Forschung. Alleine die Untersuchung der aufgestellten Modelle hat wegen der Nichtlinearität der Strukturen Probleme aufgeworfen. Wie die Ausführungen dieser Arbeit gezeigt haben, bietet nun die Chaostheorie Hilfsmittel zur Untersuchung derartiger Systeme an. Mit deren Hilfe gelingt es, das dynamische Verhalten zu klassifizieren und Parameterbereiche, in denen (eventuell unerwünschte) chaotische Fluktuationen auftreten, zu identifizieren. Um diese neuen Methoden anwenden zu können, sind jedoch einige Investitionen und Änderungen in der Denkweise nötig, die sich aber durchaus bezahlt machen können. So ist beispielsweise der Umgang mit Computern im Zusammenhang mit der Analyse nichtlinearer dynamischer Systeme zumeist angezeigt, da ein analytischer Zugang aufgrund der Komplexität oft verschlossen sein wird, und auf numerische Techniken zurückgegriffen werden muß. Weiters muß schon bei der Erfassung der Systemzusammenhänge in einem Modell ungleichgewichts- und dynamisch orientiert gedacht werden. Die Entwicklungen der Realität geben dafür die Begründung: In keiner Periode sind die Verhältnisse so wie zuvor, die Entwicklung kommt nie zum Stillstand. Gleichgewichte sind in komplexen Systemen eher die Ausnahme, als die Regel, und damit sind auch lineare Systeme zur Beschreibung und Analyse wirtschaftlicher und sozialer Systeme nur bedingt geeignet. Die wesentlichen Nichtlinearitäten und vorhandenen Mechanismen der Systeme müssen daher identifiziert, und von einer vereinfachten linearen Betrachtungsweise Abstand genommen werden. Wie in den vorigen Kapiteln gezeigt wurde, sind unter solchen Prämissen in den entwickelten Modellen komplexe Verhaltensmuster denkbar. Insbesondere kann in vielen Fällen der chaosauslösende Mechanismus identifiziert werden, was dem Verständnis für dynamische Systeme nur förderlich ist.

Die interessante Entdeckung der Chaostheorie ist, daß einfachste nichtlineare Beziehungen hoch komplexe Muster bewirken können. Dabei bedeutet aber Chaos keineswegs, und dies haben die Ausführungen dieser Arbeit auch gezeigt, völlige Regellosigkeit oder Zufälligkeit. Vielmehr kann auf Makroebene, d.h. bei einer Änderung des Blickwinkels, eine bestimmte Regelmäßigkeit entdeckt werden. Deshalb kann das Phänomen Chaos auch als Grenze zwischen Unordnung (Zufälligkeit) und Ordnung (Regularität) gesehen werden. Der Punkt ist nun, daß viele Vorgänge der Realität weder völlig geordnet, noch völlig ungeordnet ablaufen. Zudem gilt auch die interessante Feststellung, daß periodische und aperiodische Oszillationen durchaus rational sein können. So ist es möglich, daß in Modellen der optimalen Kontrolle die optimale Steuerung Zyklen oder chaotisches Verhalten (und damit sensitive Abhängigkeit von den Anfangsbedingungen) zeigt, d.h. chaotisches Verhalten kann durchaus mit der Nutzenmaximierung kompatibel sein (vgl. Feichtinger und Kopel, 1994).

Die Eigenschaft der sensitiven Abhängigkeit von den Anfangsbedingungen, die ein Charakteristikum chaotischer Systeme ist, führt zur Unmöglichkeit einer langfristigen Prognose. So ist für gewisse Parameterbereiche langfristig eine Berechenbarkeit nicht gegeben, und alleine diese Erkenntnis muß (und führt auch schon) zu alternativen Ansätzen. Die neueren Ansätze der Managementtheorie befassen sich auch genau mit diesen Fragestellungen, wie nämlich ein Unternehmen im Hinblick auf solche dynamischen Phänomene zu führen ist.

Für die Entscheidungsträger einer Unternehmung sind die Methoden und Erkenntnisse der Chaostheorie in mehrfacher Hinsicht interessant. Zum einen können schon bei einer eventuellen Modellerstellung tiefere Einblicke in die Struktur gewonnen werden. Zum anderen lassen sich sehr einfach Auswirkungen von Maßnahmen erkennen und verschiedene Szenarien rasch und kostengünstig durchspielen. Nicht zuletzt können natürlich auch Gegenmaßnahmen erprobt werden. Mit Hilfe der Chaostheorie kann die Struktur in betriebswirtschaftlichen Datesätzen ermittelt und für einen zwischenbetrieblichen Vergleich herangezogen werden (vgl. Priesmeyer, 1992).

So stellt sich die Chaostheorie nicht nur als ein theoretisches Gebäude dar, sondern ist auch hinsichtlich ihrer praktischen Relevanz zu überprüfen. Zu den wenigen bisher durchgeführten chaostheoretischen Arbeiten im Bereich der Betriebswirtschaftslehre, die hoffentlich den Ausgangspunkt einer noch lang andauernden Untersuchung bilden, kommt nun die hier vorliegende Arbeit hinzu, und treibt die Forschung voran. So bleibt mit Medio zu hoffen: "The discovery of new fundamental results in nonlinear dynamics and their rapid dissemination have given economists active in this field the tools of analysis and the vision necessary to tackle with greater mathematical rigour some of the difficult problems related to instability and oscillations. A thorough understanding of such concepts as attractors, chaotic dynamics, fractal dimension, Lyapunov characteristic exponents, symbolic dynamics, etc., as well as their application to the analytical and numerical investigation of economic dynamic models and time series, is an essential link in a chain of scientific progress which will go well beyond the simple study of fluctuations. It is hoped that those new ideas and methods will bring about a radical change of prospect,...". (Medio, 1992, S. 15).

Anhang - Tabellen zu Kapitel 2

Tabelle 1: $e = 0.7$

t	x	t	x
0	3,9		
1	5,5965	26	5,141150467
2	4,707915713	27	5,144221464
3	5,42459937	28	5,141765034
4	4,889680822	29	5,143730412
5	5,322963812	30	5,14215826
6	4,987418363	31	5,143416078
7	5,258751742	32	5,142409885
8	5,045440418	33	5,143214879
9	5,217469016	34	5,142570909
10	5,081219218	35	5,143086101
11	5,190837751	36	5,142673958
12	5,103666908	37	5,143003679
13	5,173671775	38	5,142739906
14	5,117873098	39	5,142950927
15	5,162625908	40	5,142782112
16	5,126905349	41	5,142917165
17	5,155529517	42	5,142809124
18	5,132663038	43	5,142895557
19	5,150976055	44	5,142826411
20	5,136338942	45	5,142881728
21	5,148056833	46	5,142837474
22	5,138687928	47	5,142872878
23	5,146186431	48	5,142844555
24	5,140189833	49	5,142867213
25	5,144988501	50	5,142849087

Tabelle 2: *e = 0.83*

t	x	t	x
0	3,9		
1	6,63585	26	3,78824657
2	3,75670233	27	6,6213916
3	6,61543459	28	3,78824702
4	3,80119329	29	6,62139168
5	6,62359749	30	3,78824685
6	3,78344552	31	6,62139165
7	6,62053822	32	3,78824691
8	3,79010346	33	6,62139166
9	6,62171653	34	3,78824689
10	3,78754002	35	6,62139166
11	6,62126721	36	3,7882469
12	3,78851765	37	6,62139166
13	6,62143921	38	3,78824689
14	3,78814342	39	6,62139166
15	6,62137347	40	3,7882469
16	3,78828647	41	6,62139166
17	6,62139861	42	3,7882469
18	3,78823176	43	6,62139166
19	6,621389	44	3,7882469
20	3,78825268	45	6,62139166
21	6,62139268	46	3,7882469
22	3,78824468	47	6,62139166
23	6,62139127	48	3,7882469
24	3,78824774	49	6,62139166
25	6,62139181	50	3,7882469

Tabelle 3: $e = 0.87$

t	x	t	x
0	3,9		
1	6,95565	26	3,16051389
2	3,15989789	27	6,65343943
3	6,65298937	28	3,89727774
4	3,89831661	29	6,95540994
5	6,95550231	30	3,16051516
6	3,16027764	31	6,65344036
7	6,65326687	32	3,89727559
8	3,89767609	33	6,95540975
9	6,95544547	34	3,16051565
10	3,1604238	35	6,65344072
11	6,65337364	36	3,89727477
12	3,89742963	37	6,95540967
13	6,9554235	38	3,16051584
14	3,16048028	39	6,65344086
15	6,65341489	40	3,89727444
16	3,8973344	41	6,95540965
17	6,955415	42	3,16051592
18	3,16050214	43	6,65344092
19	6,65343086	44	3,89727432
20	3,89729754	45	6,95540963
21	6,95541171	46	3,16051594
22	3,16051061	47	6,65344094
23	6,65343704	48	3,89727427
24	3,89728327	49	6,95540963
25	6,95541043	50	3,16051596

Tabelle 4: $e = 1$

t	x	t	x	t	x	t	x
0	3,9						
1	7,995	26	7,99502327	51	0,98399799	76	5,82007407
2	0,0199875	27	0,01989452	52	3,45186594	77	6,34366519
3	0,07975025	28	0,07938017	53	7,84977453	78	5,25361673
4	0,31582095	29	0,31437009	54	0,58961805	79	7,21422254
5	1,21341236	30	1,20806608	55	2,18464747	80	2,83438672
6	4,11746466	31	4,10255249	56	6,3522476	81	7,32067284
7	7,99310103	32	7,99474149	57	5,23346561	82	2,48656595
8	0,02757209	33	0,0210202	58	7,2392813	83	6,85475869
9	0,10990826	34	0,08385988	59	2,75352834	84	3,92517642
10	0,43359314	35	0,33192329	60	7,2231542	85	7,99720072
11	1,64037107	36	1,27260661	61	2,80563851	86	0,01119322
12	5,21607565	37	4,28066265	62	7,28675031	87	0,04471023
13	7,26058001	38	7,96061424	63	2,59863619	88	0,17784143
14	2,68430901	39	0,15676742	64	7,01808974	89	0,69555193
15	7,13447861	40	0,61478168	65	3,44556715	90	2,54031149
16	3,08752193	41	2,27014845	66	7,84630211	91	6,93465473
17	7,58369188	42	6,50380681	67	0,60298004	92	3,69390081
18	1,57857624	43	4,86547573	68	2,2301277	93	7,95315164
19	5,0683535	44	7,62547588	69	6,43377601	94	0,18629605
20	7,4293104	45	1,42796233	70	5,03836716	95	0,72783108
21	2,11991508	46	4,69231111	71	7,46089682	96	2,64645528
22	6,23264034	47	7,76035266	72	2,0110966	97	7,08395835
23	5,50765856	48	0,92987392	73	6,02213163	98	3,24460045
24	6,86348284	49	3,28716294	74	5,95549184	99	7,71468576
25	3,90023302	50	7,74593166	75	6,08802583	100	1,10055486

Tabelle 5: *e = 0.96*

t	x	t	x
0	3,9		
1	7,6752	26	1,19571286
2	1,19659438	27	3,90526734
3	3,90764013	28	7,67569235
4	7,67590543	29	1,19485717
5	1,19410524	30	3,90296337
6	3,90093819	31	7,67548027
7	7,67528964	32	1,1956055
8	1,1962781	33	3,90497832
9	3,90678887	34	7,67566602
10	7,67582961	35	1,19495006
11	1,19437281	36	3,90321352
12	3,90165891	37	7,67550354
13	7,67535793	38	1,19552339
14	1,19603715	39	3,90475724
15	3,90614031	40	7,67564583
16	7,67577137	41	1,1950213
17	1,19457831	42	3,90340537
18	3,9022124	43	7,67552135
19	7,67541004	44	1,19546055
20	1,1958533	45	3,90458807
21	3,9056454	46	7,67563035
22	7,67572666	47	1,19507593
23	1,19473609	48	3,90355247
24	3,9026373	49	7,67553498
25	7,67544984	50	1,19541245

Tabelle 6: Sensitive Abhängigkeit von den Anfangsbedingungen, $e = 1$

t	x_t^A	x_t^B	t	x_t^A	x_t^B
0	3,9	3,939			
1	7,995	7,9981395	26	7,99502327	0,79838116
2	0,0199875	0,00744027	27	0,01989452	2,8748184
3	0,07975025	0,0297334	28	0,07938017	7,36698319
4	0,31582095	0,11849156	29	0,31437009	2,33171211
5	1,21341236	0,4669461	30	1,20806608	6,60840776
6	4,11746466	1,75876506	31	4,10255249	4,59810448
7	7,99310103	5,48843298	32	7,99474149	7,82113552
8	0,02757209	6,89228363	33	0,0210202	0,69946168
9	0,10990826	3,81734769	34	0,08385988	2,55322341
10	0,43359314	7,98331907	35	0,33192329	6,95341876
11	1,64037107	0,06658461	36	1,27260661	3,63865883
12	5,21607565	0,26412167	37	4,28066265	7,93471628
13	7,26058001	1,02160654	38	7,96061424	0,2590039
14	2,68430901	3,56458619	39	0,15676742	1,0024741
15	7,13447861	7,90520741	40	0,61478168	3,50741923
16	3,08752193	0,37467756	41	2,27014845	7,87868209
17	7,58369188	1,42851859	42	6,50380681	0,4779126
18	1,57857624	4,69374168	43	4,86547573	1,79745019
19	5,0683535	7,75936124	44	7,62547588	5,57438716
20	7,4293104	0,93360152	45	1,42796233	6,76065254
21	2,11991508	3,29860018	46	4,69231111	4,18939878
22	6,23264034	7,75401915	47	7,76035266	7,98206405
23	5,50765856	0,95367012	48	0,92987392	0,07158294
24	6,86348284	3,35993714	49	3,28716294	0,28376971
25	3,90023302	7,79515977	50	7,74593166	1,09481623

Tabelle 7: Transientes Chaos, $e = 0.9575$

t	x	t	x	t	x	t	x
0	4,3						
1	7,6169125	26	4,98991366	51	2,73875594	76	4,03742392
2	1,39696567	27	7,19085897	52	6,89843486	77	7,65932949
3	4,41609164	28	2,78556811	53	3,63805733	78	1,24920606
4	7,57711293	29	6,95391805	54	7,59728255	79	4,03736229
5	1,53404094	30	3,48260376	55	1,4647635	80	7,65933169
6	4,74874322	31	7,53183917	56	4,5828707	81	1,24919833
7	7,39160489	32	1,68812617	57	7,49735031	82	4,03734193
8	2,15294654	33	5,10119586	58	1,80418892	83	7,65933242
9	6,02669339	34	7,07945228	59	5,35166555	84	1,24919578
10	5,69354103	35	3,12000114	60	6,78532386	85	4,03733521
11	6,28690611	36	7,28925696	61	3,9458436	86	7,65933266
12	5,15616644	37	2,48030256	62	7,65859587	87	1,24919494
13	7,0200449	38	6,5543363	63	1,25177627	88	4,03733299
14	3,29347867	39	4,53633151	64	4,04412876	89	7,65933274
15	7,42102122	40	7,52228685	65	7,65906771	90	1,24919466
16	2,05700387	41	1,7203859	66	1,25012326	91	4,03733226
17	5,85260674	42	5,17210839	67	4,03977767	92	7,65933277
18	6,01685736	43	7,00227502	68	7,65924249	93	1,24919457
19	5,71258211	44	3,34471252	69	1,24951088	94	4,03733202
20	6,25585618	45	7,45442395	70	4,03816508	95	7,65933278
21	5,22369529	46	1,9470548	71	7,65930267	96	1,24919454
22	6,94310531	47	5,64226791	72	1,24900004	97	4,03733194
23	3,51313029	48	6,36879023	73	4,03760981	98	7,65933278
24	7,54651609	49	4,97365372	74	7,65932281	99	1,24919453
25	1,63838956	50	7,20614425	75	1,24922946	100	4,03733191

Tabelle 8: Lyapunov-Exponenten für Beispiel 1 bei $e = 1$ (Chaos)

t	x_t	λ	t	x_t	λ
0	3,9	-3,32192809	50	7,74593166	0,98812038
1	7,995	-0,6618663	51	0,98399799	0,9997457
2	0,0199875	0,22301346	52	3,45186594	0,96451655
3	0,07975025	0,65999648	53	7,84977453	0,98266947
4	0,31582095	0,90426582	54	0,58961805	0,99698336
5	1,21341236	0,99997144	55	2,18464747	0,99454168
6	4,11746466	0,41573247	56	6,3522476	0,99874341
7	7,99310103	0,61345461	57	5,23346561	0,98674296
8	0,02757209	0,76640643	58	7,2392813	0,99875874
9	0,10990826	0,88574621	59	2,75352834	0,98741026
10	0,43359314	0,97199394	60	7,2231542	0,99890309
11	1,64037107	0,99420778	61	2,80563851	0,98692465
12	5,21607565	0,93944049	62	7,28675031	0,99850778
13	7,26058001	0,9941325	63	2,59863619	0,99051284
14	2,68430901	0,95424504	64	7,01808974	0,99979165
15	7,13447861	0,99761882	65	3,44556715	0,97175064
16	3,08752193	0,93116253	66	7,84630211	0,98625394
17	7,58369188	0,98173386	67	0,60298004	0,99769535
18	1,57857624	0,99721395	68	2,2301277	0,99517289
19	5,0683535	0,95212271	69	6,43377601	0,99928751
20	7,4293104	0,99144632	70	5,03836716	0,98597806
21	2,11991508	0,98778048	71	7,46089682	0,99716095
22	6,23264034	0,99521397	72	2,0110966	0,99708988
23	5,50765856	0,9784263	73	6,02213163	0,99734376
24	6,86348284	1,00000008	74	5,95549184	0,99694626
25	3,90023302	0,83364263	75	6,08802583	0,99780407
26	7,99502327	0,87677453	76	5,82007407	0,99606632
27	0,01989452	0,91663282	77	6,34366519	0,99904965
28	0,07938017	0,95299313	78	5,25361673	0,99053126
29	0,31437009	0,98395706	79	7,21422254	0,99920549
30	1,20806608	0,99999925	80	2,83438672	0,98959912
31	4,10255249	0,86607535	81	7,32067284	0,99864639
32	7,99474149	0,9404923	82	2,48656595	0,99381723
33	0,0210202	0,93249741	83	6,85475869	1,00000236
34	0,08385988	0,96212412	84	3,92517642	0,94423336
35	0,33192329	0,98748245	85	7,99720072	0,95649797
36	1,27260661	0,99991597	86	0,01119322	0,96844578
37	4,28066265	0,92536315	87	0,04471023	0,97998371
38	7,96061424	0,9525519	88	0,17784143	0,99070734
39	0,15676742	0,97729611	89	0,69555193	0,99885959
40	0,61478168	0,99636813	90	2,54031149	0,99387938
41	2,27014845	0,99147003	91	6,93465473	0,99995885
42	6,50380681	0,99920616	92	3,69390081	0,97084178
43	4,86547573	0,97175977	93	7,95315164	0,98160945

Fortsetzung:

t	x_t	λ	t	x_t	λ
44	7,62547588	0,99145778	94	0,18629605	0,99160507
45	1,42796233	0,99953287	95	0,72783108	0,99909093
46	4,69231111	0,96697882	96	2,64645528	0,99329352
47	7,76035266	0,98664318	97	7,08395835	0,99973729
48	0,92987392	0,99953409	98	3,24460045	0,98555118
49	3,28716294	0,96977629	99	7,71468576	0,99462807

Tabelle 9: Lyapunov-Exponenten für Beispiel 1 bei $e = 0.9575$
(transientes Chaos)

t	x_t	λ	t	x_t	λ
0	4,3	-1,7996212	50	7,20614306	0,7395513
1	7,6169125	-0,00375906	51	2,73875958	0,73056354
2	1,39696567	0,43667354	52	6,89843926	0,74456462
3	4,41609164	-0,00441545	53	3,63804511	0,70246576
4	7,57711293	0,35169565	54	7,59727832	0,72213457
5	1,53404094	0,49966192	55	1,46477809	0,73208674
6	4,74874322	0,35969412	56	4,58290612	0,70448311
7	7,39160489	0,52714642	57	7,49733054	0,7223989
8	2,15294654	0,55997126	58	1,80425512	0,72832527
9	6,02669339	0,59962136	59	5,35180473	0,72239037
10	5,69354103	0,60850918	60	6,78514372	0,7337462
11	6,28690611	0,65202854	61	3,94632401	0,65284328
12	5,15616644	0,61315661	62	7,65862067	0,67118933
13	7,0200449	0,67878217	63	1,25168939	0,68251276
14	3,29347867	0,59593998	64	4,04390013	0,6016697
15	7,42102122	0,66567945	65	7,65907734	0,61995992
16	2,05700387	0,6792058	66	1,2500895	0,63155349
17	5,85260674	0,68741109	67	4,03968878	0,55288681
18	6,01685736	0,7012028	68	7,65924587	0,57108977
19	5,71258211	0,70181853	69	1,24949903	0,58288904
20	6,25585618	0,72130429	70	4,03813388	0,50741964
21	5,22369529	0,69890813	71	7,65930381	0,52549595
22	6,94310531	0,73350706	72	1,24929605	0,53743635
23	3,51313029	0,65706727	73	4,03759929	0,4653655
24	7,54651609	0,70133446	74	7,65932319	0,48327958
25	1,63838956	0,71963372	75	1,24922814	0,4953046
26	4,98991366	0,69011836	76	4,03742042	0,42649952
27	7,19085897	0,72301732	77	7,65932961	0,44422291
28	2,78556811	0,70559003	78	1,24920563	0,45628582
29	6,95391805	0,73206951	79	4,03736114	0,39052008
30	3,48260376	0,67576681	80	7,65933173	0,40803125
31	7,53183917	0,70957922	81	1,24919819	0,42009424
32	1,68812617	0,72304425	82	4,03734155	0,3571325
33	5,10119586	0,70380464	83	7,65933244	0,37441574
34	7,07945228	0,72826788	84	1,24919573	0,38644847
35	3,12000114	0,70117483	85	4,03733508	0,3260714
36	7,28925696	0,72695675	86	7,65933267	0,34311569
37	2,48030256	0,72206654	87	1,24919492	0,35509391
38	6,5543363	0,73663644	88	4,03733295	0,29710339
39	4,5363315	0,69418406	89	7,65933274	0,3139014
40	7,52228685	0,72002974	90	1,24919466	0,32580577
41	1,72038589	0,72969889	91	4,03733225	0,2700243
42	5,17210836	0,71660009	92	7,65933277	0,28657162

Fortsetzung:

t	x_t	λ	t	x_t	λ
43	7,00227505	0,73493646	93	1,24919457	0,2983868
44	3,34471244	0,70366108	94	4,03733201	0,24465537
45	7,45442389	0,72588127	95	7,65933278	0,26094985
46	1,94705498	0,7311825	96	1,24919454	0,27266375
47	5,64226827	0,72955441	97	4,03733194	0,22083962
48	6,36878967	0,73877768	98	7,65933278	0,23688088
49	4,97365499	0,72197867	99	1,24919453	0,24848406

t	x_t	λ	t	x_t	λ
100	4,03733191	0,19843865	150	1,24919453	-0,01557114
101	7,65933278	0,21422773	151	4,0373319	-0,0470878
102	1,24919453	0,22571288	152	7,65933278	-0,034957
103	4,0373319	0,17733004	153	1,24919453	-0,02565729
104	7,65933278	0,19286904	154	4,0373319	-0,05649887
105	1,24919453	0,20423064	155	7,65933278	-0,04454102
106	4,0373319	0,15740509	156	1,24919453	-0,03535797
107	7,65933278	0,17269694	157	4,0373319	-0,06555256
108	1,24919453	0,1839309	158	7,65933278	-0,05376339
109	4,0373319	0,13856696	159	1,24919453	-0,04469488
110	7,65933278	0,15361523	160	4,0373319	-0,07426884
111	1,24919453	0,16471865	161	7,65933278	-0,06264419
112	4,0373319	0,12072908	162	1,24919453	-0,0536881
113	7,65933278	0,13553782	163	4,0373319	-0,08266624
114	1,24919453	0,14650878	164	7,65933278	-0,07120205
115	4,0373319	0,10381385	165	1,24919453	-0,06235626
116	7,65933278	0,11838745	166	4,0373319	-0,09076193
117	1,24919453	0,12922483	167	7,65933278	-0,07945427
118	4,0373319	0,08775149	168	1,24919453	-0,07071668
119	7,65933278	0,1020946	169	4,0373319	-0,09857189
120	1,24919453	0,11279794	170	7,65933278	-0,08741694
121	4,0373319	0,07247908	171	1,24919453	-0,07878545
122	7,65933278	0,08659653	172	4,0373319	-0,10611099
123	1,24919453	0,0971659	173	7,65933278	-0,09510503
124	4,0373319	0,05793975	174	1,24919453	-0,08657759
125	7,65933278	0,07183646	175	4,0373319	-0,11339307
126	1,24919453	0,08227238	176	7,65933278	-0,10253252
127	4,0373319	0,04408195	177	1,24919453	-0,09410706
128	7,65933278	0,0577629	178	4,0373319	-0,12043106
129	1,24919453	0,06806625	179	7,65933278	-0,10971241
130	4,0373319	0,03085886			
131	7,65933278	0,04432905			
132	1,24919453	0,054501			

Fortsetzung:

t	x_t	λ	t	x_t	λ
133	4,0373319	0,01822784			
134	7,65933278	0,03149226			
135	1,24919453	0,04153422			
136	4,0373319	0,00615001			
137	7,65933278	0,0192136			
138	1,24919453	0,02912716			
139	4,0373319	-0,0054102			
140	7,65933278	0,00745743			
141	1,24919453	0,01724433			
142	4,0373319	-0,01648537			
143	7,65933278	-0,00380891			
144	1,24919453	0,00585322			
145	4,0373319	-0,02710539			
146	7,65933278	-0,01461539			
147	1,24919453	-0,0050761			
148	4,0373319	-0,03729776			
149	7,65933278	-0,02498961			

Literaturverzeichnis

Albach, H. (1976): Kritische Wachstumsschwellen in der Unternehmensentwicklung, *Zeitschrift für Betriebswirtschaft*, 46, 683-696.

Albach, H., K. Bock und T. Warnke (1984): Wachstumskrisen von Unternehmen, *Zeitschrift für betriebswirtschaftliche Forschung*, 36, 779-793.

Albach, H. (1987): Geburt und Tod von Unternehmen, *IFM-Materialien*, Nr. 55, Bonn.

Albach, H., D. de Pay und R. Rojas (1991): Quellen, Zeiten und Kosten von Innovationen. Deutsche Unternehmen im Vergleich zu ihren japanischen und amerikanischen Konkurrenten, *Zeitschrift für Betriebswirtschaft*, 61, 309-324.

Alsedà, L., J. Llibre und M. Misiurewicz (1993): *Combinatorial Dynamics and Entropy in Dimension One*, Advanced Series in Nonlinear Dynamics, Vol. 5, World Scientific, Singapore.

Arbeitskreis "Integrierte Unternehmensplanung" (1986): Integrierte Forschung- und Entwicklungsplanung, *Zeitschrift für betriebswirtschaftliche Forschung*, 38, 351-382.

Attems, R. (1990): Chaos und Management, *industrie*, 26. September 1990, 16-18.

Baetge, J. (1979): Erfolgskontrolle mit Kennzahlen (1), *Fortschrittliche Betriebsführung und Industrial Engineering*, 28, 375-379.

Baetge, J. (1980): Erfolgskontrolle mit Kennzahlen (2), *Fortschrittliche Betriebsführung und Industrial Engineering*, 29, 13-17.

Bamberg, G., und A.G. Coenenberg (1989): *Betriebswirtschaftliche Entscheidungslehre*, 5., überarbeitete Auflage, Vahlen.

Banks, J., J. Brooks, G. Cairns, G. Davis und P. Stacey (1992): On Devaney's Definition of Chaos, *The American Mathematical Monthly*, Vol. 99, 332-334.

Baumol, W.J., und E.N. Wolff (1983): Feedback from productivity growth to R&D, *Scand. J. of Economics 85 (2)*, 147-157.

Baumol, W.J. (1987): The chaos phenomenon: A nightmare for forecasters, *London School of Economics Quarterly 1*, 99-114.

Baumol, W.J. und J. Benhabib (1989): Chaos: Significance, mechanism, and economic applications, *Journal of Economic Perspectives*, Vol. 3, 77-105.

Baumol, W.J. und R.E. Quandt (1985): Chaos models and their implications for forecasting, *Eastern Economic Journal*, Vol. XI, 3-15.

Bea, F.X. (1982): Ziele, Strategien, Determinanten und Modelle des Unternehmenswachstums, *Wirtschaftswissenschaftliches Studium*, 449-455.

Beltrami, E. (1987): *Mathematics for Dynamic Modeling*, Academic Press, Boston.

Block, L.S. und W.A. Coppel (1992): *Dynamics in One Dimension*, Lecture Notes in Mathematics, Springer, Berlin.

Boulding, K.E. (1992): Abseits des "Mainstreams": Bekenntnisse eines abtrünigen Ökonomen, in: *Ökonomische Wissenschaft in der Zukunft. Ansichten führender Ökonomen*, H. Hanusch und H. C. Recktenwald (Hrsg.), Verlag Wirtschaft und Finanzen, Düsseldorf.

Bowman, E. (1980): Risk/return paradox of strategic management, *Sloan Management Review 21*, 17-31.

Bowman, E. (1982): Risk seeking by troubled firm, *Sloan Management Review 23*, 33-42.

Brockhoff, K. (1964): Forschungsaufwendungen industrieller Unternehmen, *Zeitschrift für Betriebswirtschaft*, 34, 327-348.

Brockhoff, K. (1974): Wachstumspolitik, marktorientierte, in: *Handwörterbuch der Absatzwirtschaft*, Tietz, B. (Hrsg.), Stuttgart, Sp. 2139-2149.

Brockhoff, K. (1980): Wachstumsschwellen und Forschungsschwellen, *Zeitschrift für Betriebswirtschaft*, 5, 475-499.

Brockhoff, K (1981): *Produktpolitik*, UTB, Gustav Fischer Verlag, Stuttgart.

Brockhoff, K. (1986): Die Produktivität der Forschung und Entwicklung eines Industrieunternehmens, *Zeitschrift für Betriebswirtschaft*, 56, 525-537.

Bronstein, I.N. und K.A. Semendjajew (1985): *Taschenbuch der Mathematik*, 22. Auflage, herausgegeben von G. Grosche, V. Ziegler und D. Ziegler, Gemeinschaftsausgabe Verlag Nauka Moskau und Teubner Verlagsgesellschaft Leipzig.

Busse v. Colbe, W. und G. Laßmann (1988): *Betriebswirtschaftstheorie*. Band 1. Grundlagen, Produktions- und Kostentheorie. Vierte, überarbeitete und ergänzte Auflage, Springer.

Busse v. Colbe, W., P. Hammann und G. Laßmann (1985): *Betriebswirtschaftstheorie*. Band 2. Absatztheorie. Zweite, revidierte und erweiterte Auflage, Springer.

Chiarella, C. (1992): Entwicklungen der nichtlinearen, dynamischen ökonomischen Theorie: Vergangenheit, Gegenwart und Zukunft, in: *Ökonomische Wissenschaft in der Zukunft. Ansichten führender Ökonomen*, H. Hanusch und H. C. Recktenwald (Hrsg.), Verlag Wirtschaft und Finanzen, Düsseldorf.

Day, R.H., (1982): Irregular growth cycles, *American Economic Review* 72, 406-414.

Day, R.H., (1983): The emergence of chaos from classical economic growth, *Quarterly Journal of Economics* 98, 201-213.

Devaney, R.L. (1989): *An Introduction to Chaotic Dynamical Systems*, Addison-Wesley, Redwood City, CA.

Eckmann, J.-P., und D. Ruelle (1985): Ergodic theory of chaos and strange attractors, *Review of Modern Physics*, Vol. 57, 617-656.

Eichenberger, R. (1992): *Verhaltensanomalien und Wirtschaftswissenschaft*, Deutscher Universitäts Verlag, Wiesbaden.

Farmer, J.D. und J.J. Sidorowich (1987): Predicting Chaotic Time Series, *Physical Review Letters*, Vol. 59, 845-848.

Feichtinger, G., Ed. (1992): *Dynamic Economic Models and Optimal Control*, North-Holland, Amsterdam.

Feichtinger, G. und R.F. Hartl (1986): *Optimale Kontrolle ökonomischer Prozesse*, de Gruyter, Berlin.

Feichtinger, G. und R.F. Hartl, Eds. (1992): *Nonlinear Methods in Economic Dynamics and Optimal Control*. Annals of Operations Research, Vol. 37, Baltzer, Basel.

Feichtinger, G., W. Herold und P. Zinner (1992): Habit formation with threshold adjustment: addiction may imply chaos, Forschungsbericht Nr. 140 des Instituts für Ökonometrie, Operations Research und Systemtheorie, Technische Universität Wien, Jänner.

Feichtinger, G. und M. Kopel (1993): Chaos in nonlinear dynamical systems exemplified by an R&D model, *European Journal of Operational Research 68*, 145-159.

Feichtinger, G. und M. Kopel (1994): Nichtlineare dynamische Systeme und Chaos: Neue Impulse für die BWL?, *Zeitschrift für Betriebswirtschaft*, 64, 7-34.

Gleick, J. (1987): *Chaos: Making a New Science*, Viking, New York.

Granovetter, M., und R. Soong (1983): Threshold models of diffusion and collective behavior, *Journal of mathematical sociology*, Vol. 9, 165-179.

Granovetter, M. und R. Soong (1986): Threshold Models of Interpersonal Effects in Consumer Demand, *Journal of Economic Behavior and Organization 7*, 83-99.

Grassberger, P., T. Schreiber und C. Schaffrath (1991): Nonlinear Time Sequence Analysis, *International Journal of Bifurcation and Chaos*, Vol. 1, 521-547.

Grebogi, C., E. Ott, S. Pelikan, and J.A. Yorke (1984): Strange attractors that are not chaotic, *Physica 13D*, 261-268.

Gutenberg, E. (1988): *Zur Theorie der Unternehmung*. Schriften und Reden von Erich Gutenberg; aus dem Nachlaß, Hrsg. H. Albach, Springer, Berlin, Heidelberg, New York.

Hirsch, M.W. und S. Smale (1974): *Differential Equations, Dynamical Systems and Linear Algebra*, Academic Press, New York.

Höft, U. (1992): *Lebenszykluskonzepte. Grundlage für das strategische Marketing- und Technologiemanagement*, Erich Schmidt Verlag.

Hollnsteiner, K. und M. Kopel (1993): *Übungsbuch zur betriebswirtschaftlichen Optimierung*, Oldenbourg, München.

Hommes, C.H. (1991): *Chaotic Dynamics in Economic Models. Some Simple Case-Studies*, Wolters-Noordhoff, Groningen.

Kahneman, D. und A. Tversky (1979): Prospect Theory: An analysis of decision under risk, *Econometrica*, Vol. 47, 263-291.

Kelsey, D. (1988): The Economics of Chaos or The Chaos of Economics, *Oxford Economic Papers*, 1- 31.

Kopel, M. (1993): Risk-Return Paradox, Managerial Behavior and Complex Dynamics, Working Paper, August 1993, University of Technology, Department of Managerial Economics.

Krystek, U. (1987): *Unternehmungskrisen*, Gabler, Wiesbaden.

Krüger, W. (1988): Die Erklärung von Unternehmenserfolg: Theoretischer Ansatz und empirische Ergebnisse, *Die Betriebswirtschaft*, 48, 27-43.

Kieser, A. (1976): Wachstum und Wachstumstheorien, betriebswirtschaftliche, *Handwörterbuch der Betriebswirtschaft*, E. Grochla und W. Wittmann (Hrsg.), 4. Auflage, Sp. 4301-4318.

Lange, C., und M. Pasche (1992): Chaos und Stabilität in einem Beschäftigungsmodell mit rationalen Erwartungen, *Zeitschrift für Wirtschafts- und Sozialwissenschaften*, 112, 25-46.

Laughhunn, D.J., J.W. Payne und R. Crum (1980): Managerial risk preferences for below-target returns, *Management Science*, Vol. 26, 1238-1249.

Li, T. und J.A. Yorke (1975): Period three implies chaos, *American Mathematical Monthly 82*, 985-992.

Lilien, G.L. und P. Kotler (1983): *Marketing Decision Making. A Model-Building Approach.* Harper&Row, New York.

Loistl, O. und I. Betz (1993): *Chaostheorie*, Oldenbourg, München.

Lorenz, E.N. (1963): Deterministic nonperiodic flow, *Journal of Atmospheric Sciences 20*, 130-141.

Lorenz, H.-W. (1989): *Nonlinear Dynamical Economics and Chaotic Motion*, Lecture Notes in Economics and Mathematical Systems, Vol. 334, Springer, Berlin.

Lorenz, H.-W. (1990): Simulation komplexen Systemverhaltens in der nichtlinearen dynamischen Wirtschaftstheorie, in: *Simulationstechnik*, Tagungsband des 6. Symposiums in Wien, September 1990, F. Breitenecker, I. Troch, P. Kopacek (Hrsg.), 104-108, Vieweg.

Lorenz, H.-W. (1992a): Multiple Attractors, Complex Basin Boundaries, and Transient Motion in Deterministic Economic Systems, in: *Dynamic Economic Models and Optimal Control*, G. Feichtinger (Hrsg.), 411-430, North-Holland.

Lorenz, H.-W., (1992b): Chaotische dynamische Systeme und die Bedeutung numerischer Experimente in der Wirtschaftstheorie, in: *Ökonomische Wissenschaft in der Zukunft. Ansichten führender Ökonomen*, H. Hanusch und H. C. Recktenwald (Hrsg.), Verlag Wirtschaft und Finanzen, Düsseldorf.

Lücke, W. (1982): Unternehmenswachstum und Unternehmensgröße, *Neuere Entwicklungen in der Unternehmenstheorie*, Gabler, Wiesbaden.

Machina, M. J. (1987): Choice under Uncertainty: Problems solved and unsolved, *Journal of Economic Perspectives*, Vol. 1, 121-154.

May, R. (1976): Simple mathematical models with very complicated dynamics, *Nature 261*, 459-467.

May, R. M. (1987): Chaos and the dynamics of biological populations, in: *Proc. R. Soc. Lond.*, A 413, 27-44.

Medio, A. (1992): *Chaotic Dynamics*, Cambridge University Press.

Meffert, H. (1986): *Marketing - Grundlagen der Absatzpolitik*, 7., überarbeitete und erweiterte Auflage, Gabler.

Meffert, H. und H. Steffenhagen (1977): *Marketing-Prognosemodelle. Quantitative Grundlagen des Marketing*. Poeschel Verlag, Stuttgart.

Miller, D., und P. H. Friesen (1984): A Longitudinal Study of the Corporate Life Cycle, *Management Science*, Vol. 30, 1161-1183.

Mintzberg, H. (1976): Planning on the left side and managing on the right, *Harvard Business Review*, July-August, 49-58.

Mosekilde, E. und E.R. Larsen (1988), Deterministic chaos in the beer production-distribution model, *System Dynamics Review 4*, 131-147.

Ostrusska, D. (1992): *Systemdynamik nichtlinearer Marktreaktionsmodelle*. Physica, Heidelberg.

Parker, T.S., und L.O. Chua (1989): *Practical numerical algorithms for chaotic systems*, Springer, New York.

Payne, J.W., D.J. Laughhunn, und R. Crum (1981): Further test of aspiration level effects in risky choice behaviour, *Management Science*, Vol. 27, 953-958.

Peitgen, H.O., H. Jürgens und D. Saupe (1992): *Chaos and Fractals. New Frontiers of Science*. Springer, New York.

Perlitz, M. und H. Löbler (1985): Brauchen Unternehmen zum Innovieren Krisen?, *Zeitschrift für Betriebswirtschaft*, 55, 424-450.

Pinkwart, A. (1992): *Chaos und Unternehmenskrise*, Gabler, Wiesbaden.

Poensgen, H.O. und H. Hort (1983): F&E-Aufwand, Firmensituation und Firmenerfolg, *Zeitschrift für betriebswirtschaftliche Forschung*, 35, 73-93.

Poincarè, H. (1903): Zitiert nach Crutchfield, Farmer, Packard (1989): *Chaos und Fraktale*, Spektrum der Wissenschaft-Verlagsgesellschaft, Heidelberg.

Priesmeyer, H.R. (1992): *Organizations and Chaos - Defining the Methods of Nonlinear Management*, Quorum, Westport.

Prskawetz, A. (1992): *Nichtlineare Demoökonomie*, Dissertation, TU Wien.

Prskawetz, A. und G. Feichtinger (1992): Endogenous population growth may imply chaos, Forschungsbericht Nr. 149 des Instituts für Ökonometrie, Operations Research und Systemtheorie, Technische Universität Wien, Juni.

Pümpin, C. und J. Prange (1991): *Management der Unternehmensentwicklung. Phasengerechte Führung und der Umgang mit Unternehmenskrisen*, Campus Verlag.

Ramsey, J.B., C.L. Sayers, und P. Rothman (1988): The statistical properties of dimension calculations using small data sets: some economic applications, WP, NY.

Rasmussen, D.R. und E. Mosekilde (1988): Bifurcations and chaos in a generic management model, *European Journal of Operational Research 35*, 80-88.

Roski, R. und J.-W. Dietz (1988): Innovationsmanagement und Diskontinuitäten, *Zeitschrift für Betriebswirtschaft*, 58, 927-951.

Samuelson, W. und R. Zeckhauser (1988): Status Quo Bias in Decision Making, *Journal of risk and uncertainty*, 1, 7-59.

Schaffer, W.M., G.L. Truty und S. L. Fulmer (1988): *Dynamical Software. User´s Manual and Introduction to Chaotic Systems*, Dynamical Systems, Inc., Tuscon, Arizona.

Schanz, G. (1972): Kriterien zur Bestimmung der Größe des Forschungsbudgets in Unternehmen der Industriegruppe Elektrotechnik, *Zeitschrift für betriebswirtschaftliche Forschung*, 81-90.

Schanz, G. (1976): Ein Modell zur Planung des Forschungs- und Entwicklungsaufwands in industriellen Unternehmen, *Betriebswirtschaftliche Forschung und Praxis*, 28, 270-282.

Schauenberg, B. (1990): Dreiecksdiagramme in der Diskussion um die Erwartungsnutzentheorie, *Zeitschrift für betriebswirtschaftliche Forschung*, 42, 135-151.

Scheuch, F., und H. Holzmüller (1983): Innovation und Produktpolitik, *Wirtschaftswissenschaftliches Studium*, 225-230.

Schierenbeck, H. (1993): *Grundzüge der Betriebswirtschaftslehre*. 11. Auflage, Oldenbourg, München.

Schneeweiß, H. (1967): *Entscheidungskriterien bei Risiko*, Ökonometrie und Unternehmensforschung VI, Springer.

Schoeffler, S., R.D. Buzzell und D.F. Heany (1974): Impact of Strategic Planning on Profit Performance, *Harvard Business Review*, March-April, 137-145.

Schütz, G. (1992): Kreatives Chaos-Management. Denkansätze aus einem amerikanischen Unternehmen, in: *Chaos-Management*, R. Eschenbach (Hrsg.), Tagungsbericht des Österreichischen Controllertags 1991, 119-133, Service Fachverlag WU Wien.

Seifritz, W. (1987): *Wachstum, Rückkopplung und Chaos. Eine Einführung in die Welt der Nichtlinearität und des Chaos*. Hanser, München.

Simon, H. A. (1979): Rational decision making in business organizations, *American Economic Review*, Vol. 69, 493-513.

Sommerlatte, T. (1988): Innovationsfähigkeit und betriebswirtchaftliche Steuerung - läßt sich das vereinbaren?, *Die Betriebswirtschaft*, 48, 161-169.

Sterman, J.D. (1988): Deterministic chaos in models of human behavior: Methodological issues and experimental results, *System Dynamics Review 4*, 148-178.

Sterman, J. D. (1989a): Misperception of Feedback in Dynamic Decsision Making, *Organizational Behavior and Human Decision Processes*, 43, 301-335.

Sterman, J.D. (1989b): Deterministic Chaos in an Experimental Economic System, *Journal of Economic Behavior and Organization 12*, 1-28.

Sterman, J.D. (1989c): Modeling managerial behavior: Misperceptions of feedback structure in a dynamic decision making experiment, *Management Science*, Vol. 35, 321-339.

Sterman, J.D., E. Mosekilde und E. Larsen (1988): Experimental evidence of deterministic chaos in human decision making behavior, WP 2002-88, Sloan School of Management, MIT, Cambridge, MA.

Stockbauer, H. (1989): *F&E-Controlling*, WU-Service-Verlag.

Strebel, H. (1983): Unternehmenskooperation bei Innovationen, *Wirtschaftswissenschaftliches Studium*, 59-65.

Sugihara, G., B. Grenfell und R.M. May (1990): Distinguishing error from chaos in ecological time series, *Phil. Trans. R. Soc. London B 330*, 235-251.

Szyperski, N. (1975): Kritische Punkte in der Unternehmensentwicklung, *Zeitschrift für betriebswirtschaftliche Forschung*, 27, 366-383.

Takens, F. (1981): Detecting strange attractors in turbulence, in : D. Rand and L. Young (Eds.), *Dynamical Systems and Turbulence*, Lecture Notes in Mathematics No. 898, 366-382, Springer, Berlin.

Tritton, D. (1992): Chaos in the swing of a pendulum, in: *The New Scientist Guide to Chaos*, N. Hall (ed.), Penguin books, 22-32.

Troitzsch, K.G. (1990): *Modellbildung und Simulation in den Sozialwissenschaften*. Westdeutscher Verlag, Opladen.

Troitzsch, K.G. (1992): Chaotic Behaviour in Social Systems, Paper prepared for the workshop "Order and Chaos in Nature and Society", November 19 to 21, 1992.

Turnheim, G. (1991): *Chaos und Management*, Manz, Wien.

Türschmann, C.W. (1990): Stabilität und Chaos in einfachen, dynamischen Modellen der Betriebswirtschaftslehre, *Zeitschrift für betriebswirtschaftliche Forschung*, 42, 22-48.

Tversky, A. und D. Kahneman (1974): Judgement under uncertainty: Heuristics and biases, *Science 185*, 1124-1131.

Tversky, A. und D. Kahneman (1981): The framing of decisions and the psychology of choice, *Science*, 30, 453-458.

Tversky, A. und D. Kahneman (1991): Loss Aversion in Riskless Choice: A Reference Dependent Model, *Quarterly Journal of Economics*, 1039-1061.

Weidlich, W. (1991): Physics and Social Science - The Approach of Synergetics. *Physics Reports*, Vol. 204, North - Holland.

Wiggins, S. (1990): *Introduction to Applied Nonlinear Dynamical Systems and Chaos*, Springer, New York.

Wolf, A., J.B. Swift, H.L. Swinney und J.A. Vastano (1985): Determining Lyapunov Exponents from a time series, *Physica 16 D*, 285-317.

Wöhe, G. (1984): *Einführung in die Allgemeine Betriebswirtschaftslehre*, Vahlen, München.

Zanger, C. (1991): Unternehmenskrise und Produktentwicklung, *Zeitschrift für Betriebswirtschaft*, 61, 981-1006.

DUV Deutscher Universitäts Verlag
GABLER · VIEWEG · WESTDEUTSCHER VERLAG

Aus unserem Programm

Thomas Becker
Integriertes Technologie-Informationssystem
Beitrag zur Wettbewerbsfähigkeit Deutschlands
1993. XVII, 372 Seiten, 100 Abb., 43 Tab.,
Broschur DM 118,-/ ÖS 921,-/ SFr 119,-
Schriftenreihe technologie & management
ISBN 3-8244-0183-5
Das hier vorgestellte Informationssystem kann auf nationaler Ebene alle wichtigen Informationen über Technologien (Forschung und Entwicklung, Anwendungsgebiete, Literatur, Patente und Lizenzen sowie Indikatoren und statistische Daten) übersichtlich und benutzerfreundlich zur Verfügung stellen.

Sebastian Ehrensberger
Synergieorientierte Unternehmensintegration
Grundlagen und Auswirkungen
1993. XXI, 362 Seiten, 43 Abb., Broschur DM 118,-/ ÖS 921,-/ SFr 119,-
Schriftenreihe "Integrierte Logistik und Unternehmensführung"
ISBN 3-8244-0159-2
Dieses Buch legt erstmals ein theoretisch fundiertes Konzept zur systematischen Aufdeckung und Analyse sämtlicher bei Unternehmenszusammenschlüssen aus einem Synergieprozeß resultierenden Synergieeffekte vor.

Arnd Hagedorn
Modellgestützte Planung und Kontrolle von Produktionsstandorten
1994. XXVI, 211 Seiten, 59 Abb., Broschur DM 89,-/ ÖS 694,-/ SFr 91,-
ISBN 3-8244-0198-3
Es wird ein Entscheidungsunterstützungssystem für die Planung und Kontrolle von Standortstrukturänderungen in Unternehmen entwickelt, die ihr internationales Produktionsstättensystem neu organisieren wollen.

Martin Hemmert
Vertikale Kooperation zwischen japanischen Industrieunternehmen
1993. XIX, 318 Seiten, 38 Abb., 8 Tab.,
Broschur DM 98,-/ ÖS 765,-/ SFr 100,10
ISBN 3-8244-0188-6
Eine Mystifizierung der Verhältnisse in Japan ist ebenso verfehlt wie die Vorstellung, die dort vorherrschenden Arbeitsteilungsstrukturen könnten bedingungslos und undifferenziert auf Deutschland übertragen werden.

Deutscher Universitäts Verlag
GABLER · VIEWEG · WESTDEUTSCHER VERLAG

Christoph Hoppenheit
Controlling in Softwareunternehmen
Konzeption für Entwicklungsbereiche
1993. XVI, 301 Seiten, 52 Abb.,
Broschur DM 98,-/ ÖS 765,-/ SFr 100,10
ISBN 3-8244-0194-0
Der hier abgeleitete Controlling-Prozeß ist die notwendige Grundlage für die Ausbildung originärer Controlling-Instrumente sowie für die Entwicklung eines objektspezifischen Controlling-Konzeptes.

Magdalena Mißler-Behr
Methoden der Szenarioanalyse
1993. XX, 221 Seiten, 28 Abb., 28 Tab.,
Broschur DM 89,-/ ÖS 694,-/ SFr 91,-
ISBN 3-8244-0173-8
Nach einer allgemeinen Diskussion des Szenarioprozesses wird in diesem Buch die zur Szenarioanalyse notwendige Datenbasis erarbeitet und genutzt, um die Dependenzen und Interdependenzen zwischen einzelnen Szenariokomponenten aufzudecken.

Heinrich Uekermann
Risikopolitik bei Projektfinanzierungen
Maßnahmen und ihre Ausgestaltung
1993. XXII, 313 Seiten, 33 Abb., 22 Tab.,
Broschur DM 98,-/ ÖS 765,-/ SFr 100,10
ISBN 3-8244-0174-6
Da die zukünftige Leistungsfähigkeit eines Projektes durch zahlreiche Risiken beeinträchtigt werden kann, kommt der Risikopolitik bei Projektfinanzierungen eine zentrale Bedeutung zu. Hier setzt das vorliegende Buch an.

Die Bücher erhalten Sie in Ihrer Buchhandlung!
Unser Verlagsverzeichnis können Sie anfordern bei:

Deutscher Universitäts-Verlag
Postfach 30 09 44
51338 Leverkusen

MIX
Papier aus verantwortungsvollen Quellen
Paper from responsible sources
FSC® C105338

If you have any concerns about our products,
you can contact us on
ProductSafety@springernature.com

In case Publisher is established outside the EU,
the EU authorized representative is:
**Springer Nature Customer Service Center GmbH
Europaplatz 3, 69115 Heidelberg, Germany**

Printed by Libri Plureos GmbH
in Hamburg, Germany